同济大学研究生院资助项目（编号 2020JC36）

新城市社会学

NEW URBAN SOCIOLOGY

城市社会学研究前沿

王世军　著

同济大学出版社
上海 · 2021

图书在版编目（CIP）数据
新城市社会学 ：城市社会学研究前沿 / 王世军著
.-- 上海 ：同济大学出版社，2021.6
ISBN 978-7-5608-9091-3

Ⅰ. ①新… Ⅱ. ①王… Ⅲ. ①城市社会学—研究
Ⅳ. ① C912.81

中国版本图书馆 CIP 数据核字 (2021) 第 119289 号

新城市社会学
NEW URBAN SOCIOLOGY
城市社会学研究前沿

王世军 著

责任编辑 张 翠 责任校对 徐春莲 装帧设计 张 微 每日一文

出版发行 同济大学出版社 www.tongjipress.com.cn
地 址 上海市四平路 1239 号 邮编 200092 电话 021-65985622
经 销 全国新华书店
印 刷 常熟市华顺印刷有限公司
开 本 787mm×960mm 1/16
印 张 21.25
字 数 425 000
版 次 2021 年 6 月第 1 版 2021 年 6 月第 1 次印刷
书 号 ISBN 978-7-5608-9091-3
定 价 98.00 元

序言

城市是最大的人造物，是人类为自身高度集聚活动创造的生存空间。因而城市从它被创造的第一天起，就带有强烈的社会属性。这就是为什么，今天研究城市空间的人们，不仅关注城市空间的物质属性，更关注城市空间的社会属性。离开社会性研究，城市空间便失去了城市空间研究的意义。城市社会学也就自然成为城市研究的核心问题之一。

我国刚刚经历了历时 30 年的城市建设高潮，城市建设成就举世瞩目。然而，在过去的快速建设发展过程中，城市的物质空间重塑和由此带来的社会空间重塑之间似乎产生了巨大的脱钩。对城市的物质空间生产的关注远远快于对城市社会空间的关注，尤其是新的物质空间生产对原有社会空间的破坏及对新的社会空间的塑造，远没有得到应有的重视。在学术领域，工程学意义的城市研究远远领先于社会学意义的城市研究。

随着我国城市发展逐渐由快速扩张型增量发展转向品质提升性存量发展，特别是几乎全新的城市空间正在和将会带来的城市社会关系巨变，我们的理论研究严重滞后。因此，城市的社会属性和文化属性研究显得愈加重要。对于与城市相关的研究领域而言，城市社会学是一个亟待展开的景框。

本书以城市的物质属性为切入点，分别从规划、交通、工程、城市风险和生态环境等方面为读者打开了它们与城市社会属性的交集通道，展示了城市社会学的一个新视角，故称之为“新城市社会学”。

城市不仅是人类建造的生存物质空间，是人类社会活动的最重要空间容器，也是人类文化活动最重要的物质空间载体。城市本身，经过时间沉淀的，自然也就成为人类的文化产品，而且是尺度最大的文化产品。本书列专章讨论遗产保护问题即基于这种认识。

希望本书能激发起读者对城市社会学的兴趣，并推动城市社会学领域的研究与发展。

伍江

中国城市规划学会副理事长

同济大学建筑与城市规划学院教授

2021 年 6 月 5 日

第 1 章
上海移民

移民研究是城市社会学的永恒主题。

上海在历史上是一座典型的移民城市。1949 年新中国成立后，因为严格的户籍制度，上海作为移民城市的特性逐渐消失。

改革开放后，上海重新回归移民城市。移民成为城市发展的重要动力，也改变了城市社会结构，重构了城市空间。移民社会融合是城市面临的一大问题与挑战。

大城市的人口控制政策，使上海的移民政策面临着艰难的选择。

上海：一座移民城市

一、开埠后的上海移民

上海在历史上是个典型的移民城市。从1843年正式开埠至20世纪中叶，百年之间，上海发展速度令人瞠目，不仅远超周围那些历史悠久、经济和文化发达的大中城市，而且很快从一座小县城发展成为中国以至亚洲最大城市，其发展的基本动力便是移民[1]。

1843年，上海开埠之初，包括县城内、城郊及各个村镇在内人口不足25万。其后，移民致使上海城市人口数量迅速膨胀。1883年上海人口超过50万，1930年超过300万，1942年上海市的人口已高达392万。至1949年上海解放，全市人口又增加到545.5万，其中非本地籍人口有471万，占总人口的85%（表1-1）。

表1-1　1852—1949年上海人口增长表

年份	人口数（万人）	比上期增长	平均增长率	
			时期	增长率
1852	54.4	—	—	—
1865	69.2	27.21%	1852—1865	1.87%
1876	70.5	29.60%	1865—1876	0.17%
1885	76.4	40.44%	1876—1885	0.90%
1890	82.5	51.65%	1885—1890	1.55%
1895	92.5	70.04%	1890—1895	2.31%
1900	108.7	99.82%	1895—1900	3.28%
1905	121.4	123.16%	1900—1905	2.23%
1910	128.9	136.95%	1905—1910	1.21%
1915	200.7	268.93%	1910—1915	9.26%
1920	225.5	314.52%	1915—1920	2.36%
1927	264.1	385.48%	1920—1927	2.28%
1930	314.5	19.08%	1927—1930	5.99%
1935	370.2	17.71%	1930—1935	3.81%
1942	392.0	5.89%	1935—1942	0.82%
1945	337.0	-14.03%	1942—1945	-4.91%

续表 1-1

年份	人口数（万人）	比上期增长	平均增长率	
			时期	增长率
1946	383.0	13.65%	1945—1946	13.65%
1947	449.4	17.34%	1946—1947	17.34%
1948	540.7	20.32%	1947—1948	20.32%
1949	545.5	0.89%	1948—1949	3.55%

资料来源：忻平《从上海发现历史：现代化进程中的上海人及其社会生活》，上海大学出版社，2009 年，28 页。

旧上海移民可分为国内移民和国际移民。在一个多世纪中，上海共有三次国内移民高潮。第一次是 1855—1865 年太平天国期间，长江中下游地区尤其是江浙一带，大批难民涌入上海，上海人口净增 11 万。第二次是抗日战争期间，上海租界人口增加 78 万。第三次是国共内战期间，上海人口增加 208 万。在近代中国，由于连绵不断的战争，不时发生的自然灾害，经常使城市中挤满来自各地的灾民、难民。上海更是近代中国灾、难民最为集中的城市[2]。有学者估计，解放之初滞留在上海的难民已达 200 万人以上[3]。另一方面，迁入上海的移民主体来自中国经济和文化最为发达的江苏和浙江两省，约占移民总数的 70%以上，其中又以苏南、浙北为大多数，移民总体素质高。由于城市资本主义工商业发达，上海吸引了先是广东、后为江浙的大量商人。

作为近代新崛起的通商口岸城市，上海还吸引了来自世界各地的大量国际移民，包括传教士、商人、知识分子、淘金者以及避难者。据统计，开埠之初，在英国领事馆登记的外侨人数仅为 25 人。太平天国战争期间，上海租界外国人的增长速度大为加快。公共租界的外国人从 1855 年的 378 人迅速增加到 1865 年的 5129 人，他们分别来自英国、美国、德国、丹麦、西班牙、法国等 21 个国家。法租界的外侨人口也由 1849 年的 10 人增加到 1865 年的 460 人，分别来自法国、英国、德国、美国、土耳其等 10 多个国家。因此在短短的 10 多年里，公共租界的外国人增长了 10 多倍，而法租界的外国人则增加了 40 多倍[4]。

19 世纪末，上海又迎来了外国人进入的第二次高潮。除了来自欧洲和北美洲的英、法、美、德等国的外国人而外，这一时期来自南美洲、非洲乃至亚洲的一些殖民地国家的外国人也越来越多。其中，日本人的大量涌入尤为显著。据海关十年报告，公共租界的全部外侨人口由 1891 年的 3 673 人增加到 1900 年的 6 744 人，再增加到 1910 年的 13 536 人，20 年间增加了差不多 4 倍。而法租界的人口也有较大的增长，在 1900 年比 1890 年的 444 人增加 178 人的基础上，1910 年时法国的外侨人口已经上千[5]。

20 世纪二三十年代，上海进入发展的黄金时期。据统计，在从 1921 年到 1930 年的约十年间，包括居住在两租界和华界在内的上海外侨人数就由 31 893 人增加到 59 285 人，平均每年以 2 000 人左右的数量增加[6]。1942 年上海常住外国人口最多时曾达到 15 万余人，约占上海人口的 4%。至 1949 年上海解放，国际移民仍有 2.8 万人。上海的国际移民，在数量上与国内移民相比，相差甚远，但在近代上海城市发展史上占有重要地位。

二、移民城市的终结

新中国成立之初，国家实行自由的迁移政策，并不限制人口的自由流动。1951—1954 年，上海市迁入 238 万人，迁出 147.1 万人，净迁入 90.9 万人，年均迁移增长率高达 40.5%。有鉴于旧上海充斥了大量无业人口，为迅速将上海由半殖民地城市改造为社会主义城市，变消费人口为生产人口，上海便着手进行人口的疏散[7]。最先被疏散者为职业小偷、乞丐、贩卖毒品者、散兵游勇、流浪儿童、拾荒者等，后又对生活面临困难的棚户居民，包括小贩、踏车工、临时工、擦皮鞋者进行疏散。与此同时，还积极动员刚来城市不久，在原籍农村尚有生产、生活条件的城市人口回乡生产。

从 1955 年起，上海政府开始严格限制迁入，积极鼓励迁出，当年市区居民户和集体户暂住人口仅8万人，为解放以来的最低点[8]。此后有组织、大规模、持续不断的人口集体外迁成为上海人口迁移的主要特征。在1950—1979年约30年间，上海支援外地建设共迁出人口93.62万人。其中1950—1957年迁出43.52万人，1958—1965年迁出23.68万人，1966—1979年迁出26.24万人。另外，从1955年开始到1963年，上海市共约20万知识青年积极响应祖国号召而奔赴江西、福建、甘肃、青海、新疆、西藏和内蒙古等地参加各项社会主义建设。1969—1971年的3年间，上海全市又有80余万名初、高中毕业生奔赴祖国边疆、农村[9]。据统计，在“文化大革命”期间，上海先后动员了108万名知识青年上山下乡[10]。由于迁出（1949—1982年的33年间，全市累计净迁出74.54万人）远大于迁入，以致上海作为移民城市的特点和优势消失殆尽[11]。

在国际迁移方面，随着新政权的建立，大批外国人回国，而来沪的外国人数很少，到20世纪70年代末，常住外国人剩下700余人，不到解放时的3%[12]。

三、移民政策的变迁

近代上海一直处于一个自由移民的状态，租界当局和上海县政府都未曾明文规定禁止移民入沪。相反，根据有些学者研究，出于经济利益考虑，对于华人入住租界一事，租界当局和上海县政府在制度层面上事实上采取了默许的态度，当然在默许的同时他们也适当地制定一些政策来管理移民，尤其是对于赴沪有产移民的管理还是有章可循的。1927年以后，上海先后制定并颁布了《上海特别市公安局户口调查计划大纲》《上海特别市警察局户口异动登记暂行条例》等，对常住居民进行登记。抗战胜利以后，上海市更制定了寄籍的特殊户籍登记形式，对非常住人口进行制度上的确认[13]。

新中国成立初期，政府实行自由的人口迁移政策，允许居民在城乡间或城镇间自主迁移。1951年和1953年国家先后公布的城市户口管理暂行条例和经常户口登记制度，对于公民迁出、迁入只要求办理手续，未提出任何限制[14]。当时户籍管理的主要目标是“证明公民身份，便利公民行使权利和履行义务；统计人口数字为国家经济、文化、国防建设提供人口资料；发现反革命和各种犯罪分子活动，密切配合斗争”[15]。只是从1954年年底开始，上海才开始对居民户口进行严格管理。1955年制定了限制外地人口流入的六项具体措施。之后，凡拥有上海户口者为上海人，而无上海市户口者则为外来人口的区分也随之清晰地呈现出来。将无上海户口而进入上海外来者定义为外来人口的概念于1956年正式出现在官方文件中[16]。

1958年，政府颁布了《中华人民共和国户口登记条例》，以严格的户口管理制度限制人口的流动。条例规定，公民由农村迁往城市，必须持有城市劳动部门的录用证明，或城市户口登记机关准予迁入的证明，向常住地户口登记机关申请办理迁出手续。1959年2月中共中央发出通知，要求制止农村劳动力盲目外流。响应国家政策的调整，上海从1958年在户籍上严格限制外来人口的迁入，并通过各种行政动员方式组织上海工人、技术人员和管理人员迁往内地。1959—1961年受国民经济暂时困难的影响，政府鼓励工人、干部回乡务农，对大批涌入上海的外省灾民政府采取了强行限制的政策。“文化大革命”期间政府动员干部下放劳动和知识青年上山下乡，人口迁移主要为居民亲属之间的往来，尤以返城探亲治病的支边青年、干部及其在城市寄养寄读的孩子为较多[17]。1975年通过的《中华人民共和国宪法》，除去了公民有迁移自由的权利的条文。1977年国务院批转公安部关于处理户口迁移的规定提出，严格控制市、镇人口，是党在社会主义历史时期的一项重要政策。并明确规定，从农村迁往北京、天津、上海三市要严格控制，上海人口迁移的阀门就此被关住。实际上，自1959年以后，只有招工、招干、参军、读书等有限的制度化渠道可以进入上海并获得上海户籍。

在人口出入境方面，1958年前对归侨、侨眷采取出境从宽的方针。

而1958年后，因指导思想上的“左倾”错误，使便利公民出境的政策受到干扰。特别是“文化大革命”中，中国公民出境活动一度处于停滞状态[18]。在上海的外国侨民也因严格限制，只出不进而渐趋绝迹。

四、移民与近代上海的发展

上海是公认的移民城市，是移民为上海的崛起注入了生生不息的活力和强劲的动力。可以说，没有大量的国际、国内移民，也就没有近代意义上的上海。一位历史学家曾经写道[19]：上海，这个在19世纪中叶开埠以前极为普通的滨海县城，在历经开埠以后80年的沧桑巨变，到20世纪30年代俨然是一个被称之为“东方巴黎”的现代大都市。尽管这个历程中充满着屈辱、哀伤和血腥，但也凝结着无数的创造、成功和辉煌——这个历史巨变产生的一个最重要的社会成果，是新上海人逐步取代了城墙内的老上海人，走到了社会的中心，成为这座城市的主体。这个理直气壮的对外宣称是“上海人”的人群大而庞杂：有殖民者、外国难民、冒险家，有国内的逃难者、求生者、淘金者，当然，还有负笈千里的莘莘学子。也在这传统和现代的新陈代谢中，上海老城厢内的本地人蜕变成新上海人群中的一部分，不再凸显自己的特征。以至于在今天，铺天盖地的现代媒体所传达的怀旧情绪，是针对30年代摩登的上海人而发，而不再去追寻更具本土意义的原生态的上海人。

1. 近代上海迅速成为全国经济中心、远东金融中心和贸易中心是同上海涌现的移民潮分不开的

1843年开埠以后，外国人纷纷涌入，他们利用租界的特权，开办洋行、银行，发展进出口贸易。1895年甲午战争后，各国又取得了在中国通商口岸投资设厂的特权。在国际移民创办的产业刺激和示范下，一部分因战乱、匪患等原因迁寓沪上的地主、绅商、官吏等富豪人家，

投资于以纺织、食品等为主体的城市工商业，推动了民族工业的发展。白领人员与技术人才、下层移民，则为上海产业及经济发展提供了充裕的人力资源和劳动力。据 1933 年的调查，当时上海的工业产值要占全国工业产值的 51%，工业资本总额占全国的 40%，产业工人占全国的 43%。上海轻纺工业要为全国提供 50%以上的商品，上海的工业品出口，要占全国工业品出口的 3/4 以上。另外，以新式的外国银行和中国银行为主体，辅之以旧式钱庄和票号，以及由货币市场、黄金市场、外汇市场和证券市场组成的上海金融市场，使上海不仅成为国内最大的金融中心，还是远东的金融中心。

2. 大量高密度、异质性的移民，促进上海现代社会的发展

移民割裂与传统社会文化的联系，进入上海的市场经济、商业伦理和法治规范的近代社会形态中，独立自主、个体本位与民主意识也就渐次成为这些移民转变为近现代市民的思想观念的基本标志和尺度[20]。另外，“在这个大多为临时性居民的社会里，监管机制运作得很差，不论是对那些试图摆脱传统组织束缚的中国人，还是对隶属于不同的行政当局和领事裁判权的西方人都一样。由于缺乏强势统一的地方政府，权威主要是通过代表各个地方利益或专业利益的团体来实现：商会、俱乐部、侨民协会、同乡会馆、秘密社会组织或犯罪团伙，各个团体大都各自为政。”[21]多元异质人口大量集聚上海，孕育了上海海纳百川、充满开拓精神的海派文化。

3. 近代上海成为中西文化交融之地，也是中国最具近代化的城市

从 1845 年到 1943 年，上海租界历经百年。租界和租界制度，是鸦片战争后外国列强利用不平等条约肆意扩大在华特权的产物，是列强在通商口岸辟设外商居留地基础上，通过不断侵夺中国政府的主权，建立于中国政权体系之外的行政区划和管理机构，制定并实施有关租地、税收、司法、警务、城市管理等一系列规章过程中形成的[22]。在租界辟设之后，西人将其母国的市政建设经验带到上海，开始着手界内的市政建设。此后，一系列迥异于传统城市的市政设施诸如道路、煤气灯、自来水、电灯、电话、公园、公厕等次第创建和发展起来，并逐渐形成了一整套卓有成效的市政管理体制。在租界近代市政设施和市政管理的强烈刺激下，华界亦开始仿租界之式创办自己的近代市政[23]。因此，直到20世纪30年代，上海的市政建设和规划管理是与国际接轨的，可与当时世界上任何一个大都市媲美[24]。

注释

1 葛剑雄《梦想与现实》，上海远东出版社，2006年，164页。

2 邱国胜《城市化进程中上海外来人口管理的历史演进（1840—2000）》，中国社会科学出版社，2010年，117页。

3 邱国胜《城市化进程中上海外来人口管理的历史演进（1840—2000）》，中国社会科学出版社，2010年，118页。

4 邱国胜《城市化进程中上海外来人口管理的历史演进（1840—2000）》，中国社会科学出版社，2010年，4页。

5 邱国胜《城市化进程中上海外来人口管理的历史演进（1840—2000）》，中国社会科学出版社，2010年，6页。

6 邱国胜《城市化进程中上海外来人口管理的历史演进（1840—2000）》，中国社会科学出版社，2010年，7页。

7 邱国胜《城市化进程中上海外来人口管理的历史演进（1840—2000）》，中国社会科学出版社，2010年，121页。

8 桂世勋、黄黎若莲《上海与香港社会政策比较研究》，华东师范大学出版社，2003年，390页。

9 邱国胜《城市化进程中上海外来人口管理的历史演进（1840—2000）》，中国社会科学出版社，2010年，123页。

10 邱国胜《城市化进程中上海外来人口管理的历史演进（1840—2000）》，中国社会科学出版社，2010年，128页。

11 葛剑雄《上海还需要移民吗》，《探索与争鸣》1997年4期，31页。

12 骆克任、马振东《上海国际迁移变动分析》，《人口研究》2000年5期，55页。

13 邱国胜《城市化进程中上海外来人口管理的历史演进（1840—2000）》，中国社会科学出版社，2010 年，7 页。

14 佟新《人口社会学》，北京大学出版社，2000 年，164 页。

15 陆益龙《户籍制——控制与社会差别》，商务印书馆，2003 年，24 页。

16 邱国胜《城市化进程中上海外来人口管理的历史演进（1840—2000）》，中国社会科学出版社，2010 年，序。

17 桂世勋、黄黎若莲《上海与香港社会政策比较研究》，华东师范大学出版社，2003 年，391 页。

18 骆克任、马振东《上海国际迁移变动分析》，《人口研究》2000 年 5 期，52 页。

19 张济顺《远去的都市：1950 年代的上海》，社会科学文献出版社，2015 年，413 页。

20 徐甡民《上海市民社会史论》，文汇出版社，2007 年，35 页。

21 白吉尔《上海史：走向现代之路》，上海社会科学院出版社，2005 年，96 页。

22 戴春《社会融入：上海国际化社区建构》，中国电力出版社，2007 年，30 页。

23 熊月之、周武《上海：一座现代化都市的编年史》，上海书店出版社，2007 年，80 页。

24 戴春《社会融入：上海国际化社区建构》，中国电力出版社，2007 年，31 页。

移民与上海中产阶层

一、中国中产阶层的成长

现代意义上的中国中产阶层产生于19世纪末20世纪初，并在20世纪上半叶有了一定程度的发展[1]。在旧中国，上海中产阶层无论从构成、规模还是发育程度、群体特征等方面都具有突出的代表性。可以说没有上海的中产阶层文化，上海就不成其为上海，上海就不会有“东方巴黎”之说，上海就没有今天现代化的底蕴[2]。到20世纪二三十年代，由小企业主、小店主、小商人、职员、科层制管理人员、政府公务员、知识分子等构成的中产阶级，已成为上海最为庞大的中间阶层[3]（表1-2）。

表1-2 1935年上海公共租界人口职业构成表

职别	比例	职别	比例
农业及园艺	0.10%	银行金融及保险业	0.95%
工业	18.28%	专门事业（医师、律师、会计师、新闻界等）	1.31%
商业	16.36%	政府及市政机关	0.72%
运输及交通事业	1.21%	陆海军界（不含在职）	0.00%
写字间、办事员、速记员等	0.33%		
家务等	5.11%		
艺术界、技艺界、运动员	0.33%		
杂类	55.30%		

资料来源：忻平《从上海发现历史：现代化进程中的上海人及其社会生活》，上海大学出版社，2009年，67–68页。

根据1946年上海市社会局局长吴开先的报告，当时仅有组织的职员就有40万左右，仅次于工人，医师、记者、律师、会计师等自由职业者的人数也已达到了3万余人，两相统计，此时上海中产阶级总人数大概是43万人之多[4]。这显然仅指新中产阶级，而不包括以小企业主、小店主为代表的老中产阶级。

新中国成立之后，中产阶级历经资本主义工商业改造、各种政治运动如“三反”“五反”“反右”直至文化大革命冲击，逐渐退出了中国的历史舞台。

通常认为，中国中产阶层的再生出现在20世纪90年代。中产阶层之所以能够在中国再生，是与全球化下背景下的中国改革开放，市场化、工业化和城市化的迅速推进，持续的高速经济增长，中国从总体性社会向多元性社会转型，以及精英教育向大众教育的变化分不开的。其结果是在中国传统的产业工人和农民之外，出现了一个新的中产阶层[5]。它包括：（1）1978年后新生的私营企业家和乡镇企业家。（2）1978年后与私营企业家同时产生的小业主，小商贩等自营业者以及其他形式的个体户。(3）与党和国家机构有连带关系的党政干部和知识分子以及国有企业的领导人。(4）因外资引进而产生的“外企白领”，包括在外资企业工作的中方管理阶层和高级员工。(5）大批企业和社会组织的管理者。(6）因高新技术的采用和新行业的出现而产生的高收入群体和留学回归的创业者、建筑师、律师、会计师、房地产评估师、营销人员、影视制作人、股票经营者以及其他类型的自由职业者（表1-3）。

表1-3 中产阶级比例估计及划分标准

年份	著者	论著发表处	全国中产阶级比例	城市中产阶级比例	划分指标	调查数据及估计方法
1997	张建明、洪大用等	《中国城市中间阶层的现状及其未来发展》，《中国人民大学学报》1998年5期	—	48.5%	（北京市）社会经济指数（文化水平、收入和职业）	北京市抽样调查，数据统计估计
2000	肖文涛	《中国中间阶层的现状与未来发展》,《社会学研究》2001年3期	20%～25%	—	收入及家庭金融资产	无调查数据，主观估计
2001	周晓虹	《中国中产阶级：现实抑或幻想》，《天津社会科学》2006年2期	—	11.9%（大城市）	经济条件、职业和文化水平	五大城市电话调查，数据统计估计
2001	李春玲	《断裂与碎片：当代中国社会阶层分化实证分析》，社会科学文献出版社，2005年	4.1%	12%（大城市）	职业、收入、消费和主观认同	全国抽样调查，数据统计估计
2003	牛津分析	《中国：中产阶级》,《财经界》2005年4期	4.5%	8%	收入及实际购买力	全国抽样调查，数据统计估计

续表 1-3

年份	著者	论著发表处	全国中产阶级比例	城市中产阶级比例	划分指标	调查数据及估计方法
2004	刘毅	《中产阶层的界定方法及实证测度——以珠江三角洲为例》，《开放时代》2006 年 4 期	—	23.7%（珠江三角洲城镇家庭）	收入、职业和消费	珠江三角洲抽样调查，数据统计估计
2005	李强	《关于中产阶级的理论与现状》，《社会》2005 年 1 期	15%	—	职业	无调查数据，主观估计
2006	李培林	《中国中产阶级的规模和认同》，中国社会学会 2007 年年会《中产阶级国际比较论坛文集》	核心中产阶级 3.1%；半核心中产阶级 8.9%；边缘中产阶级 20.9%	—	职业、收入和文化水平	全国抽样调查，数据统计估计

资料来源：李春玲《比较视野下的中产阶级形成》，社会科学文献出版社，2009 年，53-54 页。

二、上海移民中产阶层

改革开放之后，随着中国经济的市场化改革，浦东的开发开放，上海人口流动和人口迁移加剧。上海作为“移民城市”的特点表现得越来越明显。据统计，1982—2010 年，上海市常住人口总量从 1 186 万人增至 2 302 万人，净增 1 116 万人，增幅近 100%；其中户籍人口从 1 178 万增加到 1 404 万，增加 226 万，外来人口从约 20 万增加到 898 万，占常住人口数的比例上升到 39%[6]。尤其是产业结构、就业结构的调整和优化，大量高素质的劳动者被吸引进来，他们中的绝大部分构成了上海白领群体中的中坚力量[7]。对上海而言，中产阶层形成和移民城市的回归几乎是同步的。也就是说，移民是中产阶层的重要来源，参与了上海中产阶层的构建过程。上海的中产阶层，在某种程度上可以说是移民中产阶层。

自 20 世纪 80 年代开始，上海逐步放宽对政策性回沪职工及其子女、高等院校毕业分配留沪学生、离退休回沪的干部职工等人员的迁入限制。同时，加大引进上海紧缺的中高级专业技术人才力度，制定解决科技人员夫妻两地分居的有关政策。1987 年，上海市政府提出，人口迁移必须做到既有利于上海经济、科技和社会事业的发展，有利于更好地改革、开放、搞活服务，有利于人才的合理流动，又要防止人口的盲目膨胀；要贯彻宽严有别，有进有出，突出重点，分层控制的原则，凡上海紧缺的各类中、高级专门人才的迁入应该从宽，对一般人员的迁入应该从严，对迁入卫星城镇和郊县城镇的从宽，迁入市中心区的从严，尤其是人口密集的老市区更应严格控制。

20 世纪 90 年代，出于改革开放之后上海快速发展的需要，上海市委、市政府提出“控制人口，不控制人才”，出台了一系列吸引高级、专门、急需人才的政策法规。1992 年，上海市推出了工作寄住证制度，持证的引进人才可以在上海就业，只是持证人员不能享受子女就读、社会保障等一系列普通上海市民应享受的待遇。1994 年 2 月起，上海市正式施行《上海市蓝印户口管理暂行规定》。按照该规定，可在上海市登记蓝印户口的有三类人员：(1) 在上海市有固定合法住所，并有规定数额的投资（20 万美元或 100 万元人民币），其项目竣工投产或营业 2 年以上者，其本人（境外投资者除外）或其亲属或其聘用的外省市来沪人员可申请 1 个蓝印户口。每增加 1 倍投资额的，可再申请 1 个蓝印户口。(2) 境外人士在上海市购买的外销商品住宅，建筑面积为 100 平方米以上的，购买者或其配偶的直系亲属或三代以内旁系亲属，可申请 1 个蓝印户口。(3) 外省市来沪人员，在上海市有合法住所，并具有管理能力或工艺技能，被上海市一个单位连续聘用 3 年以上，且有工作实绩的，可申请蓝印户口。取得蓝印户口簿 5 年以上的，可向公安机关申请上海市常住户口。

2000 年，上海市人事局和社保局联合推出了《引进人才工作证》制度，解决了外来人才的社会保障问题。自 2002 年起，上海又推出了《上海市居住证制度》，凡符合条件的外来人才经过审核领到居住证之后，可以享受与上海市民同等的待遇。持证者同来上海的配偶和未成年子女可以申领副证，享受与持证者同等的待遇。申请对象为那些在上海居住半年以上、有合法住所、稳定收入和职业的、具有本科或者以上学历的人，或者具有特殊才能的国内外人才。由于这个政策被批评为

“门坎”过高，2004年上海市推出了新的居住证制度，将“门坎”放低为只要在上海具有稳定工作和稳定住所，即签有半年以上劳动聘用合同或办理了工商执照，同时又在上海拥有产权房或签有半年以上房屋租赁合同的外省市来沪人员，并且强调由外来人员自愿申领。这样上海将居住证的适用对象从原来的引进人才扩大到“在本市居住的非本市户籍的境内人员”，在全国率先实现了“居住证制度”的平民化。按照规定申领《上海市居住证》的来沪人员主要为以下四个部分：（1）具有本科以上学历或者特殊才能，以不改变其户籍的形式来本市工作或者投资、创业的境内引进人才，以及引进人才的配偶和其未满18周岁的未婚子女。（2）在本市有稳定就业和稳定住所的非本市户籍从业人员。（3）投靠具有本市户籍的配偶、子女或者父母的来沪人员。（4）就读于本市大、中专院校、常住户口未迁入本市的人员以及来本市接受非学历教育等需居住6个月以上的人员。

开放的人才政策，广阔的发展机遇和创业空间，吸引了国内外大量的高级专业技术人员、高级白领和投资创业者。

在上海人才引进中，海归群体尤为引人瞩目。据有关统计分析，2008年年底，回上海工作和创业的留学人员总量达到7.5万人，约占全国的1/4（30余万）。随着上海市“海外人才集聚工程”的深入，以及“3100工程”“雏鹰归巢计划”“归谷工程”等项目的启动，来沪工作和创业的海归屡创新高（图1-1）。

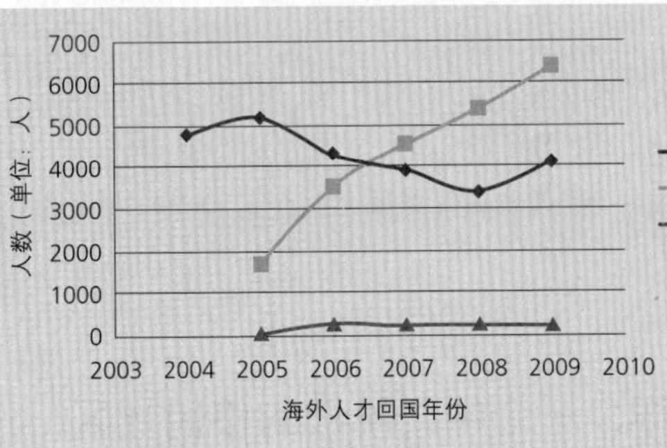

图1-1 2004—2009年上海市引进海外人才情况

资料来源：黄颖《上海市引进海外人才政策调查与评价》，《人才开发》2009年12期，51页。

进入21世纪以后，对于自然资源匮乏，尤其是土地和非再生资源的开发已几近极限的上海来说，人才资源的开发与利用已成为经济和社会发展战略中的一个制高点。据来自纽约的题为《有机会的城市》的研究报告（2007），在11个被研究的世界城市（亚特兰大、芝加哥、法兰克福、伦敦、洛杉矶、纽约、巴黎、上海、新加坡、东京、多伦多）中，上海有3个指标属于最后，包括智力资本、人口优势、金融状况（表1-4）。显然，上海要崛起成为新的国际经济、金融、贸易中心之一，除了依靠必要的物资投入外，还必须在产业结构调整基础上，充分利用上海经济快速发展和建设世界性大都市的吸引力，以及上海所具有的"海纳百川、追求卓越"的城市精神，通过移民建立人才高地，为促进城市新经济发展，提供人才储备和自主创新的源泉，并依托人力资本积累逐步将经济增长方式转变为人力资本依托型的经济增长方式，实现城市的快速发展和持续发展[8]。这自然也会进一步促进上海中产阶级的成长和壮大。

表1-4 11个全球机会城市的9个指数的情况

	纽约	伦敦	巴黎	东京	多伦多	芝加哥	洛杉矶	亚特兰大	法兰克福	新加坡	上海
Intellectual Capital	18	23	22	19	17	11	12	15	9	8	4
Tech IQ and innovation	24	30	29	35	23	17	22	28	24	15	17
Transportation asset	48	40	41	41	15	27	22	19	35	23	19
Demographic	23	17	16	19	17	17	21	17	15	20	16
Financial clout	39	35	32	30	20	18	14	14	22	13	7
Cost	17	7	9	14	18	25	26	29	18	16	18
Lifestyle asset	29	28	31	21	19	15	19	5	12	10	19
Safety and Security	21	15	24	28	23	14	10	9	32	21	13
Easy of doing business	34	21	12	23	39	33	35	36	16	44	21

资料来源：诸大建《大上海转身》，同济大学出版社，2009年，103页。

三、联洋：一个中产阶级的移民社区

移民偏好聚居，世界各地皆然[9]。移民的聚居性带来了移民社区的形成和发展。由于移民本身出现的变化，国内外移民城市中先后出现了全新的中产阶层移民社区。例如美国纽约法拉盛社区、洛杉矶的蒙特利公园市，都属于这类新的中产阶层移民社区。这些新的移民社区不仅区别于本地社区，而且和传统移民社区相比，都具有极为显著的特质。

浦东的联洋社区就是一个典型的中产阶级移民社区。在 20 世纪 90 年代，处于城乡结合部的联洋社区，还是一大片农田。此后，随着浦东地区急剧的城市化、现代化进程，从 1999 年开始逐渐开发成为面积有 250 万平方米，以高层和小高层为主，具有代表性的集中规划的中高档新型社区。

作为一个全新的中产阶级移民社区，联洋社区具有如下一些特征。

第一，联洋社区打破了人们对移民社区面貌的传统思维定式。联洋社区的规划理念是非常超前和创新的，提供给业主的不仅仅是单纯安静的、和谐的、与生态融和的物质空间，还要为业主提供交流、互动的公共空间，举办多种形式的文化活动，营造一种人文环境。因此这里不是城乡结合部破旧、边缘、充满混乱，或令外界避之不及，与现代化进程格格不入的外来人口聚居地，也没有通常的移民社区中对迁出地社会的传统风貌的保留。即便是上海本土的老城厢或者浦西其他传统元素，在这里也不存在。联洋社区更像是一座新城，完全以现代化国际化的面貌展现，地方特色的商铺在这里绝迹，邻里中心集中的是各类国际国内连锁的商铺、餐馆、健身中心、休闲场所。

第二，从社区人口构成上看，社区成员的来源地、年龄和学历都具有特色。据统计，联洋社区近六成居民来自国内其他省市，三成左右来自港澳台以及国外，上海本地居民仅占一成左右。“来自五湖四海、世界各地”，既是社区居民的社区生活的体会，也包含了这些居民内心的自豪感。

第三，普通话取代上海话成为联洋社区日常生活中共同使用的语言。在联洋社区，由于大部分居民来自上海以外的省市，社区成员之间交流以及共同生活的需要使得普通话成为最日常的交流工具。在联洋社区的各种正式或者非正式的公共场合中，居民习惯性地使用普通话进行交流。共同的语言，从一开始就形塑了更为平等的关系，有利于日后没有主客之分、更为活跃的社区参与以及社区建设。

第四，联洋社区是共同治理的法治社区。联洋社区治理模式不是一种本地准则的扩张，也不是移民迁出地传统治理模式的移植，而是一种全新的社会建构。面对社区生活中的大小事务，来自五湖四海的接受过现代高等教育的社区成员，表现出了强烈的民主法制意识、维权意识以及共同治理的心愿。

第五，联洋社区是开放而又多元的社区。作为新上海人，联洋社区成员都很愿意接受新的事物，学习新的知识，也能认可具有异质性的社会现象。不少居民都觉得住在这里的人们，在面对其他地方的习俗、文化甚至价值观念时，态度更加平和与包容。

联洋社区最为人称道的是，在中国普遍的城市社区参与不足的状况之下，展现出一种充满生机和活力的社区参与场景。

（1）业委会参与。在联洋社区，业委会、居委会和物业公司通常一起被视为社区管理的“三驾马车”。业委会承担管理职能，物业公司履行执行职能，双方之间签订明确的合同。居委会的传统管理职能则被削弱。在社区大小事务中，特别是面对全体社区成员时，居委会和物业公司都不具备业委会的号召力以及决策力。

（2）文娱社团参与。联洋社区有着极为多样的、由社区居民组成的文娱社团。根据市民中心和居委会的统计，正式登记成立的文娱社团有 39 个，涉及文学、书画、摄影、戏曲、声乐、舞蹈等各个方面。文体娱乐性活动成为丰富生活、建立联系、参与社区建设的重要途径。新建社区的归属感、凝聚力，社区成员之间密切的联系、有效的交往网络，以及由此形成的对社区建设极为重要的社区社会资本的积累，通过这些文娱社团及其活动得以实现。

（3）居民自发建立的各种非正式组织参与。在联洋社区居民之间、家庭之间，因为社会交往的需要、儿童培养的需要以及兴趣和爱好，催生了很多新颖的社区非正式交往组织。例如，其中有一个公共空间叫百乐集，有点类似社区俱乐部，为联洋社区的年轻人搭建了一座沟通的桥梁。

(4) 社区业主论坛参与。在联洋社区，社区业主论坛作为一个平等的、开放的公共空间，在社区动员、维权方面，具有及时性、广泛性、信息对等多种优势，成为一个非常有效的社区居民参与平台。业委会和广大业主通过论坛进行交流，通过在论坛发帖实现对社区管理的监督。业主们也会就一些社区事件在论坛上展开激烈的讨论。在社区维权中，尤其是像幼儿园入学这样关系到联洋大多数年轻居民利益的维权事件，业主论坛作为他们常用的工具，更是发挥了显著作用。

广泛的社区参与带来了积极的变化。

(1) 社区规划的改变以及生活配套设施的完善。例如，联洋社区规划中增加了菜场、超市等生活配套设施，公共交通线路和邮局也进入社区，满足了社区居民最基本的生活需求。通过居民自发解决社区乱停车问题，化解了空间不足与居民生活所需之间的矛盾。在居民的多次建议下，2009 年年初，联洋社区内部空间格局进行了调整，使每一个社区成员都可以享受到公共的室内活动场所。

(2) 社区管理工作改善。联洋社区居民素质高，法律意识非常强，对物业、社区管理要求高，一旦不满就要上论坛发声，看到不公平就要联合起来维权。面对具有强烈的维权意识和法律意识的社区居民，居委会和物业公司改变了工作方式，努力提高工作能力和水平，使得整个社区的管理日臻完善。面对高学历的居民，联洋社区居委会首先建立了一支较为年轻、学历较高的工作人员队伍；其次改变了过去城市管理中把移民作为管理对象的工作思维，也改变了通常社区中居委会在实际工作中很多行政化的做法。居委会注重与居民、尤其是年轻居民之间建立联系，为他们以及社区各种组织搭建交流平台，或者提供场地，协助开展居民感兴趣的社区活动。居委会在工作中还特别重视对居民信息、隐私的保护。物业公司则在居民特别是业委会参与、管理、督促下，向着更加专业化的方向迈进。

(3) 社区归属感的培育。对居民而言，社区参与是一个将个人生活与社区事务、公共领域结合的过程，也就是说，参与过程中，社区成员对于整个社区的归属感和认同感将得到很好的激发。联洋这一全新的、由互不相识的各地移民组成的社区，没有任何地缘文化积累，没有老社区几十年邻里的社会资本积累，但通过各种形式的社区参与，形成了居民对社区的归属感、相互之间的信任感以及凝聚力。

（4）独特社区精神的形成。联洋社区诞生出了一种独特的社区精神：强调民主与平等、开放与多元，强调权利意识和法律意识，富有志愿精神。如某业委会成员所言："我们是希望在一个尚未形成的大环境中，率先进行公民社会的民主实践。"可以说，这种社区精神的形成，既是联洋作为一个移民社区，最能体现其移民性的地方；也是联洋作为一个中产阶层的社区，最能体现其中产阶层特征的地方。在强烈的民主意识和参与意识之下，社区生活中诞生出市民精神，并触发了公民社会成长。

注释

1 周晓虹《中产阶级：何以可能与何以可为》，《江苏社会科学》2002 年 6 期，39 页。

2 程乃珊《我眼里的上海中产阶层》，《沪港经济》1997 年 1 期，10 页。

3 连连《20 世纪前期上海中产阶级的发展模式与群体特征》，《浙江学刊》2004 年 4 期，32 页。

4 江文军《建国初期上海中产阶级的改造与重生》，《史林》2013 年 3 期，127 页。

5 周晓虹《中产阶级：何以可能与何以可为》，《江苏社会科学》2002 年 6 期，39-40 页。

6 张凡、宁越敏《上海新城建设研究》，《上海城市规划》2012 年 5 期，19 页。

7 李友梅《上海社会结构变迁十五年》，上海大学出版社，2008 年，139 页。

8 任远《塑造移民城市》，《探索与争鸣》2003 年 9 期，38 页。

9 龙登高《跨越市场的障碍：海外华商在国家、制度与文化之间》，科学出版社，2007 年，57 页。

移民与上海国际大都市建设

一、何谓世界城市

国际大都市也常被冠以世界城市、全球城市、国际城市等名称。关于“国际都市”或“国际城市”的提出及其确切定义，目前还没有形成一致的观点[1]。1986年弗里德曼（Friedmann）在《世界城市假说》一书中第一次提出“世界城市”（World Ctiy）。另一个与“世界城市”内涵大致相同的名词是“全球城市”（Global City），代表人物是霍尔（Hall）、萨森（Sassen，1990）等。

如何识别世界城市，是世界城市研究的重要方面。如果对世界城市研究历程进行回顾与梳理，可以发现尽管学者们对世界城市的判定指标有着不同的侧重，但有一些关键环节仍殊途同归，成为较为一致的评判标准。其中弗里德曼对“世界城市”的识别特质作出了经典的归纳性假说，被广泛引用，几乎成为关于“世界城市”特征的理论共识[2]。(1) 世界城市基本位于发达国家，主要都集中在美、日、欧国家，也有一些世界城市出现在经济发展水平与美、日、欧接近的所谓半边缘地区。（2）世界城市拥有以金融、服务业为主的产业集群，这是世界城市特定的经济产业体系。（3）世界城市对全球经济文化生活发挥重要影响力：世界城市对全球市场拥有巨大的影响力。（4）世界城市的一个重要的衡量指标是人口的多样性，虽然未形成固定标准，但出生地为外国的人口占城市人口的百分比却能够反映世界城市的开放性。（5）世界城市的特征是文化生活的多元性，呈现为官方语言的多语种化以及市权利机构对非本土文化一视同仁、多种族社区“马赛克”式的生存、各种族居民对市政的积极参与等。（6）本地居民的边缘化。世界城市过去为世代居住于此的居民提供特权，现在扩及到外来人士，本地居民在城市精英队伍中的比重不断下降，原来城市生活中的地方色彩趋于淡化。1995年，弗里德曼将世界城市的判断标准进一步修正为：(1) 世界经济融合的职能，(2) 空间组织与协调基点，(3) 全球经济控制能力，(4) 国际资本积累之地，(5) 国际与国内移民的终点。

萨森对纽约、伦敦、东京三个最顶级的全球城市，进行了大量的实证研究。萨森认为，全球城市在世界经济中发展起来的关键动力在于其集中优良的基础设施和服务，从而使它们具有了全球控制能力。全球城市具有以下四个基本特征：(1) 高度集中化的世界经济控制中心，(2) 金融和特殊服务业的主要所在地，(3) 包括创新生产在内的主导产业的生产场所，(4) 作为产品和创新的市场。

自改革开放尤其是 20 世纪 90 年代以来，上海发生了历史性的巨变。从“一个龙头，三个中心”到“国际化大都市，四个中心”，上海城市发展的目标定位不断提升。目前的上海正依托长江三角洲，努力建设一个充满经济活力和经济竞争力的国际大都市（表 1-5）。

表 1-5 20 世纪 80 年代以来上海城市定位表述的变迁

次序	时间	定位	来源文件
首次在国际层面设定上海城市定位	1986 年 10 月	太平洋西岸最大的经济贸易中心之一	国务院关于《上海城市总体规划方案》的批复意见
第 1 次修订，时隔 5 年	1991 年	社会主义现代化国际城市	《上海市国民经济和社会发展十年规划和第八个五年计划纲要》
第 2 次修订，时隔 1 年	1993 年 4 月	远东地区经济、金融、贸易中心之一	国务院 1993 年度《政府工作报告》
第 3 次修订，时隔 1 年	1992 年 5 月	远东地区经济、金融、贸易中心之一和现代化国际城市	《浦东新区国民经济和社会发展十年规划和“八五”计划纲要》
第 4 次修订，时隔 5 月	1992 年 10 月	国际经济、金融、贸易中心之一	“中共十四大报告”
第 5 次修订，时隔 4 年	1996 年	国际经济、金融、贸易中心之一和国际经济中心城市	《上海国民经济和社会发展“九五”计划与 2010 年远景目标纲要》
第 6 次修订，时隔 5 年	2001 年	国际经济、金融、贸易、航运中心之一和社会主义现代化国际大都市	《上海市国民经济和社会发展第十个五年计划纲要》

资料来源：屠启宇《谋划中国的世界城市：面向 21 世纪中叶的上海发展战略研究》，上海三联书店，2008 年，63-64 页。

在世界城市或全球城市的研究者如弗里德曼和萨森等人看来，世界城市是后工业时代全球经济一体化条件下的一种特殊现象，其功能是充当全球金融资本运动的空间节点和国际移民的集散地[3]。作为国际都市和世界城市，一般都具有巨大人口规模，且几乎主要的国际城市都是开放的移民城市，并借此实现对经济发展的集聚力和辐射力（表 1-6）。

表 1-6 不同学者对世界城市人口指标表述比较

序号	学者	观点
1	霍尔（Hall）	霍尔将“世界城市”的特征概括如下：拥有大规模人口和足够国际型劳动力，是各类专业人才集聚的中心
2	哥特曼（Gottmann）	世界城市三大指标之一：尽管人口因素不再是世界城市形成的决定因素，但仍然是最为重要的因素之一
3	弗里德曼（Friedmann）	世界城市是大量国内和国际移民的终点，这类城市都吸引了大量国际移民
4	萨森（Sasseen）	跨国公司总部和国际精英人才集聚，日益增加的国际移民为城市低技术、低工资的服务业发展提供劳动力，从而出现社会极化
5	彼特·泰勒（Peter Taylor）	各种专业人才及规模巨大的人口集聚中心

资料来源：根据有关资料整理。

在上海建设国际大都市的实践与研究中，越来越多的学者在聚焦国际都市的经济产业、空间规划、功能辐射和国际竞争力等问题的同时，也注意到人口因素对国际都市具有很重要的影响。例如上海人民政府研究中心主任周振华指出，国际经济表明，在培育与建设国际大都市过程中，一个非常重要的内容就是要有意识地构建和形成高级劳动力国际流动模式。熟练的国际劳动力在跨国公司办公网络中的集中与流动，对发挥国际大都市的首要功能特别是先进的服务行业有着积极的促进作用。熟练国际劳动力的移入，不仅是世界城市形成的重要原因，而且也是建构及其使世界城市保持劳动力市场全球化的重要因素。上海朝着建设国际金融中心、经济中心、贸易中心和航运中心的目标努力，其主要措施就是对外开放，提高国际化程度，包括吸纳国际熟练劳动力及移民[4]。任远研究了国际都市在人口发展方面表现出的基本特点，定量分析和比较了主要国际都市人口及与人口相关的指标，并讨论了人口变动如何和全球化产生密切的影响。他指出主要国际都市都是具有较大人口总量的超级城市，也是具有相当地域空间范围的都市圈的主导城市。全球化不仅带来资本和产业的国际流动，同时带来人口的国际迁移。国际移民是反映城市国际性的重要指标，主要国际都市都是全球人口迁移的集聚中心[5]。屠启宇则在谋划中国的世界城市：面向21世纪中叶的上海发展战略研究中，指出国际都市的指标中包涵“城市机遇指标”。“城市机遇指标”主要考察外籍人士占常住人口的比重和常住人口占城市总人口的比重。常住人口占城市人口比重体现城市给予投资者发展的空间和吸引国内外人力资本的能力。外籍人士占常住人口的比重指标则侧重于文化的包容性和城市的国际认可程度。

二、上海的海外移民

改革开放之后的上海，是中国经济最发达、融入经济全球化最深、最具国际化的大城市。因此，跨地区、跨国家的人口迁移日趋频繁。上海的外来人口，除来自各省、自治区、直辖市之外，还有大量在上海生活的海外移民。所谓海外移民，既包括来自港澳台的移民，也包括来自世界多个国家的外国移民。其中来沪的外国移民大多是以商务经营和经济活动为主要动因，由企业和公司派遣为主，以短期和中长期居留为主要迁移类型并频繁地往返于两地之间，成为典型的往返性移民和巡回性移民[6]（表1-7）。

表 1-7 主要年份在沪外国常住人口

单位：人

类别	2005 年	2010 年	2012 年	2013 年
按国别（地区）分				
日本	27812	35075	39091	37671
韩国	14047	21073	20456	20578
新加坡	5547	7545	6935	6717
德国	4591	8023	8680	8948
英国	2904	5591	6196	6457
加拿大	4279	7306	7669	7832
美国	14329	24358	26000	26279

续表 1-9

单位：人

类别	2005 年	2010 年	2012 年	2013 年
澳大利亚	3729	6165	6545	6917
法国	4181	8238	9472	9828
按人员类别分				
留学人员及家属	10224	16064	14467	6067
驻华机构代表及家属	9769	8933	6174	4285
外资企业工作人员及家属	60137	95623	95303	89468
外国专家级家属	4586	6638	7528	7580
永久居留外国人		948	1587	1886
半年以上长期签证外国人		2230	54	20

资料来源：《2014 上海统计年鉴》，中国统计出版社，2014 年。

不过整体来说，虽然改革开放以来，上海在各行业、领域的国际交流、合作日益频繁，尤其是 20 世纪 90 年代浦东开发开放以来，上海成为中外投资者的乐土，众多的跨国公司在上海建立地区性总部，随之而来的是大批境外人士的涌入。但上海人口构成的国际化程度仍然很低，比起国际大都市外籍人口的最低比例（关于国际大都市中外籍人口的比例，国际上存在着 5%、8%、15%和 20%等四种不同的说法）还差很远，甚至还远低于上海 30 年代的水平[7]。因此，仅从移民国际化这一国际城市的重要特征来看，上海离国际大都市还有很大距离。

三、上海国际社区

伴随着经济的全球化、城市的国际化，境外人员的增多，上海国际社区已经形成并日益扩张。目前，对于“国际社区”我国学术界还没有统一而清晰的定义。有研究者认为，对国际社区的认识应基于三个层面。第一，国际社区是大量不同国籍人士生活和居住的场所，它是在一定的地域范围，由海外人士组成的社会共同体；第二，国际社区的规划建设、物业管理、社区治理、配套服务应该和国际接轨，能充分体现社区建设、规划、治理、服务的“国际化”水平；第三，国际社区应该是多元文化共存、交融、发展的精神家园。三个方面缺一不可。据此，国际社区可以定义为大量不同国籍人士汇集的、在建设、规划、治理和服务上能达到国际标准的、多元文化融合的生活居住区[8]。

在上海最早的国际社区是位于长宁区虹桥街道的古北国际社区。1986年经上海市政府批准，长宁区率先在古北兴建了一批欧式风格的高级住宅，吸引了大批来沪工作的境外人士，曾居住着来自美国、日本、韩国、法国等34个国家和地区的4 000余户居民，此外还有大约4 000多名台胞聚居。随着境外人士的集聚，餐厅、娱乐、购物、SPA、健身、酒吧、主题式商业设施逐渐完善，形成了闻名上海的古北国际社区。较早形成的古北社区，以亚裔人士和小型外资企业老板为多，社区氛围具有亚裔文化特征。

进入20世纪90年代，随着浦东的开发开放，大量外来投资、国际资本和跨国公司相继涌入。境外居民数量迅速增加，在上海形成又一个国际社区聚集区。这些国际社区分布在黄浦江边、世纪公园周边、世纪大道两边，以及陆家嘴金融区、金桥出口加工区、张江高科技园区、外高桥保税区。其中欧美人士的比例相对较高，职业特征也以在跨国公司供职的高层雇员为主，文化上带有欧美文化的特征。

由于人口构成以及文化的差异，上海的国际社区与本市其他社区具有明显的差异[9]。这些差异主要集中在以下几个方面：第一，居民流动性较大。国际社区以租户居多，很多居民因为职业流动经常搬家，所以他们在社区内居住的时间长短不一。此外，有的境外人士虽然购买了国际社区的住宅，但由于自己不常住或有更佳选择，往往将房屋转租他人。第二，社区配套设施和物业服务比较到位。国际社区的房产档次和价位普遍较高，具备完善的配套设施，如室内游泳池、室内健身房、网球场、幼儿游乐场、酒吧、超市、饭店以及相配套的国际学校等。对业主多元化的需求，物业公司基本上做到有求必应。第三，居民对安全、隐私有较高的需求。国际社区的居民来自不同的国家和地区，虽然文化背景呈现多元化和差异性，但对社区环境的价值取向基本一致：希望拥有安全、尊重隐私、独立、环保、和谐、舒适的社区环境。他们最看重的，一是安全，二是对个人隐私和不同文化习俗的理解和尊重。第四，与当地政府的关系相对疏远。国际社区自成一体、相对封闭，拥有独立而完备的文化、娱乐、休闲、体育和生活设施，物业管理和社区服务非常周到，门禁系统相当完善，进出管理非常严格，与地方政府的关系远不如一般社区那样紧密。第五，人口规模比一般社区小。由于对社区的绿化率、生态环境、配套设施、居住空间等有较高的标准和要求，国际社区的人口密集度一般较低，相当一部分国际社区的居民在 200 户左右，有的仅有几十户。

国际社区居民权利意识强，强调法治、隐私、自主以及对社区服务需求具有品质高、多元化的特点，对地方政府管理带来很大挑战，尤其是传统的居委会工作方式亟需进行适应性调整。另外，在城市层面城市政府也需营造更加开放和多元的社会氛围，建设服务于不同群体的物质环境，吸引更多的国际移民进入上海、融入上海。

注释

1 任远《国际都市的人口内涵：上海论坛人口分册》，复旦大学出版社，2008 年，79 页。

2 屠启宇《谋划中国的世界城市：面向 21 世纪中叶的上海发展战略研究》，上海三联书店，2008 年，44 页。

3 尹继佐《世界城市与创新城市》，上海社会科学院出版社，2003 年，12 页。

4 周振华《21 世纪的城市发展与上海建设国际大都市的模式选择》，《世界经济与政治》2004 年 11 期，55 页。

5 任远《国际都市的人口内涵：上海论坛人口分册》，复旦大学出版社，2008 年，89 页。

6 何亚平《上海跨国迁移与流动人口研究》，《上海交通大学学报》2007 年 2 期，59 页。

7 任远《国际都市的人口内涵：上海论坛人口分册》，复旦大学出版社，2008 年，90 页。

8 文婷等《上海国际社区需求特点和规划原则初探》，《现代城市研究》2015 年 5 期，17 页。

9 李友梅《上海社会结构变迁十五年》，上海大学出版社，2008 年，89 页。

上海流动人口

一、上海流动人口的发展历程

上海流动人口始于20世纪80年代。但由于1984年以前，国家政策全面禁止城乡人口迁移，数量较少。1984年，上海外来流动人口为70万人[1]。此后，伴随着城市社会经济的迅速发展，上海流动人口进入明显增长期。

上海流动人口真正大规模增长是在20世纪90年代，尤其是在邓小平南巡、浦东开发开放及上海日益成为中国经济发展的龙头之后。据上海市统计局和公安局的有关统计，1988年上海市流动人口有106万人，1993年迅速增长到251万人，1997年略减少到237万人。2000年上升到387万人，2003年达到499万人，2005年年底进一步增长到581万人[2]（图1-2）。2010年六普数据显示，上海常住人口已达2 301.9万，其中，外来常住人口为897.7万。2013年年底，上海常住人口达2 415万，外来常住人口990万，占比40.99%。

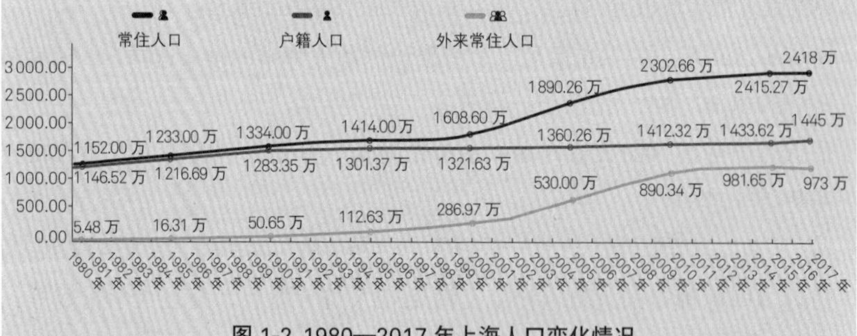

图1-2 1980—2017年上海人口变化情况

资料来源：上海市规划和国土资源管理局《上海2035：迈向卓越的全球城市》，上海科学技术出版社，2018年。

二、上海流动人口政策的演变

1984年颁布的《上海市外来寄住人口管理办法》和1987年颁布的《上海市暂住人口管理规定》中，上海放宽了暂住人口在城市滞留时间的限定。随着20世纪90年代外来流动人口规模达到高峰，上海外来流动人口管理的政策法规不断出台。据不完全统计，1993—1998年，上海颁布的专门针对流动人口的管理政策和法规达20项之多。其内容包括蓝印户口、劳动力使用、私房出租、健康检查和防疫、计划生育、收容遣送、管理服务费的征收和使用、治安管理等各个方面[3]。如1995年，上海市劳动局将全市的行业、工种依据其特点划分为可以使用外地劳动力的A类、调剂使用外地劳动力的B类和不准使用外地劳动力的C类。1996年上海市人民代表大会常务委员会通过的《上海市外来流动人口管理条例》，标志着流动人口综合管理纳入了法制化轨道。其中心思想是结合本行业特点及劳动力供需状况，由市劳动局会同有关部门确定行业和单位使用外地劳动力的控制比例。

进入21世纪之后，适应社会经济发展的需要，20世纪90年代出台的一些流动人口管理政策如收容遣送制度、对外地人员务工经商的限制政策、房屋租赁治安许可政策等被废除[4]。流动人口不再仅作为管理和控制的对象，政府考虑的重点转向如何保护流动人口的合法权益，如何为他们在城市的生活和工作提供更好的福利和服务（表1-8）。

自2002年9月起上海在全国率先施行《上海市外来从业员综合保险暂行办法》，按照《办法》，用人单位和无单位的外来从业人员只要连续缴纳保险费，在参加综合保险期间发生工伤事故或患职业病的，可以得到一次性支付的工伤保险金；因患病或非因工负伤住院的，住院发生的起付标准以上的部分，由综合保险基金承担80%，自负20%；连续缴满一年的外来从业人员可以获得老年补贴凭证，并在退休之年一次性兑现老年补贴。2009年上海市颁布了《关于外来从业人员参加本市城镇职工基本养老保险若干问题的通知》，规定来沪务工人员可以参加上海市城镇职工基本医疗保险、养老保险、工伤保险，提高了流动人口的社会保险水平。

表 1-8 1991—2006 年上海市流动人口管理的部分政策法规

名称	发布时间	制定单位
《上海市收容遣送管理条例》	1991 年	市人大常委会
《上海市单位使用外地劳动力管理规定》	1993 年	市政府
《上海市蓝印户口管理暂行规定》	1993 年	市政府
《上海市流动人口卫生防疫管理规定》	1994 年	市政府
《上海市外来流动人员管理条例》	1996 年	市人大常委会
《上海市外来人员就业证管理试行办法》	1996 年	市劳动局
《上海市外来流动人员租赁房屋治安管理办法》	1998 年	市政府
《上海市外来流动人员计划生育管理办法》	1998 年	市政府
《引进人才实行〈上海市居住证〉制度暂行规定》	200 年	市政府
《上海市外来从业人员综合保险暂行办法》	2002 年	市政府
《上海市人民代表大会常务委员会关于废止〈上海市收容遣送管理条例〉的决定》	2003 年	市人大常委会
《上海市人民代表大会常务委员会在于停止执行上海市地方性法规设定的若干行政许可事项的决定》决定停止执行“单位使用外地劳动力的审批”（《上海市外来流动人员管理条例》第二十一条、第二十二条第一款）	2004 年	市人大常委会
《上海市人民代表大会常务委员会关于停止执行上海市地方性法规设定的若干许可事项的决定》决定停止执行“房屋租赁治安许可证的核发”（《上海市外来流动人员管理条例》第十四条）	2004 年	市人大常委会
《上海市居住证暂行规定》	2004 年	市政府
《上海市居住房屋租赁管理实施办法》	2004 年	市政府
《〈上海市居住证暂行规定〉实施细则》	2004 年	市发改委、市公安局、市人事局、市劳动保障局
《关于维护上海市建筑业农民工合法权益的若干意见》	2006 年	市建设交通委

资料来源：卢汉龙《关注社会政策》，社会科学文献出版社，2007 年，318 页。

在外来人口子女的义务教育方面，上海从 1998 年起陆续制定政策，积极稳妥地解决进城务工就业人员子女的就学问题。2003 年，上海拟定了《关于做好进城务工就业农民适龄子女义务教育工作的若干意见》（试行），提出进城务工就业农民子女义务教育工作由流入地的区县政府管理为主，在全日制公办中小学就学为主，明确进城务工就业农民子女在上海读书的缴费是按照物价部门核定的上海市义务教育阶段收费项目和收费标准收取费用，并且对家庭确有经济困难的学生，可以采取分期付款或减免杂费、书本费等办法。从2004年起，上海逐步加大了公办学校接纳外来人口子女的力度。据统计，2008年在上海接受义务教育的外来子女超过了40万，其中六成以上在公办中小学就读。同时，通过规范与扶持相结合的政策，加大对农民工子女学校的扶持力度，改善学校的办学条件，提高教育质量。从2008年起，上海把符合基本办学条件的农民工子女学校纳入民办教育管理，这些学校接受政府委托招收外来人口子女[5]。2009年已有九成符合条件的在沪农民工同住子女享受免费义务教育。

上海市还逐步取消了外来劳动力在上海市的就业限制。按照上海市2004年出台的规定，外来人员在上海就业不再需要申领《上海市外来人员就业证》，用人单位只要像招用本地工一样到职介所办理用工登记备案手续即可。为维护外来务工人员的合法权益，上海市制订外来务工人员工作时间、劳动保护、最低工资标准；建立公益性的流动人口就业服务中心，免费提供各种就业服务；开展对农民工的培训，从2010年起，实施农民工技能提升三年行动计划（2010—2012年）。

三、外来人口的社会融合

移民作为上海人口的一个重要组成部分，为上海城市建设及经济社会发展做出重要贡献。在上海，大量廉价而丰富的青壮年移民、外地劳动力的进入，带动了就业竞争和劳动力市场的发育，降低了企业成本，缓解了部分行业的劳动力的供需矛盾，促进了上海工业，尤其是劳动力密集的制造业的发展，增强了国际都市竞争力。上海的外来人口所从事的商业服务业满足了城市居民的生活需求。但是，由于城乡二元结构的影响，户籍身份制度限制，他们在就业、工资、劳动保障等方面往往受到歧视和不公正对待，在教育、医疗、住房、福利、公用设施的使用等方面不能与上海户籍人员享受同等待遇。

1. 就业

就业主要集中在制造业、建筑业、服务业等劳动密集型行业，从事“苦累脏重险”职业或工种。另有农民工在上海郊区从事农林牧渔业。2010 年六普数据显示，上海外来劳动力最多的前五位行业是制造业、批发与零售业、建筑业、交通运输、仓储和邮政业以及住宿与餐饮业，占外来劳动力总量的 81.1%，其中制造业比重高达 41.26%。另外其劳动权益的保护常常得不到重视。一些大量使用外来农民工的非正规企业（包括个体、私营企业），违法延长劳动者工作时间的情况时有发生。在签订劳动合同、社会保险投保和工资按时发放等方面也存在劳动者权益保障缺失和受损现象。

2. 工资与社会福利

外来人口与本市人口同工不同酬，月平均收入与综合保险水平明显偏低。也不能与户籍人口同等享受城市福利（表 1-9）。

表 1-9 上海市各类人口基本公共服务权利

		户籍居民	居住证持有者		临时居住证持有者
			申请积分的人才	普通居住证持有者	
卫生计生	公共卫生	*	*	*	*
	计划生育	*	*	*	*
社会保险	社会保险	*	*	*	*
	子女参加居保	*	*	*	*
子女教育	义务教育、中职、专科	*	*	*	持证满三年且办理两年灵活就业
	高考、中考	*	*	*	*
	公立幼儿园	*	*	*	*
公租房		*	*	持证两年以上且缴纳一年以上社保	*

资料来源：孟兆敏、张健明《上海市人口调控政策的评价研究》，《西北人口》2016 年 3 期，61 页。

3. 居住

上海新增常住人口分布在近郊区和远郊区。城郊结合部及远郊部分地区形成了大量的外来人口聚集区（表 1-10）。有学者将流动人口聚居区划分为自发聚居、简易安置和集中安置三种类型。流动人口自发聚居区居住环境恶劣、公共服务缺乏，聚居者之间沟通较少，社会矛盾突出；简易安置的流动人口聚居区，尽管物质条件简陋，但管理规范、配套有基本生活服务设施，居住群体之间有较强的认同感，聚居区治安状况、邻里融洽度均较好；而集中安置的聚居区居住环境较好，服务设施完善，且聚居人员文化背景趋同，较易形成认同感[6]。

表 1-10 流动人口聚居区类型特征比较

聚居类型	基本特征	子类划分特征	发展前景
自发聚居	总体特征：位于城郊结合部的居民点，方便生产生活，降低生活成本，获取更多的就业机会 物质环境层面：（1）房屋多为私人入住房改造或居民自行搭建；（2）房屋通风采光条件差，厨卫设施缺乏，使用不便；（3）聚居区内住房拥挤，环境卫生条件恶劣 服务管理层面：组织松散，难以实行有效管理，治安案件高发区 聚居人群特征：（1）普通流动人口，人员流动性强；（2）流动人口文化背景差异较大，内部分异明显，难以形成认同感；（3）社会交往仍以传统差序格局为主，呈“大混居，小缘聚”，对城市生活融入性差	就业型——就近工作的聚居区 （1）靠近就业场所，如劳动力密集型工厂、大型批发市场、交通节点（火车站、码头、汽车站）；（2）居民均为普通流动人口，人员流动性强 案例：嘉定区江桥镇沙河村、闵行区七宝镇九星村	聚居场所多为城市门户地区，土地功能调整具有不确定性，受城市扩张影响较大
		居住型——交通便捷的聚居区 （1）主要区位有：公交线路汇聚站点周边、地铁站周边，可达性较好；（2）租金低廉、房源充足；（3）居民均为普通流动人口，人员组成复杂，最大特征是混居 案例：嘉定区真新街道新郁社区、一号线莘庄站周边地区	由于城市开发建设条件成熟，为城市主要的拓展区，空间存续的稳定性较差
简易安置	总体特征：规模相对较小，投资经营形式灵活多样，面向普通流动人口，管理规范 物质环境层面：建筑结构简单，造价低，居住环境单调，房屋租金便宜 服务管理层面：有组织管理机构，登记检查严格，管理规范，治安环境较好，提供简单的职业介绍、维权服务，有基本的生活配套设施 聚居人群特征：不同类型聚居区人群文化背景差异较大，但均居住时间较长，流动性较弱，易形成认同感	福利型——政府/集体投资运作的安置区 （1）多位于城市化较为成熟的地段；（2）居民居住时间相对较长，流动性弱，易形成认同感 案例：普陀区桃苑小区、浦东新区钦洋镇流动人口大院	经济回报低，未来变数较大
		配套型——政府/企业投资，自己经营或外包经营的安置区 （1）为经营场所的一部分；（2）租金较低，与经营摊位费统一收取；（3）居民为市场的经营者，流动性较弱，认同感强 案例：闵行区七宝镇九星市场	与经营场所捆绑相对稳定
		引导型——政府牵头，充当企业与出租户的媒介，统一管理、统一租赁的安置区 （1）位于郊区工厂周边的村庄；（2）租金有企业统一交付；（3）居民均为附近企业职工，易形成认同感 案例：嘉定区南翔镇浏翔村、马陆镇樊家村	充分利用农村旧住宅，较为稳定

续表 1-10

聚居类型	基本特征	子类划分特征	发展前景
集中安置	总体特征：以城市居民小区形式建设的大型流动人口廉租住宅，资金投入大，环境优美，配套齐全，管理规范 物质环境层面：建筑质量较高，居住环境优美，设施配套齐全，生活方便 服务管理层面：采用小区规范的物业管理模式，治安环境良好 聚居人群特征：(1)居民多为工厂工人人员构成相对稳定，且年轻人多，文化背景趋同，容易交朋友，较易形成认同感；(2)是流动人口最终融入城市的重要学习、过渡阶段	工业园区集中安置区 （1）多位于城郊结合部或郊区城镇，依托劳动力密集型工厂；（2）政府主导，提供土地，统一物业管理；（3）用工企业整体包租，参与管理 案例：嘉定区马陆镇永盛公寓	政府提供廉价土地，维持房屋低租金是集中安置区存在的关键
		村集体建设的集中安置区 （1）郊区农村，依托劳动力密集型工厂；（2）村集体主导，提供土地（流转地），统一物业管理；（3）用工企业整体包租（参与管理）或零租给流动人口 案例：嘉定区马陆镇樊家村育绿小区	聚居区为新建公寓式居住小区，用地属性较为稳定，但低租金是其取得持续受益的前提

资料来源：罗仁潮、王德《上海流动人口聚居区类型及其特征研究》，《城市规划》2009 年 2 期，31 页。

4. 子女教育

在上海就读的外来农民工子女，到初二或初三往往要选择回户籍所在地就读。因为按照政策，外来农民工子女可以在上海就学到初中毕业，毕业后可以考上海职校，但基本无法进入上海高中，更不可能参加高考。

四、流动人口市民化

按照国家现行的人口统计口径，流动人口会被统计在城市的常住人口中。但事实上是农民工申领到暂住证的比例高，而申领到居住证的少。甚至一些在沪已工作生活多年，仍持有的是暂住证；甚至“两证”均无。按现有政策规定，只有持有居住证者才可按照国家和上海有关规定享受子女就读、计划生育、公共卫生、社会保险、证照办理、科技申报、资格评定、考试和鉴定、相关荣誉称号评选等公共服务方面的待遇和便利，以及申请公共租赁住房等，因此外来农民工往往无法享有政府推出的惠及常住人口的政策。

如果说，20 世纪 90 年代之前，流动人口中长期居留的是少数，取得户口合法定居的人数更少，90 年代中期之后外来流动人口在沪滞留时间趋于明显延长，已经表现出"事实移民化"倾向。2003 年上海市的流动人口达 499 万，其中有 305 万居住上海达半年以上，占上海市常住人口总数的 18.6%。就业规模已达 375.09 万人，占上海就业人口的 39.5%。其中大约有 80 万～ 100 万人，在城市已经拥有了固定的住处和稳定的职业，且居住多年，已经成为城市移民中的一个重要群体[7]。由于从上海城市可持续发展和全国城乡一体化协调发展的需要看，外来普通劳动力的定居趋势不可逆转，而且社会劳动力层次共生结构也决定了，上海固然需要尖端人才，但事实上更需要大量服务业、制造业的普通劳动力，应本着体现社会公正与人本内涵的精神，突破政策和体制上的限制，在城市全面融合外来人口有承载力风险的前提下，通过"融入门槛"设置，建立具备一定筛选功能的机制来解决城市所需的结构性劳动力的身份转化问题[8]。

注释

1 王午鼎《90 年代上海流动人口》，华东师范大学出版社，1995 年，124 页。

2 卢汉龙《关注社会政策》，社会科学文献出版社，2007 年，315 页。

3 桂世勋、黄黎若莲《上海与香港社会政策比较研究》，华东师范大学出版社，2003 年，395 页。

4 卢汉龙《关注社会政策》，社会科学文献出版社，2007 年，317 页。

5 高慧《上海外来人口子女义务教育现状》，《当代青年研究》2010 年 3 期，23 页。

6 罗仁潮、王德《上海流动人口聚居区类型及其特征研究》，《城市规划》2009 年 2 期，31 页。

7 文军《从季节性流动到劳动力移民》，《探索与争鸣》2001 年 1 期，28 页。

8 胡琪、高苑敏《完善户口准入机制，平等对待长期在沪居住的外来普通劳动者》，《科学发展》2012 年 2 期，21 页。

第 2 章

城市规划与社会学

城市规划是 19 世纪后期和 20 世纪初欧洲社会改革的一部分，与社会学有着天然的联系与不解之缘。城市规划学科是在与社会学交互影响中发展的。当代城市面临的巨大挑战与学科融合的发展趋势，为两者的结合提供了新的契机。

以服务于经济发展为中心的中国城市规划，因应时代、社会的变迁，越来越强调人本原则，将对人群、对社会的关切融合到规划和城市建设实践中。城市规划被赋予更为深厚的人文价值和更为广泛的社会意义。

城市规划与社会学的结合，最好的切入点是城市社会规划。

作为社会改革的城市规划

现代城市规划的起源是复杂的[1]，但主要与19世纪中叶工业化、城市化和随之而来的社会变迁有关。

一、工业革命与社会变迁

最早在英国开启的工业革命，其所带来的社会变化是史无前例的。（1）阶级的分化，形成了近代工业资产阶级和无产阶级。英国工业无产阶级主要由圈地运动中在农村涌现出来的大批无产者、失业的手工工人、童工、女工以及在英国暴政下陷于贫困的爱尔兰人构成。“新生的工业能够这样成长起来，只是因为它用机器代替了手工工具，用工厂代替了作坊，从而把中等阶级中的劳动分子变成工人无产者，把从前的大商人变成了厂主；它排挤了小资产阶极，并把居民间的一切差别化为工人和资本家之间的对立”[2]。（2）社会结构和家庭结构的破坏。随着工业化和城市的繁荣、发展，由小农、乡绅、工匠、商人组成的前现代社会结构已渐趋瓦解，农村人口占全国总人口比重由1696年的75%下降到1801年的35%[3]。19世纪40年代，英国城市人口已占全国人口的四分之三，工人已达480万。（3）工人阶级的失业和贫困。周期性的经济危机、机器的发明和运用，时常造成大批手工业者和工人失业。工人阶级中有相当一部分人处于贫困状态。1889—1903年查尔斯布斯对伦敦东区贫困问题进行调查，发表了著名的长篇调查报告《伦敦人的生活与劳动》，他以每周18～21先令作为一对夫妇三个子女的家庭的贫困标准，最后得出结论，伦敦东区有30.7%的人生活在贫穷之中。而西博姆朗特里1899年对约克城的调查则宣称，该城有27.84%的人口生活在贫困之中[4]。(4) 在城市化过程中，利己主义和拜金主义盛行。一些人道德沦丧，酗酒、赌博、卖淫成风，犯罪率大幅度上升（表2-1）。

表 2-1 1894 年英格兰和威尔士犯罪率（每 10 万人中的犯罪人数）

地区＼犯罪	可起诉罪				即决过失		
	全部有报告的可起诉罪	财产罪	人身罪		斗殴	酗酒	流浪
			暴力罪	道德罪			
大都市	416.7	386.2	10.6	5.9	390.1	637.4	148.8
矿业村	234.3	214.3	8.3	8.1	286.8	1 136.7	280.3
制造业城市	351.8	332.4	6.6	4.4	272.6	470.1	244.9
海港	643.6	597.9	22.5	8.4	426.0	1 260.8	368.3
休闲城市	205.7	250.4	4.3	4.1	180.5	289.3	92.9
农业郡	—	—	—	—	—	—	—
东部	128.2	119.1	3.7	3.6	120.3	109.9	55.4
西南部	182.9	163.5	5.2	8.1	150.1	209.4	155.7
内地郡	202.1	185.9	4.2	6.5	146.7	245.0	52.2
英格兰和威尔士	296.7	275.9	7.2	6.1	252.2	616.3	191.1

资料来源：王章辉《欧美农村劳动力的转移与城市化》，社会科学文献出版社，1999 年，325 页。

二、城市化与城市社会问题

工业革命的后果，是城市化的迅速发展。据统计，1750 年英国工业革命前全国有 80%以上的人生活在农村，到 1830 年前后，英国人口总数的一半已经居住在城市，到 19 世纪末，则是全国 80%的人口居住在城市。一些重要的工业城市如伦敦的人口由 1801 年的 108.8 万增加至 1851 年的 249.1 万，1901 年的 456.3 万（表 2-2）。

表 2-2 英国主要大城市人口增长情况 单位：万人

城市＼年份	1801	1851	1901	1951
伦敦	108.8	249.1	456.3	335.3
伯明翰	7.1	23.3	52.2	111.3
布里斯托尔	6.1	13.7	32.9	44.3
爱丁堡	8.3	19.4	39.4	46.7
格拉斯哥	7.7	34.5	76.2	109.0
利兹	5.3	17.2	42.9	50.5
利物浦	8.2	37.6	68.5	28.5

续表 2-2

城市＼年份	1801	1851	1901	1951
曼切斯特	7.5	30.3	54.4	70.3
设菲尔德	4.6	13.5	38.1	51.3

资料来源：王章辉《欧美农村劳动力的转移与城市化》，社会科学文献出版社，1999 年，23 页。

在资本主义制度下，农村人口向城市的流动是自发的、盲目的。城市的发展缺乏计划性，因此，在农村人口城市化过程中，不可避免地产生一系列社会问题[5]。住房拥挤是城市化过程中普遍存在的问题。工业化时期建造的工人住宅，房屋布局过于拥挤和杂乱，空地和绿地面积很少，室内设备十分简陋，缺乏起码的卫生设施。街道和居民区缺少自来水供应，下水系统不健全，排污不畅，加上城市街道没有铺砌，路面不平，到处都是污泥浊水。由于工业化早期的城市尚未建立定期清除垃圾的制度，也没有处理垃圾的方法，居民区常常垃圾堆成山。恩格斯在《英国工人阶级状况》中记载："每一个大城市都有一个或几个挤满了工人阶级的贫民窟。的确，穷人常常是住在紧靠着富人府邸的狭窄的小胡同里。可是通常总给他们划定一块完全孤立的地区，他们必须在比较幸福的阶级所看不到的这个地方尽力挣扎着活下去。英国一切城市中的这些贫民窟大体上都是一样的。这些城市中最糟糕的地区的最糟糕的房屋，最常见的是一排排的两层或一层的砖房，几乎是排列得乱七八糟，有许多住人的地下室。这些房屋每所仅有三四个房间和一个厨房，叫做小宅子。在全英国，这是最普通的工人住宅。这里的街道通常是没有铺砌过的，肮脏的，坑坑洼洼的，到处是垃圾，没有排水沟，有的只是臭气熏天的死水洼。这里的住宅非常集中，以至于空气很难流通，特别是很多人挤在一个小小的房间里，空气之糟是可以想象的。"[6]

工业化和城市化还使生态环境恶化。城市区域的急剧扩大破坏了农村宁静的田园风光。煤炭的大量使用造成空气污染。伦敦上空的烟尘和水蒸汽的结合使伦敦变成了有名的雾都[7]。恶劣的家庭卫生条件、肮脏的社区环境以及城市污染造成霍乱、伤寒、肺结核、天花等恶性传染病流行，其直接后果就是大量人口的死亡。这不仅大量损耗了资本家赖以榨取剩余价值的人力资源，而且也直接危害着有产者自身的健康和生命，所以在19世纪中叶，城市卫生问题引起了统治阶级和当局的注意，迫使其采取措施改善城市住房和卫生状况，并取得一定的成绩[8]。

三、19世纪的社会改革

19世纪中后期，作为产业革命后遗症的社会问题和城市问题，尤其是英国工人阶级的贫困状况，引起了全社会的广泛关注和强烈反应，以及工人阶级的反抗。为了改善恶劣的劳动条件和生活条件，工人们被迫组织起来进行不间断的斗争。19世纪初爆发了以捣毁机器为斗争形式的自发的工人运动——卢德运动。19世纪三四十年代的宪章运动，则把工人反抗斗争推向了高潮，上百万工人参加了这次运动。

城市环境污染和疾病流行，工人阶级的失业和贫困，唤起了一些资产阶级有识之士以及宗教人士的关注。一些志愿社团开始在民间进行各种调查，开展一系列社会服务，如建立医院、救济贫民、提倡禁酒、反对赌博直至挽救妓女和小偷等。成立于1884年的英国费边社，由进步学者和社会改革家组成。他们揭露工人的悲惨处境，宣传社会平等和福利思想，要求实行社会改良。他们认为贫穷并非个人过错，而是社会经济制度的缺陷造成的，呼吁政府承担责任进行干预。费边社主张对济贫法进行改革，建立国民最低生活水准保障制度，就业交换制度。实行八小时工作制，公平工资制，学童营养午餐，改革教育制度、居民住宅制度，实行免费教育，为工人提供良好居住条件。

19世纪30—50年代，一些空想社会主义者如圣西门(Saint-Simon，1760—1826年)、傅立叶(Charles Fourier，1772—1837年)、欧文(Robert Owen，1771—1858年)等人，面对充满社会邪恶与残酷阶级剥削的资本主义制度，开始探索改善人类生存困境，建立自由平等的理想城邦的道路。他们提出一系列改革工业城市，解决城市矛盾和危机的思想和方案。

实业制度是圣西门对未来社会所设想的一种理想制度，包括把国家变为生产组织，有计划地组织社会生产和社会生活。社会组织目的是满足人们需要，提高人们生活水平。实业制度实行各尽所能、按劳分配的原则，由企业家、学者和艺术家管理。

傅立叶的理想社会是法朗吉，由劳动者和资本家共同建立，前者付出劳动，后者提供资金成为股东。法朗吉所经营的首先是农业，同时也从事各项工业。法朗吉的成员都有劳动权，妇女和男人是平等的，儿童可免费受教育。法朗吉的总收入分成两部分，一部分用于社会福利，另一部分用作生产开支。傅里叶还提出了消灭脑力劳动和体力劳动之间差别，城市和乡村之间对立的思想。

欧文的理想社会叫做合作公社。合作公社以生产资料公有制为基础，实行各尽所能，按需分配的原则，人数规模在五百人到三千人之间。在公社里按年龄的原则来分配工作和选拔领导，在相同年龄的组里，每个人的权利和义务完全平等。公社采取大规模的集体生产，机器和科学的发明得到广泛应用。公社的最终目的是各自治公社的自由联合。

空想社会主义者在世界各地进行了广泛的社会实践活动，虽然这些试验一一失败，但这些空想社会主义者的理论与实践，对后来城市规划思想发展产生了一定的影响[9]。

在广泛的社会动员和推动下，早期资本主义国家为治理“城市病”采取了一系列措施。1834 年的济贫法修正案，对 1601 年的济贫法进行了修改。1833 年和 1847 年分别通过了工厂法、工作法。1848 年英国通过公共卫生法，并成立卫生部，该机构被授权在死亡率超过 20% 的区域，或者有占人口 10%的居民要求的区域设立地方性卫生委员会，这些委员会必须提供新鲜水并负责处理污水，改善居住环境等[10]。为改善工人阶级的住房和居住环境问题，1875 年、1882 年和 1885 年，英国议会相继颁布了三部《工人阶级住房法》，授予首都工务委员会清除和改造贫民区的权力。1890 年，议会又通过了新的《工人阶级住房法》，要求英国政府为工人阶级提供更多的租赁住房。1894 年，《工人阶级住房法》进一步强调，政府不仅要提供用于购买贫民窟和补偿搬迁居民的贷款，也要为新建街道和下水道等配套设施提供贷款。1900 年《工人阶级住房法》还规定，为了要为工人阶级建造住房，允许政府机构购买不属于其直接管辖范围内的土地[11]。在解决严重污染环境的烟气问题上，英国议会也通过了一系列法律。

四、城市规划先驱的社会改革思想

埃比尼泽·霍华德（Ebenezer Howard，1850—1928 年）出生于英国平民家庭，没有受过正规教育。青年时期曾到美国闯荡并接触到各种民主革命思想。他终身以速记为生，使他有可能在较深层次上理解各种社会问题，并充满社会责任感。他深受空想社会主义者的思想影响，追求社会公正，关心贫困问题。1898 年出版《明日：一条通往真正改革的和平道路》一书。1902 年再版时，改为《明日的田园城市》，删去了一些容易引发争议的社会改革内容。霍华德倡议建设一种兼具城市和乡村优点的田园城市。按照 1919 年田园城市协会的定义，田园城市是为安排健康的生活和工业而设计的城镇，其规模要有可能满足各种社会生活，但不能太大；被乡村带所包围；全部土地归公众所有或托人为社区代管[12]。而若干个田园城市构成城市群，即社会城市。霍华德还积极地将自己的思想付诸实践，主持建设了莱奇沃斯和韦林两座田园城市。

长期以来，对霍华德城市规划理论的介绍，大多偏重于物质环境的建设方面。如环城绿带和分区建设，以及对后来新城和卫星城建设的影响。实际上规划设计并不是霍华德著作的中心，田园城市更不可理解为花园城市，霍华德理论的主要贡献在于他把城市规划作为推进社会变革的一种手段，把社区内经济活动的组织，社会生活的安排，物质环境的布置以及付诸实施的经济保证等统统纳入城市规划的内容[13]。在《明日的田园城市》中，霍华德用了大量篇幅来讨论城市社会经济问题：(1) 土地归集体所有，土地出租的利息归公共所有；通过土地价格、公共政策规定限制房客的房息压力。(2) 把贷款利率固定在最低水平，而取得的利润用作社区的设施建设。(3) 建设各种社会基础设施，社会作为公共设施建设的承担者。(4) 资助各种形式的合作社。(5) 创造各种就业岗位，包括自我创造就业岗位的专业户。(6) 公营（国有）或共营（集体）的企业的建立。(7) 把私人资本的借贷利息限制在 3% ~4%范围之内[14]。这种广义理解的城市规划，正是世界城市规划界在狭窄的物质环境构图的死胡同中闯荡多年而重新认识的正道，却被埋没了[15]。

帕特里克·盖迪斯（Patrick Geddes，1854—1932 年），19 世纪末 20 世纪初苏格兰生物学家、城市规划师和社会改革家。他把不同学科知识融为一体，把不同学科的理论和方法加以整合，形成了跨学科城市综合研究，创造了城市学的概念。在《近现代西方人本主义城市规划思想家》一书中，金经元指出，盖迪斯所谓的“城市学”就是强调要用有机联系、时空统一的观点来理解城市，既要重视物质环境，更要重视文化传统与社会问题，要把城市的规划和发展落实到社会进步的目标上来，这是盖迪斯认识城市问题的理论思想精髓。盖迪斯于 1915 年出版《进化中的城市——城市规划与城市研究导论》，广泛涉及城市的发展、人口分布、城市与技术背景、城市住房、城市规划教育、城市学与城市的调查研究以及城市建设精神和经济意义等[16]，被视为城市规划与设计的经典。

由于受过系统的生物学训练，盖迪斯惯于从生态学的视角进行城市研究。在他看来，人类、城市、环境三者如同生命之网上的各有机体那般不可分割。他既分析了自然环境对人类职业和城市形态产生的影响，也考察了人类行为和城市形态对区域环境造成的后果，并提出工业城市与所在区域交互影响的城市区域理论[17]。他用历史的方式去研究现代城市，认为城市也经历了一个由低级形态向高级形态不断进化的过程。他创造性地提出了旧技术时代和新技术时代等概念。盖迪斯把以煤和蒸汽为基本动力、以追逐利润的资本家为决策者、很少考虑环境保护的时代称为旧技术时代；而把以电力为基本动力、以联系和教导群众的政府为主要决策者、关心环境和艺术的时代称为新技术时代[18]。他认为城市进化动力是人类、城市和环境等要素间的合力[19]。

盖迪斯对社会学具有浓厚的兴趣，在他的实践和思想中，充分吸收了19世纪末期法国社会学家的相关研究成果。早在1884年，他组织了爱丁堡社会联合会，致力于改善爱丁堡贫民窟的条件。19世纪90年代，他建立了城市瞭望台和社会学实验室。1904年他发表了《城市学：社会学的具体运用》的演讲，1919年发表了《生物学和它的社会意义：一个植物学家对世界的看法》。他重视社会调查，对城市中的广大人民充满深切关怀，对社会改良充满热情。

因此，城市规划的出现，不能只看成是城市规划本身的发展，而应当作为当时社会改革成果之一来考察[20]。城市规划的创始人与其说是城市规划家，不如说是一批有社会责任感的思想家，一些以建设和谐美好社会为理想的社会改革家[21]。他们把城市规划、建设和社会改革联系起来，综合考虑经济社会与城市空间的相互关系，即相信物质环境的改善能带来社会生活的改变，但也不简单地崇尚物质拯救社会的教条，而是同时强调了借助政治与社会、经济等方面改革的必要性[22]，由此他们把改善社会、经济的目标也纳入城市规划中去，并把为更美好、更人性、更公正的城市和社会而奋斗这一带有理想主义和人本主义色彩的道德使命，深深植入于城市规划，使其成为规划界的历史的、内在的、根本无法剥离的“固有本性”或“基本教义”。虽然在随后百余年城市规划发展史中，规划学界曾引发无数次理论论争，规划实践中也存在重大分歧，社会学传统也随着时代的变迁时隐时现，社会改革的理想也曾被一些人淡忘，但由于对社会的关怀已经成为现代城市规划最重要的基因，每每在城市规划发展的关键时期都显示出强大的本源性力量，影响城市规划的发展[23]。其实，即使经常被指责技术至上和环境决定论的现代主义城市规划，也未能摆脱它的社会学传统。现代主义城市规划用现代技术和严格的功能分区重建城市秩序，结果却导致“生活隔绝”“人情冷漠”“孤独症”等社会心理问题，其手段和方式遭到了强烈的抨击，但从某种意义上来说，勒·柯布西耶（Le Corbusier）的城市观，与空想社会主义及霍华德的理论有着许多相似的地方，他们或多或少带有理想主义的色彩，都具有改造社会的使命感，并企图通过对生活环境的改造解决社会问题，适应社会的进步等，区别只不过是针对工业革命以来的城市问题，勒·柯布西耶的解决方案是建设或改造大城市，而霍华德的解决方案是建设小城市群（社会城市）[24]。其本质目的或者说最主要的理想是以规划解决社会问题。

注释

1 张庭伟、田莉《城市读本》，中国建筑工业出版社，2014 年，291 页。

2《马克思恩格斯全集》第 2 卷，人民出版社，296 页。

3 奇波拉《欧洲经济史》第 3 卷，商务印书馆，1989 年，341 页。

4 丁建定《从济贫到社会保险——英国现代社会保障制度的建立（1870—1914）》，中国社会科学出版社，2000 年，29-30 页。

5 王章辉《欧美农村劳动力的转移与城市化》，社会科学文献出版社，1999 年，11 页。

6《马克思恩格斯全集》第 2 卷，人民出版社，306-309 页。

7 王章辉《欧美农村劳动力的转移与城市化》，社会科学文献出版社，1999 年，317 页。

8 王章辉《欧美农村劳动力的转移与城市化》，社会科学文献出版社，1999 年，321 页。

9 张庭伟、田莉《城市读本》，中国建筑工业出版社，2014 年，340 页。

10 赵虹《英国工业革命期间的社会立法》，《云南师范大学学报》2002 年 6 期，42 页。

11 李宏图《英国工业革命时期的环境污染和治理》，《探索与争鸣》2009 年 2 期，63 页。

12 张京祥《西方城市规划思想史纲》，东南大学出版社，2005 年，93 页。

13 金经元《霍华德的理论及其贡献》，《国际城市规划》2009 年增刊，97 页。

14 吴志强《百年现代城市规划中不变的精神和责任》，《城市规划》1999 年 1 期，27-28 页。

15 金经元《霍华德的理论及其贡献》，《国际城市规划》2009 年增刊，97 页。

16 谭纵波《城市规划》，清华大学出版社，2005 年，75 页。

17 陈黎黎《向生态优托邦演进》，《社会科学战线》2014 年 12 期，85 页。

18 张京祥《西方城市规划思想史纲》，东南大学出版社，2005 年，96 页。

19 陈黎黎《向生态优托邦演进》，《社会科学战线》2014 年 12 期，85 页。

20 渡边俊一《欧美近代城市规划的反思》，《国外城市规划》1989 年 4 期，34 页。

21 秦红岭《理想主义与人本主义：近现代西方城市规划理论的价值诉求》，《现代城市研究》2009 年 1 期，37 页。

22 刘佳燕《城市规划认识论和方法论中的社会学思考》，《北京规划建设》2008 年 3 期，60 页。

23 张俊、王世军《西方现代城市规划和社会互动关系》，《城市规划学刊》2009 年 2 期，50 页。

24 谭纵坡《城市规划》，清华大学出版社，2006 年，63 页。

城市规划与人文社会科学

一、有关的争论

城市规划和人文社会科学有着怎样的关联，人文社会科学在城市规划学科中的地位如何，城市规划和人文社会科学的结合是可能的吗？或者说这种结合真的是能够促进城市规划的发展吗？这在城市规划界向来存在广泛的争论。例如，加拿大华裔学者梁鹤年就曾指出，如果社会分析和规划设计能够互相补充，各展所长，规划会为城市环境做出很大的贡献[1]。可惜，规划师出自专业本能及受自身专业局限，他们主要关注的是城市物质空间形态的创造，而缺乏对深层的社会、经济背景的宏观把握，缺乏对城市社会结构和动力机制的深切了解。规划师也通常并不具备进行深入的社会研究的能力，进而缺乏对城市社会研究成果的理解及与城市空间规划融合的意识及策略。从事人文社会科学的人，尤其是社会学和人文地理学，以辩论和分析为主，作纯理性、纯逻辑的讨论，没有经过设计的训练，他们的分析很少有物理上的考虑（空间与时间），也没有现实的限制。他们对规划提出针对性的、强有力的批判，但拿不出解决办法。建议多是单方面、抽象和不切实际的。这使规划工作者既不能否认问题的存在和严重性，又无法在他们的工作和权力范围内去解决这些问题。后果是，理论与实际工作开始分家。实际工作者把人文社会科学的贡献看作全是学术性的东西——谈谈可以，用不上[2]。那么，即使勉强结合在一起，结局又将是如何呢？

柏林工大（TU Berlin）区域与城市规划研究所走过的道路似乎具有某种警示意义。1972 年，柏林工大在欧洲大陆所有的大学中间，最早地创办了独立于建筑学之外的城市规划专业，5 位城市规划专业教授与另外 6 位来自城市经济学、城市社会学、国民经济学、区域地理学、建设法学和统计学专业的志同道合的教授携手，组合形成一个新的城市规划专业——城市与区域研究所。该所完全与建筑系平行，在德国代表了一个全新的城市规划学派。这一代人把城市规划从纯粹的物质城市设计地位提升到了城市经济、城市生态、城市社会、城市土地、城市地理等更广阔的天地中。他们发起成立了欧洲城市规划院校联合会（AESOP），形成欧洲城市规划的一面旗帜。然而进入 20 世纪 90 年代以后，随着这批教授的退休，这个研究重地在学校中的地位不断下降，最终被建筑学院重新整合，这面旗帜最终倒了下去[3]。非但如此，在有些学者看来，城市规划和人文社会科学的结合，还可能会给城市规划发展带来理论和实践上的问题。

其一是城市规划理论的空心化问题。有学者指出，20 世纪 80 年代以后，西方城市规划理论中的主导思想出现明显偏移。城市规划学者不但丧失了对城市发展的话语权，而更不幸的是，为了争夺这种话语权，或是试图进入决策者的语境，城市规划学科简单地“交叉”了政治学、管理学、经济学或者社会学诸领域的观点来武装自己。由于这种“交叉”在“放出去”的同时，“收回来”的远远不够，没有形成自己的“知识产权”，致使随着相关研究的不断地深入，城市规划只能亦步亦趋，完全丧失了理论研究的主导地位，形成了规划理论的空心化局面[4]。而且类似的现象似乎在中国重演。如段进指出，中国城市规划学科在忙于引进经济学、社会学、生态学、管理学等学科的理论与概念的同时，却迷失了自己的方向，并导致对城市规划学科本体问题的认识也变得混乱不清[5]。为此必须区分“规划中的理论（Theory in planning）”和“规划的理论（Theory of planning）”。由于规划涉及的范围日益超越原来的物质形态设计，必须运用和借鉴其他成熟学科的知识，如经济学、社会学、生态学和政治学的理论，这些理论称之为“规划中的理论”。而“规划的理论”则是规划自身及其过程规律的总结[6]。

其二是实践中的问题。这来自对美国城市规划历史的反思。欧美的城市规划专业经过了 20 世纪七八十年代的社会学和经济学的学术拓展后，对城市物质性一面的研究有所减少，而对其社会性一面的研究却大增。事实上，90年代以来，将狭窄的物质规划问题推广到更广泛的物质建设的社会含义已成为一种方向。既使是“纯”设计的著作，也力求将设计问题与社会后果一并讨论[7]。如彼德·盖兹（Peter Katz）的《新城市主义》，认识到“新城市主义”设计的出发点是为了节约用地及防止城市蔓延，并构筑、培育社区的发育。另一本流传较广的关于物质规划的著作——约翰·史密斯（John Simohds）的《21世纪的花园城》——也是提出综合解决城市交通、中心区衰退、污染、高犯罪率等美国城市病的解决方案。梁鹤年认为，社会给我们规划的使命是处理“城市环境”，但这几十年规划理论和方法的发展路线偏偏是要处理社会、处理经济、处理政治，唯独没有好好处理“环境”。这是欧美(尤其是北美)规划的社会地位不被重视,并日益下降的原因[8]。但是张庭伟认为，近30年来美国的规划理论偏重城市的社会性一面，较多讨论作为“生产关系”的政治问题，只是一个表象。其本质是引发各界对曾遭到忽视的城市的非物质性一面及社会公正问题的重视。也许“矫枉”有“过正”之虞，但这种矫枉在客观上确实促进了规划学科的进步[9]。而且，虽然美国规划师们更关心城市的社会性一面，关心政治，却从未有人说过“规划就是政治”，以政治来替代规划措施。认识并重视政治在规划从编制到实施中的作用，并没有妨碍规划师以自己独特的职业特点去为社会进步服务[10]。

二、不解之缘

其实，尽管在城市规划和人文社会科学的关系方面存在广泛的争论，事实上城市规划和人文社会科学却有着天然的联系和不解之缘。这既来自共同的历史前提以及城市规划天生所具有的强烈的社会性和其肩负的改造社会的历史使命（有人甚至由此认为，城市规划就其本性来说乃是一门社会科学），也来自城市规划学科发展的历史。

首先，城市规划始于近代，缘自工业化及由此而来的城市病。在

19 世纪上半叶，工业化与城市化给英国及其他的早期资本主义国家带来城市贫民窟、环境恶化、瘟疫等一系列公共卫生问题，针对大城市的种种问题，城市规划力图通过改革大城市的物质环境来解决社会问题，缓和尖锐的社会矛盾。霍尔指出，现代城市规划和区域规划的出现，就是为了解决 18 世纪末产业革命所引起的特定的社会和经济问题。

其次，可从城市规划的本原与核心来分析。城市规划从根本上来说是通过改善物质环境去解决城市问题。物质环境是城市规划工作的起点，也是它的终点[11]。脱离了城市空间的城市规划无法成为一种职业，城市规划学科也难以立足[12]。但是，在现代城市规划意义上，没有一个空间问题不是源于社会经济问题，而没有一个空间技术上想解决的城市空间问题，最终解决是仅仅通过空间技术手段解决的[13]。在实践中纯粹的技术模式往往遭遇挫折，或带来一系列的社会问题[14]。总之，作为被现代城市规划视作“核心”内容的城市空间结构布局与土地利用，从一开始就不是一个技术问题，而是一个社会和政治问题，城市的空间结构布局和土地利用并不取决于“科学性”，而是取决于“利益冲突”和“价值判断”，从根本的意义上说，城市规划从一开始就是一种意识形态，而城市规划领域中那些可以被称作为“科学”的内容，只是使空间有序的一种“工艺”，是权力在空间中实现的一种手段。在当今的西方国家，城市规划不仅被视为一项专门技术，同时也被认为是一项政府行为和社会运动，这三者基本上是作为一个整体而存在和运行的[15]。如果我们人为地剥离空间与社会政治之间的联系，那就不可能真正科学地揭示空间秩序的科学规律，只能沦于一种形式，一种表象，当然也就永远摆脱不了墙上挂挂的悲剧[16]。

第三，从学科发展史来看，城市规划是在吸纳、兼容社会科学、人文科学与自然科学的理论和方法的基础上形成的一门综合科学。早期的现代城市规划理论家大都是政治家、哲学家和一些热心于此的业余爱好者，最初的实践家主要不是建筑师[17]。而且学科发展燎原之火，往往并不是从学科本身点燃的，相邻学科对城市规划学科的撞击往往成为学科重大突破的动力[18]。

尽管不同学科背景的教师和交叉学科的学者都在研究城市，但是大部分的关于城市的学术文献，一直以来是出自社会学家之手[19]。城市规划和社会学的关系可谓源远流长。如同学者们所指出的，现代社会学的兴起源于近代城市化运动，社会学理论以现代城市研究为主要内容和向度，或者说现代社会学研究，其实就是“城市社会学研究”。这使得城市规划理论经常与研究城市空间有关的特定的社会现象与社会过程的社会学理论重叠交叉。

世界上第一个城市社会学派是芝加哥学派。在芝加哥学派看来，城市不是一个地理现象，而是一种社会现象。芝加哥学派的创始人写道:“我希望，我走过的地方，我对世界各地不同城市的踏勘，能比现在任何在世的人都多。从这些活动中，当然也从其他方面，我对城市、社会和地区都获得了这么一个概念：它不仅是一个地理现象，而且是一种社会有机体。”[20]

芝加哥学派重视经验研究，他们认为为了理解城市生活，必须走出大学的象牙塔，必须通过做调查和涉足城市社区，“让你的裤子坐脏”[21]。他们把芝加哥当作活的实验室，借用生物学的共生、竞争、进化等概念，阐述了他们对城市的新认识，对城市规划学科的发展产生了深远影响，其理论、模式及经验性资料都被规划教育所接受[22]。其中伯吉思（Burgrsee）基于人口迁居理论提出的城市用地“同心圆模型”，为城市社会空间规律的研究提供了重要的理性依据。而芝加哥学派成员沃斯（Louis Wirth）1938年发表的《作为生活方式的城市化》一文，则给都市生活下了一个“意义丰富的和逻辑一致的社会学定义”，为规划理论立下一块里程碑。沃斯的主要贡献在于使城市社会学中的都市生活意义成为规划理论的最高意义和逻辑的基础[23]。

20世纪60年代，西方大规模高速公路建设、旧城更新对社会公正造成极大伤害，空间隔离加剧。而民权运动、反越战运动等社会运动，更激发了全社会对于社会公平、正义和个人权利的广泛诉求。社会学家建立起一套城市社会政策纲领，被接纳成为城市规划的一部分[24]。据统计，在20世纪六七十年代，西方规划界对社会课题的关注，城市规划理论界对规划的社会学问题的研究超越了以往任何一个时期。在有关研究者收集的这20年发表的近百部重要规划文献中，有关规划的社会学讨论占去了三分之二[25]。而影响最大的则莫过于既被视为社会学家，又被认为是城市规划理论家的刘易斯·芒福德（Lewis Mumford，1895—1990年）与简·雅可布斯（Jane Jacobs，1916—2006年）了。芒福德认为，相较于城市与自然环境、与人类社区精神价值之间的关系，城市的物质空间设计和经济功能是次要的。城市是人类精神的体现，城市的人文意义是其根本。而创造更好的、更人性化的城市将有助于丰富人类文明，培育人类个性的不断发展[26]。简·雅各布斯认为，城市的本质在于创造"有意义、更美好的生活"，城市规划应以人为中心，以体验真实的城市人的生活为基础，努力理解城市中复杂多样的过程和联系，鼓励人们交流互动和培育社区感。雅可布斯对"用统一取代了差异，用数量取代了质量，用经济取代了文化"的现代城市规划进行了无情的批判。

20世纪70年代，全球化背景下的大规模的城市建设满足了资本主义扩大再生产的需求和资本对利益的追逐，但也带来了尖锐的社会矛盾。城市中各种社会运动不断发生。此时，一些社会学者纷纷以马克思主义的理论和方法和批判精神来研究新的城市问题[27]。其中主要的代表人物有列斐伏尔（Henri Lefebvre）、哈维（David Harvey）、卡斯特尔（Manuel Castells）等人。在新马克思主义者看来，空间是社会的产物，空间问题需置于社会生产中来把握，在社会与空间的互动关系中，理解城市空间的本质及其发展与变迁的社会机制。新马克思主义对资本主义城市空间生产进行了一系列研究，涉及城市革命、日常生活批判、社会正义、集体性消费、都市社会运动等诸多议题，并对作为维持资本主义再生产的技术工具——城市规划进行了严格批判。凸现出城市规划改革必须建立在社会改革基础上，以及规划应具有的社会公正理念。从而把这个时代的规划社会学理论推向高潮，并使政治经济学方法论为广大城市研究者和规划师所接受，而一跃成为城市规划的主导方法论[28]（表2-3）。

表 2-3 近现代重要城市规划理论与实践简表

年代	提出者	理论与实践名称	主要思想
18、19 世纪之交			
19 世纪初	欧文、傅立叶、圣西门	后期空想社会主义	乌托邦式的规划思想
19—20 世纪之交			
1882	[西]A · S · Y · 马塔	带形城市	城市环境结合自然
1889	[奥地利]CarniloSitte	《艺术原则下的城市规划建设》	“艺术的看待城市”
1898	[英]E · 霍华德	田园城市	城乡磁体 社会改良
1901	[法]Tony Carnier	工业城市	城市功能分区的萌芽
1901-1915	美国	城市美化运动	美化、改善城市环境
1915	[苏格兰]P · 格迪斯	《城市演进：城市规划运动和文明之研究导论》，城市集聚区	“地点 - 工作 - 人”关系，“调查 - 研究 - 规划”方法，首创区域规划的研究
20 世纪初至第二次世界大战前			
“一战”后 1919	[德] 格罗皮乌斯 [德] 密斯 · 凡 · 德 · 罗 [法] 勒 · 柯布西耶	新建筑运动 包豪斯	城市规划三大经济规则，“空间 - 时间”构图理论
1922	[法] 勒 · 柯布西耶	《明日城市》	城市集中主义
1922	[英]R · 昂温	《卫星城市的建设》	正式提出“卫星城市”
20 世纪初	美国，代表人物：帕克、伯吉斯、Hoyt、Harris、Ullman	芝加哥学派 《城市》	试图整合人类生活、社会结构与城市空间三者的关系
1929	[美]C · 佩里	邻里单位	满足家庭生活基本需要
1932	[美]F · L · 赖特	广亩城市	城市分散主义
1933	[美]C. Stein	雷德朋人车分流体系	最早正视大量汽车时代
1933	[德]W · 克里斯塔勒	中心地理论	城市的区位理论 正六边形城市体系模式
1933	CIAM	《雅典宪章》	城市四大功能：居住、工作、游憩、交通
1940	[英] 巴罗委员会	《巴罗报告》	建议疏散伦敦中心城区
1942	[英]H · A · 屈普	划区理论 《城市规划与交通》	把机动交通挡在步行区外
1943	[芬兰]E · 沙里宁	有机疏散理论	有机疏散大城市
“二战”后重建与城市扩展			
1946	[英][法][北欧] 等	新城运动	
20 世纪 50 年代	西方发达国家	郊区化	人口与经济分布突破城区界限
1952	F · 吉伯德	《市镇设计》	物质形态设计的理论指导
1955	[法]Team10	《杜恩宣言》 簇群城市	流动、生长、变化
1957	[法]F · 佩鲁	增长极理论	

续表 2-3

年代	提出者	理论与实践名称	主要思想
20 世纪 50 年代	城市环境学科兴起		人类聚居学
1958	[希腊] 雅典技术组织	雅典技术组织	
1959	[荷兰] 整体设计	整体设计	
20 世纪 60—80 年代：城市规划走向综合			
20 世纪 60 年代以来	发达国家	国土规划 区域规划	有计划的国土综合开发 区域范围内全面的经济和社会规划
1959	[美]Charls Lindblom	《紊乱的科学》	规划的渐进决策模式
1959	[美] 凯文 · 林奇	《城市意象》	知觉图式应用于城市环境研究
1961	[美]J · 雅各布斯	《美国大城市的生与死》	规划批判、安全防卫、城市多样性
20 世纪 60 年代初	[美]R · L · 卡逊	《寂静的春天》	城市环境与社会生态系统
20 世纪 60 年代初	[美]C · 亚历山大	《城市并非树形》 《关于形式合成的纲要》 《模式语言》	人的活动与场所情感对应的图式研究
1961	[美]L · 芒福德	《城市发展史》	城市中人与自然的关系，人的精神价值
1964 1969	Lowry Forrester	城市数学模型	
1965	Paul Davidoff	《规划的倡导性和多样性》	公众参与 保护弱势群体利益
1969	Brian Mcloughlin	《城市与区域规划：系统探索》	理性的分析、结构的控制以及系统的战略
1971	[美]I · L · 麦克哈格	《设计结合自然》	环境保护
1972	J. Rawls	《正义论》	社会公平、正义
1972	[美]David Harvey	《社会公正与城市》	鬼狐中的社会公正问题
1972	[瑞典] 斯德哥尔摩	《人类环境宣言》	"只有一个地球"
1972	[美]D. L. Meadows	《增长的极限》	环境保护
1972	联合国	《保护世界文化与自然遗产公约》	
1973	[美]E · F · 舒马赫	《小就是美》	以人为尺度的生产方式
1973	Andreas Faludi	《规划理论》	规划过程控制论， 视规划为理性技术过程
1975	[英]P. Hall	《城市和区域规划》	
1977	CIAM	《马丘比丘宪章》	公众参与、文化遗产保护
1977	A. J. Scott S. T. Roweis	《理论与实践中的城市规划》	对理性系统的规划理论和方法提出质疑
1977 1978	Manuel Castells	《城市问题的马克思主义探索》 《城市、阶级与权力》	新马克思主义对社会、经济和政治制度的分析与批判，要求给予规划更多的权力
1978	[美]J · 巴奈特	《作为公共政策的城市设计》，《城市设计导论》，《难以捉摸的城市》	规划是确定适宜的设计规范和开发原则

续表 2-3

年代	提出者	理论与实践名称	主要思想
20 世纪 80 年代末至今：规划的新趋势			
1985	[美]David Harvey	《资本的城市化》	
1988	William H. Lucy	《美国规划协会的职业精神原则包含着简化了的规划理论》	规划意识形态和职业精神
1985	M. Gottdiener	《城市空间的社会生产》	城市及其空间发展的理论
1985	J. Brothie	《论新技术对城市形态的未来的影响》	关于城市物质形态的研究
1987	世界环境与发展委员会	《我们共同的未来》	可持续发展
1988	J. Friedman	《规划在公共领域：阐述和实践》	规划的本质是道德的实践
1990	Antyony King	《全球城》	大城市
20 世纪 80 年代末以来	A. Faludi R. Erhman M. Breheny A. Blower M. Jenks	生态环境和可持续发展的规划理论	可持续的城市环境规划
1990	S. S. Fainstain Anthony King	《世界经济的变化与城市重构》 《全球城》	大都市全球化理论
1990	[美]R. Sennett	《眼睛的良心》	环境保护
1992	Susan S. Fainstein	《在不同声音中的规划》	妇女在规划中的地位、作用和特征
1992	L. Sandercock A. Forsyth	《女权主义与规划理论：认识论的联系》	女权主义对规划理论的贡献
1989 1994	Manuel Castells Manuel Castells & P. Hall	《信息化的城市》 《世界技术极》	城市信息化与网络化研究
1995	[奥地利]R. V. Knight	《以知识为基础的发展：城市政策与规划之含义》	整体的城市观，知识社会里城市发展的若干原则
1995	[英]P. Hall & C. Wsrd	《社会城市》	
1996	S. J. Mandelbaum	《规划理论的探索》	
1997	N. Hadmdi & Goethert	《城市的行为规划：社区项目导论》	关于规划理论本身核心问题的研究
1997	Patsy Healy	《空间战略规划的编制：欧洲的革新》	
1998	Patsy Healy 等	《合作性规划：在破碎的社会中创造空间》	
1998	C. Greed & M. Roberts	《导入城市设计：调停与反映》	

资料来源：黄亚平《城市规划与城市社会发展》，中国建筑工业出版社，2009 年，50-53 页。

三、城市发展的挑战与学科的融合

城市规划和人文社会科学之间日趋紧密的联系，还来自全球城市化进程的加快、当代城市面临的巨大挑战、日益凸显的社会发展问题，以及现代社会学科整合的发展趋势和人文社会科学在现代社会中的地位。

就世界范围来看，1950 年前后，世界范围内的城市化进程急剧加速，由此带来人类城市规模和城市生活质量的巨大变化，全球的人口和财富进一步向大城市集中，大城市占据了现代社会的支配地位。同时，随着民族解放运动的普遍胜利，城市化的主流开始向发展中国家转移。1950 年全世界仅有纽约一座城市人口超过千万，而到了 2000 年，全世界已经有 19 座人口超过 2000 万的城市（圈），其中 15 座位于发展中国家[29]。

然而，高速的城市化进程同时也引发了大量的城市弊病，城市人口的急剧膨胀给城市就业、住房、环境、安全等造成了巨大的压力。根据联合国统计，2005 年全世界有 10 亿以上的城市人口，即全球三分之一的城市人口生活在贫民区，住房简陋拥挤，缺乏清洁用水、电力供应、垃圾和污水处理设施等基本生活服务，极易造成传染病蔓延，也容易成为滋生犯罪和社会动乱的温床。因此越来越多的人开始怀疑城市和城市生活。有学者曾对发达国家城市中人们的态度进行调查，结果显示，大部分的人认为城市生活是不令人满意的：只有 1/5 的美国人认为城市代表了最好的居住环境，另外 30%的人喜欢郊区的环境，44%的人喜欢小城镇或乡村的环境；欧洲的调查也显示出类似的对城市充满反感的倾向[30]。越来越多的人进入城市，但越来越多的人却表现出对城市生活的厌恶，在这样的悖论下，甚至有人将城市的发展视为一种“必要的罪恶”，而绝非改善人类生活质量的途径。如何走出全球面临的普遍的城市化困境，如何为人类创造更美好的城市生活，诚如联合国人居组织 1996 年发布的《伊斯坦布尔宣言》所言，“我们的城市必须成为人类能够过上有尊严的、身体健康、安全、幸福和充满希望的美满生活的地方”，这不能不引起城市研究者进行深刻的历史性反思。而事实上这种自我反思已经变得越来越强烈。

新世纪伊始，全世界有超过30亿人口生活在城市地区。到2030年，这个数量预期将增加到50亿人以上——大约占世界总人口的60%。绝大多数的增长将出现在发展中国家的城市里，其中许多将出现在这样的城市里，那里，如果不是大部分人的话，也是许多人生活在棚户区里，他们的收入处于贫困线以下。这将是人类历史上的第一个城市世纪，不仅仅是家家户户的安康，而且人类社会的福祉，将更加普遍地依赖我们创造一个安全和正义的城市环境——人类迄今为止并不特别擅长从事的一项活动[31]。

在当今世界，由于人类社会面临的问题越来越复杂，科学研究出现了从高度分化走向高度综合的发展趋势，多学科的交叉融合成为学科发展的普遍特点。人文社会科学是人们认识人类自身和社会发展规律的学科，为社会的发展、社会的变革提供了方向，提供了理论上的支持，提供了社会组织技术上的支持[32]。20世纪80年代西方人文社会科学界出现了研究的空间转向，并涌现出丰硕的研究成果，为研究当代城市空间提供了广阔的视角和多维的研究思路[33]。城市规划需要利用和人文社会科学之间的相互交叉、融合与渗透，发展适应当代城市社会的理论思想，并通过整体的、综合的、广泛的社会实践，应对人类历史上第一个城市世纪面临的巨大挑战。正如弗里德曼指出的，规划理论的主要任务之一是“把其他领域的知识和能力转化为规划师语言”[34]。

当然，需要明确的是，对城市规划而言，尽管多学科交叉是必要且非常重要的，但城市规划所做的工作，不是社会学的城市规划，不是经济学的城市规划，而始终是城市实体空间的规划[35]。城市规划与人文社会科学的结合，在理论上是指城市规划学科立足于巩固“空间问题”这个基石，对周边学科的空间属性进行挖掘，将城市空间的多重属性与相关学科的空间化指导意义相融合，形成不断扩大的城市规划核心理论圈[36]，深化对日益复杂性的当代城市问题的思想认识。在技术上是指探索基于社会发展目标的城市空间规划技术，主要是在合理的价值取向下，通过恰当的规划手段、方法和措施，来合理引导城市土地开发、功能重组及物理环境营造等空间活动，以促进社会融合，减少社会排斥，增强城市社会可持续发展的能力[37]。在行动上是指走向群众，走入社会，重构建规划与公众的核心关系，把规划项目建立在专业设计人员、城市居民以及公众系统的不断的互相协作、配合的基础之上。

注释

1 梁鹤年《中国城市规划理论的开发：一些随想》，《城市规划学刊》2009 年 1 期，15 页。

2 梁鹤年《中国城市规划理论的开发：一些随想》，《城市规划学刊》2009 年 1 期，15 页。

3 吴志强、于弘《城市规划学科的发展方向》，《城市规划学刊》2005 年 6 期，3 页。

4 吴志强、于弘《城市规划学科的发展方向》，《城市规划学刊》2005 年 6 期，3 页。

5 段进、李志明《城市规划的职业认同与学科发展的知识领域》，《城市规划学刊》2005 年 6 期，59 页。

6 吴志强《百年西方城市规划理论史纲》，《城市规划汇刊》2000 年 2 期，9 页。

7 张庭伟《城市的两重性和规划理论问题》，《城市规划》2001 年 1 期，51 页。

8 梁鹤年《高与底，快与慢，新与旧》，《城市规划》2001 年 10 期，51 页。

9 张庭伟《城市的两重性和规划理论问题》，《城市规划》2001 年 1 期，51 页。

10 张庭伟《城市的两重性和规划理论问题》，《城市规划》2001 年 1 期，50 页。

11 梁鹤年《高与底，快与慢，新与旧》，《城市规划》2001 年 10 期，55 页。

12 吴志强、于弘《城市规划学科的发展方向》，《城市规划学刊》2005 年 6 期，6 页。

13 吴志强《百年现代城市规划中不变的精神和责任》，《城市规划》1999 年 1 期，29 页。

14 吴晓、魏羽力《城市规划社会学》，东南大学出版社，2010 年，166 页。

15 孙施文《城市规划哲学》，中国建筑工业出版社，1997 年，2 页。

16 石楠《试论城市规划中的公共利益》，《城市规划》2004 年 6 期，22 页。

17 张庭伟、田莉《城市读本》，中国建筑工业出版社，2014 年，340 页。

18 鲍世行《跨世纪城市规划师的思考》序，《城市规划》1989 年 4 期，63 页。

19 张庭伟、田莉《城市读本》，中国建筑工业出版社，2014 年，5 页。

20 吴晓、魏羽力《城市规划社会学》，东南大学出版社，2010 年，32 页。

21 马克 · 戈特迪纳、诺克斯、雷 · 哈奇森《新城市社会学》，上海译文出版社，2011 年，2 页。

22 韩德信《社会学与规划：一个令人费解的关系》，《国外城市规划》1984 年 2 期，29 页。

23 吴志强《百年西方城市规划理论史纲》，《城市规划汇刊》2000 年 2 期，12 页。

24 施仲华《经济学与城市规划》，《国外城市规划》1984 年 2 期，36 页。

25 吴志强《百年西方城市规划理论史纲》，《城市规划汇刊》2000 年 2 期，13 页。

26 张庭伟、田莉《城市读本》，中国建筑工业出版社，2014 年，92 页。

27 吴晓、魏羽力《城市规划社会学》，东南大学出版社，2010 年，43 页。

28 孙施文《城市规划哲学》，中国建筑工业出版社，1997 年，205 页。

29 吴建中《世博会主题演绎》，上海科技文献出版社，2008 年，152-153 页。

30 保罗·诺克斯、史蒂文·平奇《城市社会地理学导论》，商务印书馆，2005 年，196 页。

31 马克 · 戈特迪纳、诺克斯、雷 · 哈奇森《新城市社会学》，上海译文出版社，2011 年，2 页。

32 纪宝成《要重视人文社会科学的发展》，《人民论坛》2002 年 4 期，43 页。

33 高宏宇《社会学视角下的城市空间研究》，《城市规划学刊》2007 年 1 期，44 页。

34 张庭伟《后新自由主义时代中国规划理论的范式转变》，《城市规划学刊》2009 年 5 期，10 页。

35 邹德慈《发展中的城市规划》，《城市规划》2010 年 1 期，28 页。

36 吴志强、于弘《城市规划学科的发展方向》，《城市规划学刊》2005 年 6 期，7 页。

37 黄亚平《城市规划与城市社会发展》，中国建筑工业出版社，2009 年，170 页。

从社会学角度反思中国城市规划

一、社会关怀：当代中国城市规划的缺失

1. 中国城市规划的市场导向

20 世纪 90 年代前后，伴随着中国城市化进程加速和大规模城市建设的高潮，城市规划登上历史的舞台。在发展是硬道理，以经济建设为中心成为压倒一切的政治口号下，城市规划作为一种推动经济发展的工具或手段，成为政府对城市规划的基本要求，也成为城市规划部门或从业者的自觉追求。在中国规划学界也出现所谓市场导向的城市规划理论[1]。

当然，我们不能简单地指责城市规划服务于经济发展。这是因为虽然现代城市规划自诞生之日起，从未被赋予推动城市经济发展的责任。而且城市规划本质上不具备推动经济发展的机制。但应该承认，城市的存在和发展主要是因为城市经济的发展，城市问题在本质上是因为经济落后造成的，根本解决在于发展经济。环境良好，社会公正，经济实力低下的状况不见得就符合广大百姓的利益[2]。一个城市在经济发展的起步阶段，必须依靠扩大增量经济来积累资金，需要动用各种政策工具和手段，包括利用城市规划和城市建设项目来拉动经济增长，这具有合理性[3]。而且如果不把经济问题作为规划的基础和基本问题，不从市场理性出发来进行思考，城市规划本身就会如同空中楼阁一样缺少根基，最终也不可能取得成功。但正如许多学者所指出的，随着这种制度的全面运作和长期积累，很明显地强化了市场发展的不确定性并带来了更为深刻的“结构性问题”。

长期以来，中国城市规划以物质空间规划为核心，过分强调经济效益的做法，在为地方政府招商引资和提高城市经济效率做出贡献的同时，对城市发展也产生了明显的不良影响。（1）城市规划忙于界定城市人口和用地规模，划分功能分区，美化城市形象，忽略了城市社

会需求的满足和城市日常生活空间的营造。（2）城市规划服务于房地产商在土地开发过程中的利润增长，服务于政府GDP增长和形象工程，忽视了城市空间资源分配的公平公正，尤其是社会弱势群体的利益以及自然生态的长远平衡。因此，虽然我们不能将大量的城市社会问题完全归咎于城市规划，但城市规划的杰出贡献却是毋庸置疑的。这从众多反对规划项目的抗议事件中就可以充分反映出来（图2-1）。

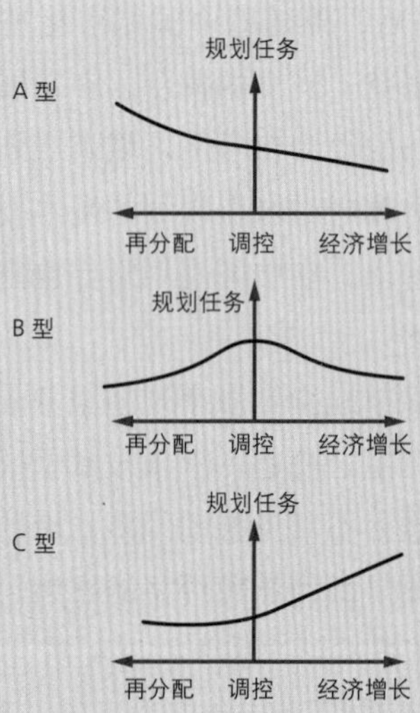

图2-1 不同类型的规划任务

资料来源：张庭伟《转型时期中国的规划理论和规划改革》，《城市规划》2008年3期，19页。

2. 精英规划

在过去几十年中，中国城市规划更多的是一种行政精英领导下的技术理性展示过程。决策以政府官僚为主导，规划师以工具理性为决策提供技术支持。因此，城市规划从编制、审批到实施，呈现出强烈的封闭性特征，而很少和社会发生广泛的联系。虽然强势决策可以实现高效率，但由于所反映的仅仅是权力的意志以及规划师的“精心设计”“新颖构思”，难以体现普通市民的愿望和想法，其结局是中国城市化进程中取得的成就很大程度上是以社会发展的不公平为代价的。

从 20 世纪 90 年代初开始，中国规划界一些学者积极倡导把公众参与引入城市规划中。但由于公众规划参与意识比较淡薄，公众参与缺乏制度性渠道，已有的公众参与往往流于形式，缺乏实质性参与。实际上，城市规划过程中，公众基本上是被排除在外的。提交公众讨论的方案多数已到最后评审阶段，有的甚至在批准后才公示一下，搜集到的公众意见很难反映到成果中去，也很难影响规划决策，公众参与成了一种宣传方式[4]（图 2-2）。

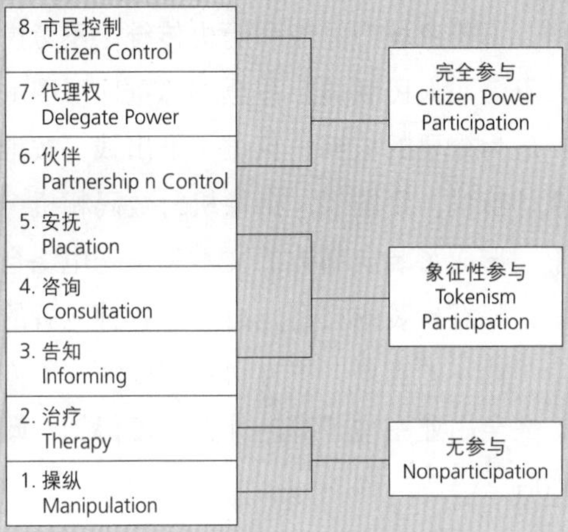

图 2-2 阿恩斯坦提出的“市民参与的阶梯”

资料来源：吴晓、魏羽力《城市规划社会学》，东南大学出版社，2010 年，168 页。

3. 规划师的迷茫

翻开规划史，无论什么学派，真正有影响的规划家们都是一些思想家。他们的理想都一样，通过规划城市，建设一个比今天更美好、更公正的社会[5]。在各种制度还不完善，还不足以充分保证公共利益时，尤其需要规划师以其内在的情感、意志和信念所构成的道德品质来发挥自律的作用，保持人格的完整性，成就规划师的相对独立地位和伦理自主性，以弥补制度的不足和欠缺[6]。但在中国，由于城市规划脱胎于建筑学和工程技术学，长期以来城市规划教育有着很深的建筑学和工程技术学科的烙印，致使所培养的不少规划师崇尚技术理性，过于专注建筑或设计的技术性的细节，而不愿去思考他们所从事的工作立足于其上的社会、经济与政治的基础，或者有意无意回避社会、经济、政治层面的宏观理性，普遍忽视社会理论，更不愿意思考这些理论的内涵[7]。城市规划专家金经元曾就一些规划师丧失公共利益的价值取向，淡化为人民服务的社会责任，沉醉于一成不变得技术规划模式进行严格批判。

当前，有些城市规划方案，也表现出这种病态：不重视现场调查，不认真分析资料，不研究城市区位和历史传统，不考虑环境容量，不注意城乡关系，不关心人民利益，甚至不尊重地形图上已经标明的地形、地貌现状；最为重要的依据，莫过于谁出钱，按谁的意图作画。贫乏的内容，在计算机、绘图仪、摄像机、数码相机、复印机等高科技手段的辅助下，形成了装潢精致的文本和声光电综合表演的汇报；花花绿绿的图案，随意抄袭的文字，再加上各种光辉的头衔和有来头的落款，就迎合了业主的需要。甲方得到了政绩，乙方得到了奶酪，至于指导建设，完全由业主说了算。什么环境保护、政府行为、人民利益一概抛在脑后[8]。

二、城市规划转向的迫切性与机遇

1. 城市发展面临的社会挑战

自 20 世纪 90 年代以来，中国经历了高速的城市化和经济增长，用几十年的时间，几乎走完了相当于西方国家百余年的历史进程。但是如此高速的城市化和经济增长，在给社会带来大量财富，极大地提升了国家实力和改善了人民生活的同时，也带来了大量的社会、环境、经济方面的问题。尤其是社会问题日渐突出，有些问题已经到了十分严重的程度。诸如人口老龄化、家庭小型化、大量农村人口涌入城市带来的人口结构改变；经济转型，产业调整引发的失业、社会保障、城市贫困问题；大规模旧城改造和拆迁带来传统城市社区网络的崩溃、地域特色的消失，拆迁安置过程中的不平等以及原居民的社会排斥问题；基于不同利益、社会特征、文化背景的多元群体的形成，“使得有限的城市公共资源面临社会竞争和空间再分配的压力”问题；随着物质生活水平普遍提高，人们对生活品质更加关注，而社会公共服务设施建设滞后和布局不合理问题；一个具有相对自主性的公民社会的逐渐兴起而制度化参与渠道不足的问题；物质生活的丰裕、人们的归属感、幸福感缺失问题等。

总而言之，多重社会过程的交织，使今天的城市，“不仅是社会发展之极，也成为社会矛盾汇集的焦点”[9]，已开始影响到社会稳定及社会安全。尤其是随着城市开发背后的利益格局的逐渐彰显，市民的权力意识越来越清晰，随之而来的被剥夺感也越来越强烈。在这种情况下，政府如不及时调整利益结构，重新制定利益博弈的相应规则，那社会矛盾的加剧是可以预见的[10]。

2. 和谐社会与城市规划的再定位

进入21世纪后，基于现实社会问题的压力及对原有发展路径的反思，党中央提出了科学发展，建设和谐社会的执政理念。国家政策的价值取向、社会氛围与城市规划工作“传统的准则”非常美妙地耦合在一起。2006年新修订的《城市规划编制办法》提出：“城市规划是政府调控城市空间资源、指导城乡发展与建设、维护社会公平、保障公共安全和公众利益的重要公共政策之一；坚持政府组织、专家领衔、部门合作、公众参与、科学决策的原则。”从法律层面对城市规划的社会角色进行了重新定位。

随着信息时代和公民社会发展，公众越来越难以接受将其拒之门外的封闭式公共决策，当决策涉及其自身利益时尤其如此。而城市规划作为一种与公众生产生活越来越密切相关的公共决策，亦难逃这一趋势。因此，在城市规划中保障民众的知情权、参与权和受益权，不仅是城市规划自身发展的要求，更是对时代发展的回应。2008 年的《城乡规划法》确立了城乡规划公开的原则，明确了公众的知情权，强调了城乡规划制定、实施全过程的公众参与，制定了“一个相对完整的城市规划公众参与的基本框架”[11]（表 2-4）。

表 2-4 《城乡规划法》确定的公众参与框架

公众参与的主要方面	条款的相关内容
规划公开原则	第八条　城乡规划组织编制机关应当及时公布经依法批准的城乡规划
	第二十六条　城乡规划报送审批前，组织编制机关应当依法将城乡规划草案予以公布，并采取论证会、听证会或者其他方式征求专家和公众的意见。公告的时间不得少于 30 日
	第四十条……城市、县人民政府城乡规划主管部门或者省、自治区、直辖市人民政府确定的镇人民政府应当依法将经审定的修建性详细规划、建设工程设计方案的总平面图予以公布
	第四十三条……城市、县人民政府城乡规划主管部门应当及时将依法变更后的规划条件通报统计土地主管部门并公示
公众知情权	第九条　任何单位和个人都……有权就涉及其利害关系的建设活动是否符合规划的要求向城乡规划主管部门查询
	第四十八条　修改控制性详细规划的……征求规划地段内利害关系人的意见……
	第五十条……经依法审定的修建性详细规划、建设工程设计方案的总平面图……确需修改的，城乡规划主管部门应当采取听证会等形式，听取利害关系人的意见
	第五十四条　监督检查情况和处理结果应当依法公开，供公众查阅和监督
公众参与的途径	第九条……任何单位和个人都有权向城乡规划主管部门或者其他有关部门举报或者控告违反城乡规划的行为。城乡规划主管部门或者其他有关部门对举报或者控告，应当及时受理并组织核查、处理
	第二十六条　城乡规划报送审批前，组织编制机关应当依法将城乡规划草案予以公告，并采取论证会、听证会或者其他方式征求专家和公众的意见。公告的时间不得少于 30 日
	第四十六条　省域城镇体系规划、城市总体规划、镇总体规划的组织编制机关，应当组织有关部门和专家定期对规划实施情况进行评估，并采取论证会、听证会或者其他方式征求公众意见
	第五十条……经依法审定的修建性详细规划、建设工程设计方案的总平面图不得随意修改；确需修改的，城乡规划主管部门应当采取听证会等形式，听取利害关系人的意见……

续表 2-4

公众参与的主要方面	条款的相关内容
规划听取公众意见	第十六条……规划的组织编制机关报送审批省域城镇体系规划、城市总体规划或者镇总体规划，应当将本级人民代表大会常务委员会组成人员或者镇人民代表大会代表的审议意见和根据审议意见修改规划的情况一并报送
	第二十二条　乡、镇人民政府组织编制乡规划、村庄规划，报上一级人民政府审批。村庄规划在保重审批前，应当经村民会议或者村民代表会议讨论同意
	第二十六条　城乡规划报送审批前，组织编制机关应当依法将城乡规划草案予以公告，并采取论证会、听证会或者其他方式征求专家和公众的意见。公告的时间不得少于 30 日
违法公众参与原则的法律责任	第六十条　镇人民政府或者县级以上人民政府城乡规划主管部门有下列行为之一的，由本级人民政府、上级人民政府城乡规划主管部门或者检察机关依据职权责令改正，通报批评；对直接负责的主管人员和其他直接责任人员依法予以处分： …… （四）未依法对经审定的修建性详细规划、建设工程设计方案的总平面图予以公布的； （五）统一修改修建性详细规划、建设工程设计方案的总平面图前未采取听证会等形式听取利害关系人的意见的； ……

资料来源：孙施文《基于〈城乡规划法〉的公众参与制度》，《规划师》2008 年 5 期，12 页。

3. 来自中国城市规划界的反思

在国内，近年来对城市规划的社会学研究逐渐增多。根据对 1995—2005 年国内三份较有影响的主流规划期刊（城市规划、城市规划学刊、规划师）的统计，2000—2005 年城市规划中的社会研究论文数量比例比 1995—1999 年间有较大增长，成为仅次于空间发展的第二大研究方向，表明城市规划对城市社会结构演化趋势及根源的关注和认识，希望通过对物质环境条件的控制与引导过程，实现对社会问题的关切与补救[12]。但需要指出的是，这种研究更多的是来自规划学界，而非社会学界。而且即使为数不多的来自社会学者对城市规划的研究，似乎也总是习惯于站在城市规划外部，仅从本学科的理论和概念出发，对城市规划评头论足，其研究成果往往过于理想化甚至有偏激的倾向，缺乏和城市规划的内在联接及实践意义，也不能对城市规划的改变产生有力的影响（表 2-5）。

表 2-5 城市规划的社会学研究 单位：%

	城市空间类	城市社会类	城市发展战略类	城市经济类	城市设计类	历史保护类	其他
1995—1999	14.5	6.2	7.4	3.8	5.6	5.6	54.3
2000—2005	15.5	10.0	7.4	4.4	4.2	4.2	51.8

资料来源：李京生《城市规划中的社会课题》，《城市规划学刊》2006 年 2 期，50 页。

4. 公民社会的崛起

改革开放以来，随着中国由农业社会向工业和城市社会的转变，由计划经济向市场经济的转变，由高度集权的政治体系向社会主义民主政治体系的转变，以及由这种转变所带来的社会生活的多方面变化，尤其是中产阶级的出现和成长，作为公民社会核心的非营利组织数量明显增加，规模逐渐增大，能力不断提升，在促进市场和经济的发展、提供公共服务、引领和推动社会创新方面正在发挥越来越大的作用。

在中国，“社区”一词的历史甚短，正如卢汉龙教授指出的，1986 年之前，民政部在官方和法律文件上没有使用“社区”一词，在 1989 年之前没有使用“社区服务”一词，直到 2000 年 12 月，“社区”一词才有官方定义，即由人民组成的社会共同体，就目前的情况而言，它通常是指由居民委员会管辖的地区。近年来，中国大力推行社区建设，强调在处理与居民生活相关的日常事务时的合作，共享和参与，适应了经济社会发展的需要，得到了城市社会的广泛响应，迅速形成了蓬勃发展的局面（表 2-6）。

表 2-6 1997—2010 年在民政部门登记注册的社会组织数量

年份	社会团体（万个）	民办非企业单位（万个）	基金会（个）	第三部门组织（万个）
1997	18.1			
1998	16.6			
1999	13.7	0.6		
2000	13.1	2.3		
2001	12.9	8.2		
2002	13.3	11.1		
2003	14.1	12.4	954	26.7

续表 2-6

年份	社会团体（万个）	民办非企业单位（万个）	基金会（个）	第三部门组织（万个）
2004	15.3	13.5	892	28.9
2005	17.1	14.8	975	32
2006	19.2	16.1	1144	35.4
2007	21.2	17.4	1340	38.7
2008	23	18.2	1597	41.4
2009	23.5	18.8	1780	42.5
2010	27.8	21.3	2000	49.2

资料来源：康晓光《依附式发展的第三部门》，社会科学文献出版社，2011 年。

公民社会的崛起为城市规划突破现有体制方面的制约，摆脱精英式路径的束缚，反映公众的意愿，满足人民的需要，实现公正的城市提供了良好的社会基础。

四、社会学转向的内涵及路径

1. 回归城市规划的本原

在经过近三十年以经济增长为导向的城市发展和规划模式之后，面对社会转型过程中出现的多元需求甚至相互冲突的社会利益分化、贫富差距、社会不公等诸多复杂的社会问题，以及日渐高涨的民众呼声，单纯诉求经济利益，以物质空间为核心的城市规划，确已无法解决中国城市化过程中所面临的城市问题，真正到了终结和改变的时候了。城市规划应反思过去，把握未来，回应社会变化的需求和挑战，在对社会多元化与不平等加剧发展趋势充分认知的基础上，对城市规划的内容、规划的程序和方式作出相应调整，将对社会需求与社会公正的关注纳入传统空间规划，实现城市规划由偏重物质性规划向注重社会性规划的转变，并赋予城市规划更为广泛的社会意义和政策内涵，即城市规划的“社会学转向”。要充分认识到，高质量的基础设施和空间扩展固然能够提高经济发展的效率，然而在财政资源短缺的情况下，政府如果将公共投资用在前者，而不去解决日益恶化的城市环境和社会平等问题，城市经济发展也会被拖累[13]。换句话说，经济发展的低成本最终会被环境和社会的高成本所抵消。

2. 在学科建设上融入社会学

从城市规划的历史演进来看，并非历史上所有的城市规划思想都来自于规划师的脑海，甚至大多数不来自职业规划师的创造[14]。弗里德曼曾指出，规划理论的主要任务之一是“把其他领域的知识和能力转化为规划师语言”[15]。社会学的研究目的是仔细考察塑造人类生活的各项因素，作为政策制定与评估的依据，以科学的视角来回答社会为什么会是这样以及大家为什么会这样行动。社会学可视为在现代思想文化中扮演着核心角色以及在社会科学中占据着中心位置的学科[16]，可为城市规划提供强大的理论支撑与价值源泉，当然也包括技术方法的借鉴。因此在理论上和实践上加强社会学与城市规划的联系和互动非常重要（表 2-7）。

表 2-7 社会学与城市规划的结合

社会学	城市规划
社会学的目标是致力于构建促进城市不同阶层，不同群体，不同文化和谐相处的政治经济组织框架与协调机制。城市社会学往往对于社会不平等、城市底层社会、非主流社会给予特别关怀	城市规划需要适当的价值介入和伦理基础。城市规划最高的价值标准，是最大限度地实现公共利益和全体市民的福祉，肩负起社会公平与公正的责任。社会学的核心理念对于城市规划有重要的指导意义
社会学在其百余年的历史中，发展出各种理论，如结构功能主义、社会冲突理论、社会交换理论、符号互动理论、社会批判理论、后工业社会理论、新马克思主义、女权主义理论等	城市规划和社会思潮相关，社会理论为规划理论提供了思想基础，如倡导式规划，渐进式规划，联络性规划，协作型规划都是和当时的社会思想分不开的
社会学研究人的社会化、社会群体、社会阶层，社区、城市人群的社会文化差异，不同群体之间的竞争、冲突甚至隔离，社会问题与社会控制等	将城市社会学以社会文化为特征的分析融入到以空间为特征的城市规划的分析体系中去，分析城市社会文化的历史成因，理清不同社会特征人群的空间分布及其对城市空间的影响和各种相互作用关系，可使城市规划按照城市居民生活的组织结构和文化分配城市空间资源
社会学有自己的一套社会研究方法，包括定量与定性研究以及政策分析等。如文献研究法、问卷研究法、访谈研究法、观察研究法	在城市规划实践中，充分借鉴社会学的研究方法，改进城市规划调查和规划分析方法，深化对城市现象的理解和认识

资料来源：根据相关资料整理。

3. 探索技术调控措施和实践行动路径

所谓基于社会发展目标的城市规划技术性调控，主要是在合理的价值取向下，通过恰当的规划手段、方法和措施，来合理引导城市土地开发、功能重组及物理环境营造等空间活动，以促进社会融合，减少社会排斥，增强城市社会可持续发展的能力[17]。在美国一套基于规划师职业特点的为社会服务的机制已经产生并正在完善[18]。在进行用地规划时，规划师们不再不经分析便把高、低标准的住宅区划定在分开的地块内，而是力求将之融合起来，提倡“mixed-income”的社区，以防止出现人口分离（segregation）的社会后果。编制交通规划时，规划师不再只见交通量而不见发生交通量的“人”，所以交通规划已和社会福利改革（welfare reform）结合起来，以求用便捷的交通组织帮助把高失业率地区的人口输送到远处就业岗位就业。居住区的设计也不再局限于建筑形式，而进一步考虑到有利于居民社区自治的形式，有利于引发和积聚社会资本（social capital）。中国城市规划要成为社会发展及社会公平的一项积极促进因素，必须在辨析城市各种空间环境的社会促进或社会损害作用的基础上，要更加关注于空间规划技术的革新[19]。

随着中国特色的公民社会的逐步建立，规划师面对的不再只是强势的政府和开发公司，还有大量的非营利组织、社区组织以及广大的民众，因此需要搭建一个多方交流、联络与协作的平台，尤其需要走向群众，走入社会，重构建规划与公众的核心关系，把规划项目建立在专业设计人员、城市居民以及公众系统的不断的互相协作、配合的基础之上，实现由以政府和规划师为主导的精英规划向以不同利益主体沟通为主的社会参与型转变。在这方面可以借鉴台湾的经验。在台湾，社区规划师的角色介于政府和公众之间，具有自主性和专业价值观，以处理公共空间改善规划的议题为主；同时兼有地方化特点，对其工作的社区环境具有相当深度的认知，可以协助社区居民就日常生活领域涉及的建筑、城市规划、公共环境等问题提供咨询，也可以协同社区向都市发展局提出地区环境发展建议、地区环境改造规划设想[20]。

4. 重塑中国规划师的职业责任和能力

在中国城市规划中，规划师出自专业本能及受自身专业局限，他们主要关注的是城市物质空间形态的创造，而缺乏对深层的社会、经济背景的宏观把握。缺乏对城市社会结构和动力机制的深切了解。规划师也通常并不具备进行深入的社会研究的能力，进而缺乏对城市社会学社会研究成果的理解，及与城市空间规划融合的意识及策略。一些规划师甚至丧失了公共利益的价值取向，淡化了为人民服务的社会责任。

我们大多数的住房和城市规划已经被一些不理解城市的社会功能的人所绑架。他们指望通过对当代城市的活动和兴趣进行一些简单的调查就能了解这些功能，显然他们不明白自己的做法可能存在巨大的失误，事倍功半，或者吃力不讨好[21]。

规划师要担当起把物质环境的改变和更深层更广义的社会进步问题结合起来的重任，首要的任务就是要重塑职业道德，提升人文关怀，增强社会责任感。目前，对于规划师职业专业知识领域存在分歧，一种意见是扩大城市规划师的知识领域，提高自身的修养，比如霍尔（1975）就提出："理想的城市和区域规划师应该是一位好的经济学家、社会学家、地理学家和社会心理学家，而且要有若干其他必要的科学技术技能，如熟悉土木工程和控制论等。为了判断他所取得的信息的质量，他必须成为一位高超的统计学家和系统分析家，以便建立计算机控制系统和所要分析的有关事物之间的联系。"[22]另一种意见认为，城市是复杂的，城市规划师增加专业知识的领域和修养也是必要的，但是，规划师更重要的知识是交流和沟通，在与专业人员、政府官员、公众的沟通过程中，整合各方意见，规划师的职责在于"执行市民意见，办理规划事务"，而不是由规划师由上而下做规划[23]。虽然有分歧，但两种意见都肯定了在城市空间布局方面需要综合决策和执行的功能，差别在这种职能主要通过城市规划从业者自身素质的提高，还是通过公众参与来实现。因此规划师必须适应已经发生变化的条件，对本身所具有的知识基础和工作技能进行调整和完善，提高自觉维护城市公共利益和长远利益的意识和能力。

注释

1 张庭伟《后新自由主义时代中国规划理论的范式转变》，《城市规划学刊》2009 年 5 期，5 页。

2 朱介鸣《中国城市规划面临的两大挑战》，《城市规划学刊》2006 年 6 期，3 页。

3 张庭伟《转型时期中国的规划理论和规划改革》，《城市规划》2008 年 3 期，24 页。

4 黄亚平《城市规划与城市社会发展》，中国建筑工业出版社，2009 年，164 页。

5 张庭伟《中美城市建设和规划比较研究》，中国建筑工业出版社，2007 年，323 页。

6 秦红岭《城市规划：一种伦理学批判》，中国建筑工业出版社，2010 年，262 页。

7 魏立华《中国城市规划理论应立足国情》，《城市规划学刊》2005 年 6 期，55 页。

8 金经元《规划师的奶酪与伦理》，《规划师》2002 年 7 期，5 页。

9 刘佳燕《走向融合：规划与社会》，《北京规划建设》2008 年 1 期，82 页。

10 陈映芳《城市与市民生活》，《长江日报》2007 年 3 月 30 日。

11 吴晓、魏羽力《城市规划社会学》，东南大学出版社，2010 年，178 页。

12 李京生《城市规划中的社会课题》，《城市规划学刊》2006 年 2 期，50 页。

13 朱介鸣《中国城市规划面临的两大挑战》，《城市规划学刊》2006 年 6 期，3 页。

14 吴志强、于弘《城市规划学科的发展方向》，《城市规划学刊》2005 年 6 期，5 页。

15 张庭伟《后新自由主义时代中国规划理论的范式转变》，《城市规划学刊》2009 年 5 期，10 页。

16 安东尼 · 吉登斯《社会学》，北京大学出版社，2003 年，4 页。

17 黄亚平《城市规划与城市社会发展》，中国建筑工业出版社，2009 年，169 页。

18 张庭伟《中美城市建设和规划比较研究》，中国建筑工业出版社，2007 年，153 页。

19 黄亚平《城市规划与城市社会发展》，中国建筑工业出版社，2009 年，169 页。

20 吴晓、魏羽力《城市规划社会学》，东南大学出版社，2010 年，190 页。

21 张庭伟、田莉《城市读本》，中国建筑工业出版社，2014 年，95 页。

22 孙施文《城市规划哲学》，中国建筑工业出版社，1997 年，111 页。

23 张庭伟《中美城市建设和规划比较研究》，中国建筑工业出版社，2007 年，138 页。

社会规划：以新城和动迁社区为例

一、何谓社会规划

一般说来，当前城市规划中的社会规划，是以改善城市社会生活环境和生活质量为最终目标，强调规划者应关注其工作对于社会福利和社会整体发展的影响，并确保社会目标在规划决策中的核心地位[1]。城市社会规划具有社会规划与城市规划的双重属性，它研究社会及社会问题，然而与社会规划的包罗万象不同，它研究的社会问题或具有空间特性，或对城市土地利用与空间形成具有较强的塑造与影响作用。它借社会规划的研究方法与核心理念来解析权利与空间资源背后深刻的社会机制，使城市规划的空间资源配置更加公平有效；同时借空间安排对社会需求做出有效回应，并在一定程度上缓解社会矛盾、解决社会问题[2]。尽管城市社会规划的定义众说纷纭，但普遍认为包括以下三方面的内容：（1）社会公共服务。（2）对社会优先权和社会关注的重视。（3）公众参与。

在西方，20世纪60年代是城市社会规划发展的一个重要里程[3]。以高速公路建设、城市更新运动为代表的大规模城市物质环境建设与社会发展相脱节，导致城市贫困、健康和教育、种族歧视等一系列严重的社会问题。学者和公众对单纯物质环境规划的批评达到顶峰，从而促使政府的关注重心从环境建设和土地问题转向城市贫困、种族隔离、弱势群体等社会问题的解决。城市规划也开始对舒适度、经济效率、美学效果这些传统工作重心进行反思，寻求与社会学、社会工作、社会福利、行政管理等学科的结合，从崇尚自由价值的技术性工作转向结合政治背景与社会、行为科学支撑的技术和评估活动，广泛开展了以改善社会质量为目的的社会规划。20世纪60年代末，分别来自麻省理工大学（MIT）和布兰迪斯大学（Brandeis University）的两名学者（Bernard Frieder 和 Robert Morris）共同出版了第一本关于社会规划的著作《城市规划和社会政策》，在学术界得到广泛使用，并为刚刚出现的社会规划专业赋予了合法性[4]。

在中国，较早对城市社会规划进行研究的是刘佳燕，她发表了一系列有关社会规划的论文，并出版了专著《城市规划中的社会规划》。该书针对当前国内物质空间规划中“见物不见人”的突出问题，构建我国特定转型背景下城市规划中的社会规划研究框架，旨在将以人为中心的社会发展观重新引入城市规划的核心领域，为规划工作从理念、程序、内容和方法等方面提出系统性的改进策略，并就框架中的若干核心技术要点展开深入探讨。

另外，罗洁发表了《中国城市规划中的社会规划初探》一文，从对西方社会规划的归纳总结与引介入手，立足于我国的具体国情和发展背景，针对中国城市规划体系，探讨了在中国城市规划内部建立社会规划的可能性，提出了中国社会规划的基本定位，并从规划编制、规划管理及制度建构三方面探讨了中国城市社会规划的主要内容，以期促进中国城市规划社会作用的发挥[5]。

作为在世界城市规划界颇有影响的国外学者，约翰 · 弗里德曼一直努力倡导和推动中国城市社会规划的发展。他认为，由于中国提出以人为本的新发展观，不再是单纯追求增长率，而是强调通过加速社会全面发展实现经济与社会的统筹发展，加上当前中国城市高速扩张中出现的人口、土地、财富等众多社会问题都需要引起关注，因此是中国城市社会规划的“最佳时机”[6]。他还以中国宁波市可持续邻里建设为例，阐述了社会规划在中国的作用。他认为邻里规划不仅能提高生活质量，同时也将促进弱势群体的社会融合，减少新的社会分异，促进生态可持续发展[7]。

二、新城规划中的社会规划

新城是“一种规划形式，其目的在于通过在大城市区以外重新安置人口，设置住宅、医院和产业，设置文化、休憩和商业中心，形成新的、相对独立的社区”。新城建设是从英国开始的，很大程度上是以“田园城市”为建设原型[8]。1903 年，霍华德在英国建造了第一座田园城市莱奇沃斯城，该城位于伦敦东北 64 千米，包括 3 800 英亩土地，规划人口 35 000 人。1919 年，在伦敦又建造了第二座田园城市——韦林，距离伦敦 27 千米，占地 970 公顷，规划人口 5 万。“二战”之后，针对大城市无序蔓延问题，西方国家采用有机疏散的发展战略，试图通过新城建设，疏解中心城区拥挤人口和满足住宅需求，解决城市空间与经济社会发展中的问题。如 1946 年英国通过《新城法》，此后分期建设了 34 座新城，且新城的规模不断扩大，设施不断完善，社会服务不断发展，以满足新城人口的需要[9]。

卫星城是新中国成立后上海新城建设的主要指导思想。1957 年，上海决定在城市周围建立卫星城，分散一部分工业企业，减少市区人口过分集中的现象。1959 年，上海先后启动规划建设闵行、吴泾、安亭、松江、嘉定 5 个卫星城。在同年上海市规划局组织编制的《城市建设初步规划总图》中提出，卫星城镇要作为接纳外迁工厂和人口的基地，每个点 10 万～ 12 万人，要有基本独立的物质基础和大体完善的城市生活设施；除已有的闵行等 5 个卫星城镇外，又规划了青浦、南汇、川沙、崇明等 12 个新卫星城。改革开放之后，在 1986 年的城市总体规划中也明确提出了卫星城的概念，卫星城的人口规模一般不少于 10 万人，建设条件好的可发展到 30 万人。卫星城中增加了 20 世纪 70 年代伴随宝钢和金山石化大型产业基地建设的金山卫、吴淞 - 宝山两个卫星城[10]。但由于住宅和生活服务设施建设不够、产业门类过于单一以及隶属关系影响，卫星城建设始终处在一种自发状态，人口规模与能级普遍没有达到规划预期目标，总体发展并不理想[11]。1999 年在《上海城市总体规划（1999—2020）》中，上海明确提出，郊区要集中力量建设新城，规划形成若干个城市功能完善、产业结构合理、2010 年人口规模在 30 万人以上的新城，充分发挥集聚和规模效应。计划建设的新城有宝山、嘉定、松江、金山、闵行、青浦、南桥、惠南、城桥及空港新城和海港新城共11座，每个新城规划人口20万～30万。“十一五”期间上海提出近期建设嘉定、松江、临港三大新城，远期建设闵行、宝山、青浦、金山、南桥、城桥等在内的九大新城的发展目标。在上海市“十二五”规划中，青浦和南桥成为新一轮发展的新城（表2-8）。

表2-8 上海7个新城人口现状及规划

新城名	常住人口（万）	外来人口（万）	外来人口比重%	2000—2010年人口增加（万）	人口增长率	新城新增人口占全区比重
松江新城	52.71	22.30	42.3%	30.0	132%	32%
嘉定新城	52.12	26.29	50.0%	27.5	112%	38%
青浦新城	43.26	20.80	48.0%	21.3	103%	44%
南桥新城	37.79	18.78	49.7%	28.8	100%	42%
南汇新城	4.80	2.06	43.0%	2.4	102%	5%
金山新城	21.42	4.78	22.3%	10.6	98%	70%
崇明新城	11.26	2.14	19.0%	1.8	19%	—

资料来源：张凡宁、越敏《上海新城建设研究》，《上海城市规划》2012年5期，19页。

通过“十五”和“十一五”的快速发展，上海新城在城市建设、环境建设等方面取得了显著成效：（1）新城已形成规模，并成为上海先进制造业聚集的主要空间。（2）新城已初步建成生态环境优良的宜居城市。（3）交通等基础设施的建设步伐加快，为新城长远发展奠定了基础。

新城强调功能综合、相对独立、具备一定人口规模和具有良好的生活环境，就业与居住相对均衡，是一个具有“复合功能、能实现自我服务的完整城市”，而非单纯的“卧城”或“产业城”。上海新城建设最大问题是，对于社会事业没有完全按照城市化地区的高标准来规划。一是表现为“量不足”，一些新城在规划建设过程中，没有充分估计到导入人口的需求，造成医疗、教育、文化、体育等公共服务设施以及便利店、超市、菜场等生活服务设施相对紧缺；二是表现为“质不高”，部分新城在建设过程中虽然已经开始按较大的人口规模配置文、教、体、卫设施，但对于高等级社会事业设施的配置还没有上升到中心城区的水准[12]。随着经济社会发展水平的提高，人们更关注新城优质教育、医疗资源的供应。因此，在新城规划中纳入系统、全面的社会规划，具有重要意义。

三、动迁社区的社会规划

20 世纪 90 年代是上海的大发展时期，也是上海实施大规模旧区改造的发展阶段。1991 年上海市政府通过了“365 成片危棚简屋改造计划”（简称“365 危棚简屋改造”），在全市范围内拉开了大规模旧区改造的序幕。至 2000 年年底，上海共拆除危棚简屋 500 万平方米，各类危旧房 2 787 万平方米，动迁居民 64 万户，建造住宅 1 亿多平方米。

按照上海市政府动迁政策，对动迁居民补偿有两种方式：房屋补偿或货币补偿。由于对动迁居民的安置越来越不以就地安置为取向，如果是直接以房屋形式进行补偿、安置，供被动迁居民选择的新房往往建在比原住地更偏离市中心的区位。另外，棚户、简屋区与旧式里弄里居住的主要是社会中下层的居民，特别是在前一类社区，生活着城市社会最底层的居民。在这些街区里，往往集中了大量的下岗、失业人员。如果是以货币形式进行补偿、安置，按他们的收入水平，绝大部分人都不可能在市中心重新购置新房。总之，无论实行哪一种政策，中心城区的动迁居民都会被迫远离市中心原来的居住地。前一类是通过安置房选址的直接被迫，后一类是通过价格落差的间接被迫。由此形成了大量的城市内移民（表 2-9）。

表 2-9 20 世纪 80 年代以来上海动迁安置政策的演变

时间	法规 / 条例	背景	政策特点	安置房形式	安置房位置	备注
1980 年 3 月	住宅建设工作会议，全市 23 片地区改造规划	解决住房矛盾	方针：住宅建设与城市建设相结合，新区建设与旧城区改造相结合，新建住宅与改造修缮旧房相结合	现房安置，住房属于单位，通过实物分配方式获得，有使用权，无所有权	原地回搬	1979—1990 年，共拆除住户约 12 万余户，其中 1986—1990 年动迁居民 73138 户

续表 2-9

时间	法规 / 条例	背景	政策特点	安置房形式	安置房位置	备注
1991 年 7 月	《上海市城市房屋拆迁管理实施细则》	以二级地段的旧里、危棚简屋为主	“实物安置”为主：拆迁人必须用住房实物安置被动迁居民，动迁安置时主要考虑户口与独生子女因素	动迁安置房	全部外迁，市区边缘地区	1990 年 8 月至 1995 年年底动迁居民 30.2 万户
1997 年 12 月	《上海市危棚简屋改造地块居住房屋拆迁补偿安置试行办法》	待动迁房多属三、四级地段，土地级差效益低，且人口密度高	“准货币化安置”：异地实物安置与货币化安置相结合（可将应安置住房面积折成货币，用以自行购买商品房），兼顾独生子女因素	（1998 年始）用房屋拆迁安置款购买平价房、安居房	向郊区扩展	1998—2001 年，居民选择货币化安置的比例平均在 70% 左右
2001 年 10 月	《上海市城市房屋拆迁管理细则》	同上，在试行政策基础上更进一步	“货币化安置”：按拆迁面积补偿，不再考虑户口和独生子女等因素（由以前的“点人头”变为“点砖头”）	（2002 年始）重大工程配套商品住宅	外环线周围及远郊	回搬率仅 10% 左右，1996—2006 年动迁居民共 823637 户

资料来源：陈映芳《城市中国的逻辑》，生活·读书·新知三联书店，2012 年，154 页。

城市动迁并不仅仅是地理位置变化那么简单，居民的生活方式等也会随之发生天翻地覆的变化。从已有的研究来看，社会学者关注动迁居民变换居住地后在生活成本、生活结构、社会关系等方面所受到的损失。如有学者研究了动迁社区职住分离，通勤成本提高，公共服务设施缺乏，以及家庭解体带来的生活照顾问题[13]。而规划建筑学界关注点主要集中于动迁社区的建筑设计，住区空间布局，设施配置等方面。如有学者以南京为案例城市，对因拆迁改造而被迫动迁至郊区安置住房的低收入居民社区满意度进行研究，以了解该类低收入住区居民的生活现状、面临困难和具体需求，从而为政府部门未来制定政策提供决策依据[14]。也有学者将关注点放在城市安置型社区规划与实施之后的评价方面，指出随着城市的不断发展，此类社区逐渐暴露出许多物质条件问题和社会矛盾，成为大都市较为弱势的不相协调的另类“新社区”。这类安置型社区除了公共设施短缺和滞后外，其社区人员构成也日趋弱势化、外来化、贫困化和老龄化，进而带来了许多城市病和社会矛盾，成为社会发展的不稳定因素。因此，这些被逐渐边缘化或异化的城市地区的更新与改造将是城市和谐与可持续发展中必须引起高度关注和重视的重要问题[15]。

从社会规划角度研究中国动迁社区的是美国学者约翰·弗里德曼。他指出，中国的城市邻里已经历巨大的空间调整：老的邻里被拆除，现代化城市将千家万户置换到了郊区的公寓楼里。在中国，社会规划者可能遇到的最令人烦恼的问题之一，就是新开发项目带来的人口迁移和安置问题。例如修建高速公路、大型购物中心、豪华住宅、考古遗址、发电站、机场或者仅仅只是拆除已经融入城市网络的城中村。对于家庭而言，再安置通常是一个让人紧张的过程，意味着要离开老邻居，被迁移到城市外围地带，或是在新环境中彻底改变日常的生活习惯，从而给生活带来不安全感和威胁感。这同时也是一个复杂的过程，牵涉到法律权利、财产损失补偿、安置住房供给、与新邻居建立社会纽带以及援助风险家庭（如虚弱的老人、资源短缺家庭、退伍军人、失业工人）等。现在，还没有任何机构能够全面处理这类问题，或是与地方社区合作确保及时、有秩序的安置过程，以减少各种可能的冲突和痛苦[16]。

实际上，在城市大规模改造过程中，动迁社区的命运各不相同。也有的社区在经历最初的困顿和无奈之后，开始分享到城市扩张和发展的成果，在住房和物质条件大为改善的同时，也重新拥有了属于自己的社区生活和家园意识。而这往往和社会规划的发展是分不开的。上海市普陀区山茶苑社区可以说是 20 世纪 90 年代众多动迁社区发展的一个典型代表。

山茶苑社区居民是从位于火车站附近的“两湾一宅”[17]棚户区通过政府动迁搬至此地。从城市区位上看，之前的居住地点是上海市中心地段，而搬迁地山茶苑属于上海郊区，周边被农田包围。虽然居住条件较之前有了很大改善，但是区位落差、起步阶段社区的“原始简陋”，生活的不方便与不适应，对新居住地的期许与现实落差之大，使动迁居民在心理上产生严重的挫败感和孤独感，进而促使他们保持对以往“上海人”的想象，而对“当地人”和“乡下人”现实的排斥。

“当初拆迁的时候，一说要搬到乡下，心里是不好受的，那时候出去说桃浦，鬼晓得是哪里啊！

“我们以前是住在潭子湾的，就在火车站旁边，地段不要太好哦。

“我们是上海人呀，上海人是意味着什么你懂哇？当初要搬桃浦，桃浦可是乡下呀，我好好的上海人不做，来做乡下人啊？这怎么愿意的啦！

“搬过来之后，哪里好意思跟人家讲住到哪里，要是有人问，就跟别人打哈哈，若真的要说是住桃浦，这多丢人啊，让别人知道住乡下，那要被笑话死了。

“当初啊，就怕朋友们来我家玩，我宁愿坐两小时的公交车约朋友到人民广场，也不愿意他们来我这里，要是被他们看到（我）住这么远的乡下，那是真的没面子的。”

从2003年起，随着社区社会规划的不断完善，社区居民日常生活需求基本得到满足，生活质量有了较大程度改善，这给动迁居民心理层面上带来一定的改变，山茶苑的动迁居民们开始逐渐接受自己“桃浦人”的身份。不过此时的“桃浦人”所代表的含义仍然与“乡下人”纠葛在一起，动迁居民长期的心理落差依然没有消除。因为这时期城市与郊区间联系仍不通达。可以说微观、中观层面让他们很城市、更城市，宏观层面则让他们很农村、很乡下。由于城市对农村的固有歧视，与“桃浦人”这个身份相伴的是“乡下人”这样具有贬义和挫折感的标签，但是生活环境的改善让他们逐渐能够自我消弭这样的感受，并让这一重新的身份认同融入到自己的言语、行动中去。

“慢慢接受这个地方了呗，我们这些没钱的人还能怎么办，要是有钱，早就搬走了啊，谁还在这里？交通购物什么的，慢慢的都方便了，虽然还是乡下，比起以前，还是好太多，出去跟人家说我住在桃浦也有人知道了，跟人家也聊得起来了，反正这个地方越发展越好，住哪里爱哪里。

“跟人家讲838的终点站，人家也基本明白，不过还都认为是乡下地方。这个还是很讨厌的。其实我们比起城里来也不算差，医院、学校、大卖场什么都有，公交线路也多了，生活什么的也还挺方便的。以前住火车站的时候也没有医院的。实话实讲的话，这几年桃浦发展得挺好，搬到这里来没有比城里差很多。而且周边房地产开发得也好，带动这边的房价也往上涨，一直说这里是乡下，有些委屈了。”

2010年起，山茶苑社区在交通、文化、休闲、娱乐及教育方面突飞猛进。社区的宜居性向前跨越了一大步，生活质量有了全面的提高。特别是随着地铁11号线的开通，社区与市中心的联系大大增强，原本与“桃浦人”捆绑在一起的“乡下人”的身份逐渐在人们的心目中消失殆尽，“桃浦人”就是“上海人”的意义加深，居民对“桃浦人”身份产生了新的价值认同。

“我们小区附近菜场还挺多的。以前最近也有一个大型菜场，菜便宜，离得也近，我们下班去买也可以买到蛮新鲜的菜，但是后来拆掉改成大卖场了。现在如果我们要就近买菜的话，有个小的菜场，如果需要买很多东西的话，就稍微走远点，走个一刻钟，就会到新的大菜场了。这边的菜要比市区的菜便宜，水果什么的也比市区的便宜。在这边住真的很好，各方面都方便不说，生活成本也低。

“我们当时的小区配套都不怎么样,因为现在这里住的人多了，所以大卖场什么的也都建起来了。原来菜场的地方改成了一个农工商超市，后来离小区不远的地方又建了个世纪联华，再后来地铁通了之后，地铁上面建了个商城，又开了个沃尔玛，现在买东西方便多喽。而且啊，这边的东西都比市区的要便宜。如果是居住的话，我觉得住到这里真的很舒服，生活成本低，各方面都便利。我现在都推荐朋友同事什么的，买房买到这里，哈哈。你要是毕业留上海，买房租房也可以考虑到这里，你看周边建得多好，房价比起市区来要便宜哦，上班坐地铁也方便，就是以前11号线没通花桥的时候，坐地铁很容易的，现在早上挤地铁太挤了。

“住在桃浦怎么啦，我们现在多方便啊，买东西都很近的，而且还便宜，比住在市区要省很多钱的，现在不也有很多小年轻买房也买过来了吗？这说明什么，这说明我们这里很不错呀，我觉得我住在桃浦有面子的。”

山茶苑动迁居民的身份认同经历了从“上海人”到“乡下人”，再到“桃浦人”“上海人”的变迁过程。在这一充满艰辛和哀怨的转变过程中，他们原有的“上海人”的身份优势以及心理满足感，使得他们花费了较长的时间来调试自己的心态，让自己适应“乡下人”的身份。而随着社区社会规划的进一步完善，他们所居住的社区获得了外界的较高评价，他们又逐渐提升了心理的满足感，也更愿意用所居住社区名称“桃浦”来指代自己，作为自己新的身份认同。

山茶苑动迁居民对新的身份的集体确认伴生于整个社区社会规划发展的过程。在社区社会规划中，不同的内容对于山茶苑动迁居民的身份认同的影响是有差异的。根据调查，其中有四个方面是最为重要的，这就是公共交通、社区文化、学校教育与医疗卫生。

(1) 公共交通。山茶苑社区附近现有公交线路838、117、750，分别可到达市区静安寺、上海火车站、徐家汇等，并通过附近地铁11号线桃浦新村站与2号线、3号线、4号线、10号线换乘。随着郊区交通网络的完善，尤其是作为城市综合交通系统核心的轨道交通的开通，加强了市中心与动迁安置地点的联系，将山茶苑社区这个曾被视为乡下的社区和上海城市重新整合在一起。轨道交通的通达性与便捷性，不但极大地方便了居民出行，而且带动了周边房价升值，山茶苑变成为投资置业的热点区域，随之带来的就是社区身份认同感的强化和提升。

"有了地铁，什么内环中环外环，也就不觉得远了，都觉得是上海了。出去跟人家说桃浦，大家都知道了，就是有不知道的，跟他说一下地铁站，人家也就知道了。

"现在好多了，从地铁通了以后，出去见以前的老朋友或者认识新朋友的时候，不用老跟人家说我以前是哪里哪里的，现在跟人家讲我住在桃浦，是桃浦人，也有人知道了。不知道的，只要提一下11号线的站头，人家就明白了。不像以前，这里只有几条公交线，跟人家说838路的终点站，有的人也不一定清楚的。"

(2) 社区文化。社区文化对于动迁居民"桃浦人"身份的型塑和认同有着非常大的作用。随着生活水平的提高，居民对于精神文化需求越来越强烈。尤其是山茶苑人口中大部分是退休人员及老年人，他们对于社区文化生活更加渴望。因此，随着社区的建设，文化休闲活动的开展，社区居民文化需求的满足，以及社区居民在参与社区文化活动中，社会关系网络和社会资本的丰富，居民对社区的归属感也慢慢建立起来。

"小区里现在的文娱活动很多的，什么健身队啊，舞蹈队啊，唱戏的，哦，还有合唱班，各种各样的，老闹猛的（热闹）。像我们退休之后也没事情做，原来么，想帮子女带带孩子，但是他们又不要我们带，只能每天呆在家里，就是看看电视、打打麻将。有时候么出门去兜兜，碰上熟人聊几句，很没意思的。现在好了，居委会组织很多活动，放露天电影啊，包粽子啊，组织老年人旅游什么的，我们自己也成立了几个舞蹈队、合唱队，居委会也支持，有时候街道办个晚会，还想着让我们去表演。这样的活动让我们也多认识很多朋友，互相走动走动，就没有以前那么闷了，也感觉跟小区的人联系紧了，有点像我们以前的日子了。刚来这里的时候，住得好是好，就是互相都不认识，碰到最多点个头，感觉很冷淡的，哪像以前，要是碰上下雨天，谁家衣服没收，隔壁都会帮忙的，这里……不行啊。不过现在好很多喽，真的有点‘小区是我家’的感觉了，哈哈。”

(3) 医疗卫生。山茶苑共有居民2 000人之多，其中老年人接近600人，是个严重老龄化的社区。另外，近几年随着城市生活节奏的加快，亚健康在城市年轻人中广泛蔓延，很多慢性病和重大疾病出现年轻化的趋势。因此，无论是老年人还是年轻人，对于医疗卫生都有很大的需求，对于社区医疗卫生条件更加看重。正是基于社区居民对健康的重视，医疗条件的改善和医疗水平的提高，影响到居民对社区的认同感和归属感。

“我们老年人呢，对于医疗这一块还是很看重的，我们老年人多多少少都有点身体上的小毛病，一些小毛病，感冒什么的，也不好总劳烦孩子，孩子也有工作，也都忙是吧，我呢就自己去桃浦医院，也方便，就在小区边上，拿药自己都可以去，还有个利群医院，是个大医院，要是没有个医院，这让我们老年人怎么办啊?

“现在的老年人很长寿，反倒一些小年轻，年纪轻轻的身体就开始出现些毛病，我们社区近几年去世的都是四十几岁的到五十几岁的年轻人。现在的年轻人也不注重锻炼，喜欢熬夜，吃的没以前好（食品安全不如以前），到了四十几岁，都反映在身体上，现在都注重健康，有点问题就要到医院检查了才放心，对于医疗的需求就大了。以前没有医院，就是买瓶降压药都要到城里，现在有了医院，小毛病就在社区门口这里就解决了，稍微严重点的就到利群医院，离得也近，也方便。”

(4) 学校教育。对中国家庭而言，子女教育是头等大事。从近几年“学区房”的热炒现象中就可见一斑。社区教育资源丰富，不但满足子女教育需求，还会提升区域价值，强化居民对社区的依赖和联系，也直接影响到对这一区域的身份认同。

"我们搬过来的时候，我儿子在读预备班，那时候刚开学没多久，这边也没学校，都要送儿子回原来的学校上学。这里位置偏，交通也不好，那时候也没有车，谁能买得起私家车？每天她奶奶领着他坐车，还有走路，一个小时都不够。那时候孩子早上上学又早，从家里去学校的话，早上5点多就要起来，小孩子嘛，早上那么早根本就起不来的。我表面上严厉，心里也心疼孩子呀。后来这边建了初中，我们就给他办手续，直接到这里的初中念书了。这边的孩子都转学转过来了，上学也方便了，不比城里的差。

"以前这里的公交车都像班车一样，都是有固定时间的。我儿子搬过来恨都恨死了，我们刚搬过来的时候，他还在读初一，这里的学校在哪里我们都不知道，只能让他继续在原来的学校读。这里只有一路车可以到，下来还要穿地道，坐车要三刻钟，下来还要再走一刻钟才到学校，早上上学和晚上放学都要卡好车子的时间，要是早上脱班，他肯定就迟到的，晚上回来如果没坐上，那回来就很晚了，肚子也饿死了。他一直跟我们说，我不要住在这里，我要住在原来的地方，原来的地方多便当。哪想现在的孩子多幸福啊，你看周边从幼儿园到高中，什么学校没有？离得又近，去上学，兜也兜过去了，比住城里还便当哇。"

社会规划的方式大体上可分为两种，一种是由政府主导的"自上而下"的社会规划，一种是由公众参与的"自下而上"的社会规划。山茶苑的社会规划大部分是由政府主导，属于"自上而下"的社会规划。政府做出社会规划之后，会在社区宣传栏中公示，征求居民意见。但事实上居民往往被动地接受规划的制定和改变。只不过政府规划的执行却是非常有效率的，而且也的确使社区变得一年比一年好。

"当初动拆迁的时候，那真的是一穷二白。差得不得了，电、煤气都没有。我家搬过来那时候11月份，快要天冷了，天黑的早了，我下班回来家里都一片黑，晚上没电的，煤气也没有。有钞票的都住在市区里，我们没钞票的人才搬到这里来，连政府都不管我们，感觉就像是被扔在乡下一样。但这几年嘛，政府规划做的蛮好，桃浦发展的不错，交通也方便，生活都很便利。我们现在不像以前了，跟市区也没什么两样了。”

一般说来，公众参与的社会规划往往表现为集体性参与，包括两种主要形式：社区性参与和通过中介组织参与[18]。社区性参与是指专业人员、家庭人员、社区组织、行政官员等通过正式或非正式的合作而制定出一系列措施的过程。通过中介组织参与主要指通过第三部门（非营利组织）来实现参与。在山茶苑社区规划中不存在西方意义上的公众参与，而是具有中国特色的公众参与形式。一个是楼组长的代表性参与，另外是社区居民以自己的实践来改变社区规划。

在中国城市社区中，由于居委会的行政化特点，需要完成上级指派的繁杂任务，对于社区事务无法深入和面面俱到，此时楼组长的重要性开始凸显，成为连接居民与政府的桥梁纽带。它不仅是社区居民表达自身诉求的一个渠道，同时也是协助居委会为居民解决实际问题的一个帮手。在社区建设，包括社区规划中发挥着不可替代的作用。

对于社区的社会规划，社区居民除了通过楼组长反映意见之外，还用自己的行动表达对政府规划的不满并力图做出改变。这种改变往往更能得到居民的认可。例如山茶苑是一个老龄化较高的社区，社区的老人最大的爱好和休闲方式是打牌，但是社区原有的规划中没并没有老年活动室，也没有设计供人打牌娱乐的棋牌空间。于是老人们在社区的花园连廊中，在社区松林中，架起遮阳网与防水布，自愿提供桌椅板凳，打造了简易的室外棋牌地。这些地方总是聚集了很多的老人，成为社区老年人在社区活动的主要集结地。这种自行搭建的空间并不稳固，存在严重的安全隐患，也影响到社区的形象和容貌，但也正是这种自行搭建的空间让政府意识到了老年人对于棋牌空间的需求，于是针对这两处地方进行了整改。由政府出资重新搭建改造了新的棋牌空间，并安装了石凳石桌，以满足老年人打牌的诉求。

显然，如果政府能够建立一种公众参与的机制，让居民直接参与到社区的社会规划当中，无疑更能满足社区居民的需求，更容易获得社区居民的支持和拥护。

> “我觉得重要的不是一两次规划的结果怎么样，重要的是要形成一种机制，在这种机制之下，人民能够顺畅地表达自己的诉求，并能够将自己的诉求在最终的规划当中体现出来，这样才会让我们有一种家的感觉。
>
> “政府就应该多下来听听我们民众的意见，这样你做的事情才能更好地为老百姓服务，让老百姓满意嘛。”

四、发展中国的社会规划

中国城市规划学会理事长周干峙曾指出：“和谐社会必须建立在和谐城市之上。因此必须解决好城市中存在的社会问题。提上议事日程的社会问题……都和城市规划关系密切。城市规划中，必然要有一定的社会规划内容，这在欧美的城市规划中已经相当普遍地确立、展开了。”那么，如何来发展中国城市的社会规划？有学者认为，中国城市社会规划的定位是中国城市规划体系中的一项专项规划，服从于现有规划体系，借鉴社会规划的方法理念，作用于城市规划的固有领域，并有助于城市规划社会功能、社会作用的有效发挥[19]。另有学者指出，在我国城市规划工作中构建社会规划研究的框架是非常重要的，而要发展独立的社会规划体系，当前从执行主体到实施机制都缺乏成熟条件，推广将有待时日。因而现阶段最具可行性和重要意义的是，以我国现有的城市规划体系为基础平台，构建作为专题引入的、补充性的社会规划研究框架[20]（表 2-10）。

表 2-10 基于问题导向的补充性框架的核心要素及技术细节构成研究

现行城市规划中的社会相关问题	核心技术要点	补充机制		
		理念的强化	程序和内容的补充	方法的改进
规划者被假想为价值中立	价值观和优先权	强调价值导向的核心地位	价值观和优先权的界定和选择	社会学习
规划成为发展经济和树立政绩的工具	社会目标体系	强化社会目标的主导地位	将社会目标纳入规划整体目标中	社会目标体系的设定
社会目标空泛，难以落实，也无法检验		关注城市规划中的社会目标体系的可操作性	完善社会目标体系和评估指标体系的建构	社会目标体系和指标的设定
缺乏对社会问题的深入理解，定义千篇一律	社会问题	加强对现实社会问题的关注	社会问题的界定	社会问题的多视角分析
回避社会问题		问题导向的研究思路	以重大社会问题为规划研究的出发点	社会问题研究
缺乏应对重大社会问题的具体空间策略		理解社会与空间的互动机制	社会问题的研究和解决	社会 - 空间研究
见物不见人，缺乏对社会对象的深入了解	社会分析	加强对社会和空间互动机制的认知	全面有效的社会调查和分析	定性与定量研究社会学习
封闭式规划，忽视社会的特征差异		加强对社会属性、结构及其活动规律的认知	全面有效的社会调查和分析	基线状况调查
社会需求被忽视或被泛化	社会需求研究	关注社会特征 - 需求 = 服务的关联机制	社会需求研究	需求调查、分析和评估
弱势群体被忽视和边缘化		关注弱势群体的生存状态和特殊需求	目标群体研究	需求调查、分析和评估
认为社会不可预测，或仅采用简单的趋势预测法	社会预测	认识社会预测中主客全的互动机制	对社会发展规律的研究，指导和干预社会预测	多种预测方法的选择
公共设施规划指标单一化，不能满足发展中多元化的社会需求	综合的社会规划策略	关注社会属性、结构、活动规律及其与服务需求的关联	社会需求和服务评估	社会需求评估指标的修正
部门规划间缺乏协调机制		强化政府公共服务职能，发展社会规划的协调功能	整合的社会公共服务网络规划	基于政府与市场职能分工的设施规划
仅关注设施的空间布局		增加对于公共服务发展策略的考虑	增加健康、安全、住房、教育、文化等规划内容	公共政策分析
过于重视规模增长，忽视社会效益	社会影响评价	强调平衡发展的观念	社会影响评价和制定缓解措施	关于社会变化和影响的评价
仅关注总量的增长，忽视成本效益的分摊		加强对空间的资源和权力特征的理解	关于成本和收益分配的研究	空间可达性和社会可获取度评价
蓝图规划	过程监控	关注规划的不确定性	基于反馈的过程监控	关于社会福利的评估
精英规划，忽视社会参与	公众参与	加强对公众价值观的理解、认同及相互交流	广泛意义上的公共参与	社会学习 协商对话

资料来源：刘佳燕《构建我国城市规划中的社会规划研究框架》，《北京规划建设》2008 年 5 期，95 页。

弗里德曼对中国社会规划的发展提出更具体的建议[21]。（1）美国的社会规划强调的是社区参与，城市专家与社区居民之间的实时交往，社会授权以及能力建设，中国的城市需要找到他们自己的“成千个小授权”。（2）可能处理的社会问题：新开发项目带来的人口迁移和安置问题，现在还没有任何机构能够全面处理这类问题，或是与地方社区合作确保及时、有秩序的安置过程，以减少各种可能的冲突和痛苦；移民及其家庭与城市社区的社会融合，是社会规划者的一项特殊使命，需要规划者与街道办事处、居民委员会以及社区居民共同合作；为经济和空间规划提供专业的社会分析支持和补充性政策，包括关于城市社会结构和动力机制的规划相关研究，作为政策基础的区域研究报告，关于城市重大项目的社会影响评价，探索更进一步的社区咨询和更积极的市民参与规划的实现途径。（3）社会规划者的教育问题，如在大学本科阶段开始社会学领域的专业教育，而对于那些希望继续攻读规划硕士学位的学生，则应开展“更为专业和复杂的工作”。

注释

1 刘佳燕《转型背景下城市规划中的社会规划定位研究》，《北京规划建设》2008年4期，103页。

2 罗洁等《中国城市规划中的社会规划初探》，《华中科技大学学报》2009年3期，88页。

3 刘佳燕《转型背景下城市规划中的社会规划定位研究》，《北京规划建设》2008年4期，102页。

4 约翰·弗里德曼《社会规划：中国新的职业身份》，《国际城市规划》2008年1期，94页。

5 罗洁等《中国城市规划中的社会规划初探》，《华中科技大学学报》2009年3期，86页。

6 约翰·弗里德曼《社会规划：中国新的职业身份》，《国际城市规划》2008年1期，93页。

7 约翰·弗里德曼《走向可持续的邻里：社会规划在中国的作用——以浙江省宁波市为例》，《国际城市规划》2009 年 1 期，16 页。

8 赵民《国外新城发展经验借鉴》，《上海城市规划》2011 年 5 期，5 页。

9 陈建华《西方国家郊区新城的起源与演化》，《上海经济研究》2014 年 8 期，97 页。

10 俞斯佳、骆棕《上海郊区新城的规划与思考》，《城市规划学刊》2009 年 3 期，14 页。

11 陈群民等《上海新城建设回顾、分析与展望》，《城市规划学刊》2010 年 5 期，80 页。

12 陈群民等《上海新城建设回顾、分析与展望》，《城市规划学刊》2010 年 5 期，82 页。

13 陈映芳《城市贫困的新问题》，《中国城市评论》，南京大学出版社，2005 年，36 页。

14 夏永久、朱喜钢《城市被动式动迁居民社区满意度评价研究——以南京为例》，《地理科学》2013 年 8 期，918 页。

15 王静《公平与和谐：城市安置型社区规划与实施之后评析——以上海通河社区为例》，《现代城市研究》2007 年 3 期，4 页。

16 约翰·弗里德曼《社会规划：中国新的职业身份》，《国际城市规划》2008 年 1 期，96 页。

17 “两湾一宅”是指上海市普陀区境内的潘家湾、潭子湾和王家宅及周边范围内的一片危房简屋区，它地处中山北路以南、恒丰北路斜拉桥以西、苏州河以北、光复路以东，位于上海火车站附近，此处居民大多是解放前来到上海的贫苦民众。

18 吴晓、魏羽力《城市规划社会学》，东南大学出版社，2010 年，170 页。

19 罗洁等《中国城市规划中的社会规划初探》，《华中科技大学学报》2009 年 3 期，88 页。

20 刘佳燕《构建我国城市规划中的社会规划研究框架》，《北京规划建设》2008 年 5 期，94 页。

21 约翰·弗里德曼《社会规划：中国新的职业身份》，《国际城市规划》2008 年 1 期，96-97 页。

第 3 章
包容性发展的城市交通

公共交通在城市交通中具有重要地位。

小汽车作为一种交通工具，对城市的影响是深刻而广泛的。小汽车交通要与城市公共交通达成“理想的平衡”。

城市应为人们提供多样化的出行选择，包括发展环保、健康、越来越为人们所喜爱的公共自行车或共享单车系统，以适应城市居民不断变化的需求，提供高质量的交通服务。

城市交通具有社会功能，应体现出社会关怀，为不同人群提供适宜出行的交通方式。在机动性能力被认为是城市居民的基本权利和生活的基本条件下，要关注机动性与社会排斥问题。

城市交通的改善，不仅取决于技术、规划的进步，还要融入社会科学的思维，致力于社会创新。

中国的汽车社会

一、西方现代社会理论中的汽车社会

自德国工程师卡尔·本茨制造出第一辆实用汽车以来，世界汽车工业已走过百余年的旅程。汽车规模的不断扩大和普及对城市规划产生了巨大影响。美国著名的城市规划大师J·利维指出，“如果一个人想对美国20世纪的规划找到一个核心题目的话，那么汽车就是关键词”[1]。汽车的扩张从根本上重塑了现代城市的空间结构，改变了城市或郊区的时空景观，现代高速公路、郊区住房和大型购物中心都是和汽车社会的兴起分不开的。城市史学家约翰·B·雷认为：“当代郊区是汽车的产物，如果没有汽车，郊区就不可能存在。”[2]在美国是汽车的普及带动了城市向郊区的发展。汽车的普及使居民出行不再完全依赖公共交通，由此加快了美国郊区化的步伐。而在社会学家看来，汽车对空间结构上的变化最具实质意义的是从根本上重塑了都市社会空间，并导致城市精神构造的撕裂。由于交通干道、停车场、加油站和汽车旅馆的扩张，街道、绿色空间、公园和花园减少，汽车蚕食、分割、肢解了城市，并将城市最重要的公共空间——街道变成“汽车这一私有财产相互竞赛的场所”，从而最终破坏、瓦解了城市公共生活，引发了城市的凋落。由于“所有空间几乎全部被汽车和高速公路所占领”，社会“从物理上、制度上被改造成汽车导向型社会”，曾经作为城市环境附属物的汽车，已经不仅成为城市的主要特征，而且也变成了城市的主人，从而建立起汽车对人们日常生活的殖民[3]。汽车社会的到来还无情地吞噬了城市的步行空间，导致了公共交通的日渐衰落，从而对那些没有私人交通工具的人产生了严重的社会排斥。

作为一种交通工具，汽车的大规模生产与普及，为人们的出行带来了“革命性的变化”。汽车不仅使生活世界的“操作区域”进一步扩大，带来了吉登斯所谓的“时空伸延”或哈维的“时空压缩”，而且使人们出行变得更加灵活、便捷、舒适、自由。正如社会学家J·厄里指出，汽车通过汽车化的时空重构了文明社会的不同的居住、旅行和社交方式[4]。不仅如此，汽车的生产和消费还包含着比都市空间和日常生活实践更为丰富的社会、文化意义。汽车作为人类工业文明的标志，与资本主义生产方式和消费主义有着不解之缘[5]，被看作是“消费主义精神世界的精华和典范”，是“走向美国化和消费主义社会的一个隐秘的工具”。在起初汽车作为一种地位符号，是阶级社会不平等的标志，通过汽车消费，社会再生产出不平等。在“大众个体性”阶段，汽车进入工人阶级家庭，汽车消费模糊了人与商品背后的社会关系，通过物化阶级结构，而使阶层结构合法化。在后现代社会，汽车表达的是一个多元化的和多层次的消费文化中的生活风格群体的认同，是伴随着现代性的倒塌的那种碎片化的自由的“差异”社会的一部分[6]。可以说，作为一种现代性的符号，轿车文明既是现代文明的杰作，也是现代性矛盾的聚焦点。现代性自身所蕴涵的内在矛盾与复杂性在轿车文明身上得到了最为充分的体现，且往往以极端的姿态表现出来[7]。那么，汽车到底将带领人类驶向何方？是像M·韦伯预言的那样，在给人类带来物质生活的高度享受的同时建造一个把人困于其中的“铁笼”？还是会如哈贝马斯所说的，现代社会虽然产生了科技理性的独断，但同时亦显示出人类解放之可能性[8]？这成为社会理论家争论不休的问题。

二、中国：从汽车产业到汽车社会

在中国，大众汽车消费一直是一个有争论的问题。有研究者指出，在中国产业发展历史上，恐怕没有其他产业像汽车产业一样引起如此多的争议。中国是否应当和在多大规模上发展汽车产业，汽车是否应当进入家庭，汽车产业是否应当和如何成为经济发展中的主导产业，都是争论中的焦点问题。不过，这样的争论基本上早就可以宣布结束了，原因不是由于一些理论的“正确”或“强大”，而是基于一个事实：

自1994年出于扩大内需和发展国民经济的需要，颁布《中国汽车工业产业政策》，明确提出“国家鼓励个人购买汽车，并将根据汽车工业发展和市场消费结构变化适时制定具体政策”以来，中国汽车产业进入快速发展期，使汽车产业在短时间内成为中国国民经济增长中的主导产业[9]。1992年中国汽车销量突破100万量，2000年突破200万辆，2002突破300万辆，2003年突破了400万辆。2005年，中国汽车市场以近592万辆的总规模超过日本本土的580万辆，跃居世界第二位，仅次于美国。2009年，中国汽车产销量双双超过1 300万辆，首次成为全球最大的汽车生产国和最大的新车消费市场。过去买车的人觉得汽车是一个奢侈品，但随着经济社会的发展，人民生活水平的提高，汽车成为了大众生活必需品。

尤其值得注意的是，进入21世纪以来，中国轿车的生产和消费进入高速增长期。1999—2002年全国汽车产量增长了77.5%，其中轿车产量增长了91.2%。与此同时，汽车销量也增长了76.9%，其中轿车销量增长了97.3%。2003年在汽车产销中，客、货车产销增长均比上年有明显下降，而轿车产销均比上年有大幅度的增长。1—11月份，全国汽车产销分别增长了35.04%和31.25%，其中轿车产销分别增长了82.77%和67.67%。也就是说，加入世界贸易组织以来，在汽车产销增长中，绝大部分是轿车的产销高速增长带动的（表3-1）。

表3-1 中国汽车产品供销结构变化（单位：万辆）

年份	产品总量		其中轿车		产品销量		其中轿车	
	产量	增长率	产量	增长率	产量	增长率	产量	增长率
1990	51.4	-11.9%	3.5	-2.2%	47.2	—	3.5	—
1995	145.27	6.3%	33.7	25.3%	143.2	—	32.1	—
1996	147.52	1.5%	38.3	13.7%	145.87	1.9%	37.7	17.5%
1997	158.25	7.3%	48.6	26.9%	156.75	7.5%	47.42	25.8%
1998	163.00	3.0%	50.7	4.3%	159.72	1.9%	50.83	7.2%
1999	183.20	12.4%	57.1	12.6%	18.66	15.0%	57.08	12.3%
2000	207.00	13.0%	60.7	6.3%	207.34	12.9%	61.44	7.6%
2001	234.17	13.1%	70.4	16.0%	237.69	13.29%	72.15	18.25%
2002	325.1	38.8%	109.2	55.1%	324.81	36.65%	112.6	56.08%
2003(1-11)	400.5	35.04%	157.31	82.77%	391.75	31.25%	150.74	67.67%

资料来源：马晓河《中国汽车产业发展特点与问题》，《中国创业投资与高科技》2004年3期，60-61页。

总之，中国汽车产业已经进入以大众消费为基础的快速增长阶段。汽车消费走向大众化，不仅会改变人们的生产和出行方式，而且会改变城市结构、乡村结构和就业结构，改变人们的区域概念、住地选择、消费结构、商业模式、生活方式和休闲方式，改变人们的社会关系、沟通方式、活动节奏，以及知识结构、文化习俗，逐步形成中国的汽车文化[10]。也就是说，汽车产业的发展有着超出自身和经济增长的更为广泛的社会意义和政策内涵，将会带来极其深刻的、系统性的社会变化，从而使中国从汽车产业走向汽车社会。

三、中国汽车社会的特征

研究汽车社会的日本学者北村隆一和大矢正树曾指出，“美国的城市交通的进化以最单纯的形式表现了汽车化的过程和归宿，在美国发生过的现象伴随着时间的错位不断地在其他国家重复”[11]。与美国、日本和欧洲等国家汽车社会发展程度不同，中国“汽车社会”正处于初步形成过程中。城市空间格局为汽车所形塑（以居住与就业的郊区化、购物中心为代表的新的城市空间）以及交通拥堵、环境污染、能源危机，还有消费主义，社会公平这些曾经在西方工业社会大城市里出现过的问题似乎在中国城市同样出现了。

1. 以居住与就业郊区化、大型购物中心为代表的新城市空间

中国城市郊区化初期，大都是普通工薪阶层动拆到城区边缘和近郊（在危旧房改造中，政府往往采取各种优惠政策，促进原有居民迁往郊外）。这部分居民收入不高，根本不可能购买私家车，同时由于公共交通不够完善，他们大都居住在城市近郊。但进入 20 世纪 90 年代特别是 21 世纪以来，随着城市快速路、高速公路、轨道交通的建设以及汽车的普及，生活水平的提高和居住观念的转变，有大批精英及所谓的中产阶级人士迁往环境优美、空气清新的郊区就业和居住，

并向城市远郊发展。

购物中心源于20世纪二三十年代的美国，是与汽车的普及、高速公路的修建、城市郊区化直接联系在一起的。因此购物中心被称作是汽车时代的产物。现在的美国可以说是购物中心的王国。典型的美国人除了家和工作地点外，消磨时间最多的地方就是购物中心。中国的购物中心始于20世纪90年代中期。一般认为，20世纪90年代初北京赛特购物中心的开业是我国大型购买中心的开始，以后购物中心开始大量出现。与美国不同，中国的购物中心主要集中在大都市市区，以都市型购物中心为主。这是由国内的人均收入、生活水平、私家车拥有量等因素决定的。但随着汽车拥有量的提高，国内一些大城市如北京、上海等城市日益明显的郊区化趋势，开发郊区型购物中心的社会环境逐渐具备，在郊区区位优越、交通便捷的地区，新建了一些超市与大型购物中心，使城市商业设施分布，由城市中心区向郊区扩展。如上海的莘庄购物中心有17万平方米，是典型的城郊购物中心。

2. 以中产阶层为代表的消费主义文化

所谓消费主义，是指这样一种生活方式，即消费的目的不是为了实际需要的满足，而是不断追求被制造出来、被刺激起来的欲望的满足。换句话说，人们所消费的不是商品和服务的使用价值，而是它们的符号象征意义[12]。种种迹象表明，从20世纪90年代起，随着商品的极大丰富，广告与媒体的推波助澜，信用消费的兴起，消费主义作为一种价值取向和日常生活实践，在中国开始蔓延。事实上，消费主义的增长和随之而起的消费文化与迅速成长的中国中产阶层是分不开的。中产阶层向来被认为在政治上是后卫的，而在消费上是前卫的。

从已有的各种调查来看，中国中产阶层在消费上的前卫姿态已经突显出来。其享受性消费、发展性消费同非中产阶层家庭相比，有了明显的差别。从各种家用电器开始，中国中产阶层的消费已经从宽敞明亮的住房，转移到家用汽车及休闲旅游、文化娱乐上来。于是“一个诞生中的汽车文化正在出现，一个新兴的中产阶层开始将拥有私家车看作是个人地位的象征和国家成功的体现”[13]。

3. 以环境恶化、交通拥堵为代价的城市社会问题

随着我国私家车保有量快速增长，城市交通面临着越来越大的压力。人们在城市中的出行变得越来越困难，越来越缺乏安全感：交通拥堵加剧，居民出行时间延长，出行费用增加，交通事故不断，死亡人数上升。另外，交通领域的能源消耗以及由此带来的环境问题日益严峻，构成了建设低碳城市、可持续发展城市的巨大挑战。

汽车大众消费带来严重的能源、环保等问题。如机动车数量快速增加及其燃油消耗的明显增长，已成为推动我国石油消费大幅度增长的主要因素，2000 年，我国机动车消耗的石油为 6 560 万吨，约占全国总石油消费的 1/3。据预测，2010 年和 2020 年机动车的燃油需求分别为 1.38 亿吨和 2.56 亿吨，占当年石油总需求的 43%和 57%[14]。另外，随着汽车保有量的增加，汽车尾气排放严重影响到城市空气质量。我国城市大气中由交通所造成的污染占相当的比重（2005 年，我国机动车尾气排放在城市大气污染中的分担率达到 79%左右），已成为城市环境治理中的一个重要问题。

近几年随着汽车生产和消费的快速增长，城市交通拥堵问题日益突出。目前我国主要大城市的汽车消费大致可以分为两类：一类是不限制拥有，但部分限制使用（主要是根据不同路段），以北京为代表；另一类是既限制汽车拥有，也限制汽车使用，以上海为代表（上海严格控制私人小汽车的增长，一直采取“私车拍牌”的方式对汽车总量进行控制）。但无论北京还是上海，随着汽车普及速度的加快，城市交通紧张局面加剧，以车路矛盾或交通拥堵为主要表现形式的交通问题，已成为城市建设与发展中的重要问题，给城市经济与社会发展带来了多方面的负面影响。据测算，车路矛盾造成的时间消费和行车成本损失约占国民生产总值的 1%，有的大城市可达到所在城市国民生产总值的 10%左右。北京一年堵车就大概造成 60 亿美元的直接损失[15]。另据中国社科院数量经济与技术经济研究所张国初测算，

北京市因为堵车造成的社会成本一天是 4 000 万元，一年就相当于 146 亿元。全国一年因交通拥堵造成的损失是 1 700 亿元。

四、基于可持续发展的政策建议

20 世纪 70 年代之后，人类开始酝酿新一轮的发展课题——可持续发展。针对工业化社会的负面影响，尤其是对环境的破坏进行反思，人们期望社会发展不应服务于经济和政治竞争，而应以人为本，改善全人类的生活质量。汽车作为被公认的全球空气污染的元凶以及城市漫无边际扩展、拥挤混乱的主要原因而成为批判的对象。

作为“改变世界的机器”，汽车如今又以惊人的发展改变着中国城市的形态和内涵，改变着中国人的生活方式。如何从中国发展的本土因素出发，从长期和战略高度出发，跳出传统的以牺牲生态和社会和谐，追求奢华舒适为特点的工业文明，以可持续发展作为观念和价值指引，探寻新的基于可持续发展的、积极的汽车发展模式，在造就一个强大而富有竞争力的汽车产业的同时，努力使汽车产业与整个社会协调发展，朝着有益于推进社会进步，提高居民生活质量的轨道前进，是我们必须面对的一个十分重要而迫切的课题。

1. 以节约资源和保护环境为前提

中国汽车业的发展要从可持续发展的角度，对汽车大众消费带来的堵车、能源、环保等问题保持足够的警惕。通过提高排放标准、鼓励使用小型低排量的经济型汽车、推广环保型汽车、对小汽车放宽拥有、控制使用等措施，致力于节约能源、保护环境，努力使汽车大众消费水平同自然资源的合理开发、利用、生态平衡的保持相适应，同国家的经济社会发展相适应。当然，也应该看到，汽车保存量的增加，并不意味着对燃料的需要大幅度提高，保持稳定的发展甚至减少的可能性是存在的。自第二次石油危机以来，汽车界的主要目标是降低燃油消耗，整个产业界把节能和发展代用燃料作为新的发展方向。结果，在全世界范围内，使其对石油的依赖度降低了40%[16]。从世界范围看，汽车产业正孕育着一场新能源汽车替代传统的汽、柴油汽车的重大技术创新。其目的有三个：一是实现汽车工业的可持续发展；二是减少对石油资源的依赖；三是降低对环境的污染[17]。国际上的这一技术发展趋势，为我国避免重复发达国家曾走过的老路，汽车产业实现跨越式发展，应对汽车大众消费带来的石油供应、环境保护等方面的挑战，提供了难得的历史机遇。

2. 避免城市的低密度扩张

从世界一些国际知名的大城市来看，过度依赖小汽车以及城市的低密度扩张，带来严重的城市问题[18]：（1）城市面积增长数倍以后，城市的效率明显降低，个别城市出现了中心区功能衰退的所谓空心化现象。（2）城市占用了大量的耕地，郊区化无序蔓延的结果，严重损害了整个国家的生态环境，损害了农业的发展。（3）随着汽车的高速增长，在城市低密度扩张的情况下，需要迅速建设庞大的道路网，这需要巨额的道路投资，这些投资的可支付性很差，而且无法得到起码的回报。(4)城市低密度扩张的结果，导致汽车出行距离的成倍增长，造成了出行时间和能源消耗大幅增加。（5）环境污染更加严重。

进入20世纪90年代，针对美国城市化高速发展所带来的对汽车的过度依赖、都市蔓延导致绿色空间减少和环境恶化，城市内部投资减少，功能退化，财政赤字日益恶化，生活品质下降等问题，在美国出现“精明增长”理论，“精明增长”理论共有六大目标：（1）倡导紧凑式的城市空间，促进城市、郊区和城镇的繁荣。（2）居住的舒适性，可承受和安全。（3）更好的可达性，土地混合使用，在社区内创造就业。（4）混合居住，利益共享。（5）较低的开发成本和环境成本。（6）保持开敞空间的开放性和自然特征，使人与自然相互交融，充分享受自然风光。“精明增长”理论认为，远距离小汽车交通耗费了人们过多的时间和精力，使老年人和小孩寸步难行。肥胖所致的各种疾病日趋严重并成为社会医疗系统沉重的负担。为了实现"精明增长"，美国在规划和开发上特别强调提高人口密度，混合使用土地和发展公共交通的重要性，以减少小汽车的使用，降低小汽车的使用率。我国人均土地资源相对较少，生态环境脆弱，资源相对短缺，在城市化快速发展进程中，要注意吸取美国在交通上对汽车的过度依赖及城市蔓延的教训，防止城市低密度无序扩张。

3. 进行交通领域的社会创新

作为机动性系统中的一个组成部分，小汽车交通不应当受到单纯敌视，单纯的限制也无益于解决由它带来的城市问题，而只有将小汽车作为机动性系统的一个组成部分，并与其他交通方式（特别是公共交通）和城市空间发展布局统一考虑，才能从根本上解决小汽车引起的城市问题，并将其转化为推动城市发展的积极因素[19]。也就是说，政府不能限制人们购买小汽车，但可以通过政策导向，引导小汽车的合理使用。（1）通过大幅度提高城市中心地区的停车费用和严格该地区的违章停车管理，控制车辆向该地区的流入量。（2）提高与小汽车使用相关的税收，促使使用者转向公共交通。（3）实行车辆牌照管理和控制汽车数量的增长速度。另外还可实行交通区域差别化政策。中心区依托大容量轨道交通网络，完善道路等级配置，控制机动车流量，外围区以地面公交和轨道交通为主导，加快建设高速路，适度放宽小汽车等个体机动方式的使用，推动城市空间有序扩张。

近年来共享经济，也就是是依靠分享、开放和连接而发展起来的一种新的经济形式，已被全世界用来解决日益突出的城市交通问题。如作为共享经济鼻祖、全球最具声望的环保非营利组织世界资源研究所（World Resources Institute）董事，美国商务部国家创新和创业委员会委员，美国交通部智能交通系统咨询委员会委员、经济合作与发展组织的国际交通论坛委员会委员的罗宾·蔡斯（Robin Chase）曾参与创办 Zipcar 汽车共享公司、GoLoco 拼车网站、Buzzcar 汽车租赁公司、Veniam 无线网络连接公司。而 Uber 仅用 6 年时间，就以一种近乎不可想象的速度完成了企业的全球扩张。可以说全球城市交通生态系统因此正在发生深刻变化。在中国，国家希望通过电动汽车的发展，解决当今日益严重的环境污染和能源紧缺问题，实现中国汽车产业的跨越式发展，但是由于动力电池、技术标准、充换电基础设施等瓶颈问题，个人消费者购置使用的综合成本优势不明显，电动汽车的普及和广泛使用、电动汽车市场的进一步拓展困难重重。而围绕经济和便捷来打造，努力降低所需金钱和时间成本，以及发展自助式服务让消费者拥有高度自主权的汽车共享，无疑在技术进步、基础设施建设之外，为我们通过社会创新，推动中国电动汽车的发展提供了一条路径。

4. 建设汽车文明

有学者将转型期的当代中国社会与日本放在一起比较，发现尽管日本今天是世界上第二大汽车拥有国，尽管日本汽车普及率极高，但是私车在日本人的财富构成中并非占很大比重；而从价值角度看，日本人对汽车也并非十分重视。其中理由很多，既有负面的限制如空间狭小、存车场地昂贵等原因，同时又有积极的一面，即公共交通极发达方便，以至许多家庭的汽车成为休假工具。而时下中国的轿车文明则具有明显的“私车财富地位”的取向，穿行于街市之间的轿车演绎出层次鲜明的贫富分层空间。鉴此，我们应谨防轿车文化演化一种“霸道文化”的可能，出台相应的城市政策，建立起相对完备的社会调节机制[20]。的确，在当前中国社会，由于汽车已成为大多数人心中幸福生活和身份地位的象征，并由此带来一系列社会问题，在和谐社会的背景下，我们要倡导超越简单的功利取向，转变建立在机动性和肆意挥霍能源基础上的超前消费的生活习惯，建立起一种既舒适又环保和谐的、有中国特色的新型的汽车文化。

注释

1 林晓珊《国外汽车消费社会学研究述评》，《社会》2008 年 6 期，203 页。

2 孙群郎《美国城市郊区化研究》，商务印书馆，2005 年，133 页。

3 林晓珊《国外汽车消费社会学研究述评》，《社会》2008 年 6 期，203 页。

4 林晓珊《国外汽车消费社会学研究述评》，《社会》2008 年 6 期，203 页。

5 田毅鹏《轿车文明对都市社会空间的塑造》，《思想战线》2007 年 2 期，37 页。

6 林晓珊《国外汽车消费社会学研究述评》，《社会》2008 年 6 期，197-199 页。

7 田毅鹏《轿车文明对都市社会空间的塑造》，《思想战线》2007 年 2 期，37 页。

8 林晓珊《国外汽车消费社会学研究述评》，《社会》2008 年 6 期，210 页。

9 陈清泰《迎接中国汽车社会》，中国发展出版社，2004 年，11 页。

10 陈清泰《迎接中国汽车社会》，中国发展出版社，2004 年，3 页。

11 北村隆一《汽车化与城市生活》，人民交通出版社，2006 年，3 页。

12 陈昕《救赎与消费——当代中国日常生活消费中的消费主义》，江苏人民出版社，2003 年，7 页。

13 保罗·罗伯茨《石油的终结》，中信出版社，2005 年，147 页。

14 陈清泰《迎接中国汽车社会》，中国发展出版社，2004 年，4 页。

15 陈清泰《迎接中国汽车社会》，中国发展出版社，2004 年，149 页。

16 日本汽车研究所《二十一世纪汽车社会》，吉林科学技术出版社，1991 年，27 页。

17 陈清泰《迎接中国汽车社会》，中国发展出版社，2004 年，135 页。

18 董国良《建设汽车时代真正紧凑型不堵车城市理论和方法》，中国建筑工业出版社，2004 年，107 页。

19 卓健《运动中的城市：城市规划研究中的新视野》，《城市规划汇刊》2004 年 1 期，90 页。

20 田毅鹏《轿车文明对都市社会空间的塑造》，《思想战线》2007 年 2 期，41 页。

公交优先：作为成功范例的上海

一、公交优先战略

新中国成立后，在“为生产服务、为人民生活服务”方针的指引下，新成立的上海市人民政府通过接管、征用、代管以及公私合营等措施，恢复和发展公共交通，对公交线网布局进行调整，开辟了通往各工业区和工人新村的交通线路。1958 年 7 月，上海市公共交通公司成立，负责全市公交行业的管理、经营。

由于长期执行“重生产、轻生活，重工业、轻市政建设”的政策，上海城市交通建设没有随着人口和就业增长得到发展。20 世纪 80 年代，知青返城，外来流动人口增加，市区交通拥挤和道路不足的矛盾变得十分尖锐，表现为车辆少、车速低、乘车条件差，道路紧张，公共交通线路少，行车间隔时间较长。乘车高峰时，车厢内每平方米站立 10 人以上。实际上，市区交通已处于半瘫痪状态。

1985 年，上海市政府决定编制首轮综合交通规划，并于 1986 年开展第一次全市综合性交通大调查。第 1 版《上海市综合交通规划》明确了城市交通发展战略，即“以优先发展包括有轨交通在内的公共交通为主导，逐步缩小自行车的使用范围，控制小客车的发展速度和规模，在市区严格限制摩托车的发展”。从“七五”计划（1986—1990 年）开始，上海在交通建设方面大规模投资，并取得初步成效。但受制于道路交通拥堵、运力紧张等瓶颈，公共交通服务水平和吸引力持续下降。

1990 年年底，随着浦东开发开放战略实施，上海市政府决定把解决城市交通问题作为城市建设首要任务来抓，集中力量，采取各种政策措施，力争使城市交通问题有所缓解，并得到初步改观。1991 年制定的《上海城市综合交通战略规划纲要》提出，上海道路交通的远景规划是要在上海建成一个现代化的对外交通系统、一个高效的城市道路系统和一个强大便捷的公共客运系统。公共客运系统以地铁和其他快速有轨网络为骨干，以公共汽车、电车和地面公交网为主体，并具有现代化的交通换乘系统。20 世纪 90 年代，上海城市交通建设投资剧增，从 1991 年的 8.78 亿元增加到 1998 年的 96.0 亿元，占城市基础设施投资比重从 14.3%提高到 25.3%。城市交通建设取得巨大成就，极大地改善了居民出行条件。

1999 年 11 月，上海市人民政府副市长韩正在上海国际城市交通学术讨论会上向全世界宣布了新的上海城市交通政策和规划设想。21 世纪的上海城市交通要以人为本，坚定不移地贯彻公交优先政策，大力发展大容量快速轨道交通，积极引导和控制个体交通，实现对交通设施的最有效利用，提高交通效率。2002 年，上海市人民政府发表《上海城市交通白皮书》，提出建设一个与国际中心城市相适应的现代化立体交通系统，即拥有一个高效、快速、舒适、清洁和安全，满足当代要求又造福后人的可持续发展的城市交通。

进入 21 世纪，上海交通基础设施跨越式发展，轨道交通基本形成网络，公共交通出行比例持续提升。

上海市轨道交通建设始于 20 世纪 90 年代。1990 年，上海地铁 1 号线破土动工，1995 年建成投入运营。1999 年，在原有上海市地铁建设公司基础上，组建上海申通轨道交通投资公司，2004 年，成立申通地铁集团公司，统一实施轨道交通投资、建设和运营。2010 年上海世博会使上海轨道交通建设进入快速发展期。由于轨道交通形成网络，覆盖全市，而且布局规划合理，换乘方便，上海已形成了以轨道交通为主导的公共交通优先发展模式。2015 年，上海全市公共交通客运量共完成 66.41 亿人次，日均 1820 万人次，其中，轨道交通日均 698 万人次，公共汽车（电车）日均 698 万人次。地铁与公交占据总量的 84.56%，成为市民出行的主要交通方式（图 3-1；表 3-2）。

图 3-1 上海市公共交通历年旅客输送量与轨道交通里程增长

资料来源：上海市统计局。

表 3-2 “上海 2035”轨道交通网络功能层次

系统模式		功能定位	设计速度（千米/小时）	站距（千米）	设计运能（万人次/小时）	规划（千米）
市域线	城际铁路 市域铁路 轨道快线	服务于主城区与新城及近沪城镇，新城之间的快速，中长距离联系，并兼顾主要新市镇	100-250	3.0-20.0	≥20.0	>1000
市区线	地铁	服务高客流，大客流走廊，满足大运量，高频率和高可靠性的公共交通需求	80	1.0-2.0	2.5-7.0	>1000
	轻轨	服务中客流走廊，与地铁共同构成城市轨道交通网络	60-80	0.6-1.2	1.0-3.0	
局域线	有轨电车，胶轮系统等	作为大容量快速轨道交通的补充和接驳，或服务局部地区普通客流，中客流走廊，提升地区公共交通服务水平		0.5-0.8	0.5-1.5	>1000

来源：上海市规划和国土资源管理局《上海 2035：迈向卓越的全球城市》上海科学技术出版社，2018 年，82 页。

二、市场竞争与国家干预

20 世纪 90 年代以前，上海的公共交通服务属于国有企业垄断行业。1996 年以前，作为当时特大型国有企业，上海市公交总公司拥有 8 万公交职工、8000余辆公交车，承担全市老百姓的日常出行。由于受困于计划体制，运营效率低，企业亏损严重，到1995年，政府对公交补贴额高达8亿元。

1996年1月，上海市政府启动首轮公交改革。首先，取消公交月票，统一使用普票。市区一般线路票价每张0.50元，保持三年不变，长距离线路、隧道线路及小区专线仍维持现行票价。其次，打破垄断经营。原市公交总公司下属13家运营公司全部实行独立核算，自主经营。同时鼓励区县、企业、社会办公交，以形成多家公交经营竞争局面。再次，对公交企业区分政策性亏损和经营性亏损。对政策性亏损给予补贴，不再对经营性亏损给予补贴。

公共交通市场化改革后，减轻了政府负担，提高了企业积极性，缓解了交通供需矛盾，但也淡化了行业公益性特征。公交企业成为上市公司，以赢利为目的，导致客源不足的区域和线路公共汽车服务不足。

2001年，上海启动新一轮公交改革，进一步完善公交行业管理，深化公交内部改革，推进公交企业整合。上海公交行业引入了股份制经营机制，由巴士集团和大众集团将原来在公交总公司体制下的十几家公司予以资产重组。巴士实业股份公司成为全国首家经营公共交通的上市公司。在明确线网布局优化和服务规范原则的同时，设立“公交专项”资金补贴制度，实施公交优先三年行动计划。

2008年起，上海市贯彻国务院关于公交行业“国有主导、多方参与、规模经营、有序竞争”的总体要求，启动了又一轮公交改革，主要内容是将原来上海公交主要由上市公司和民营企业为主经营，通过资产重组，形成国有控股企业为主力军的市场格局。按照相对区域经营，提高市场集中度，促进有序竞争的基本思路，营造浦西、浦东、郊区三大经营格局。浦西以久事公司为主体，正式成立巴士公交集团公司，并接管大众集团和强生所属公交，完成对多家小公司的收购兼并。浦东以浦东新区政府为主导，成立浦东公交公司。在郊区，依托区县政府，推进区域公交兼并重组，形成“一区一骨干”。加大政府扶持力度，2007—2008 年，公交行业补贴 22.52 亿元；2009—2010 年，补贴约 67 亿元；2015 年，补贴地面公交 56.9 亿元。[1]

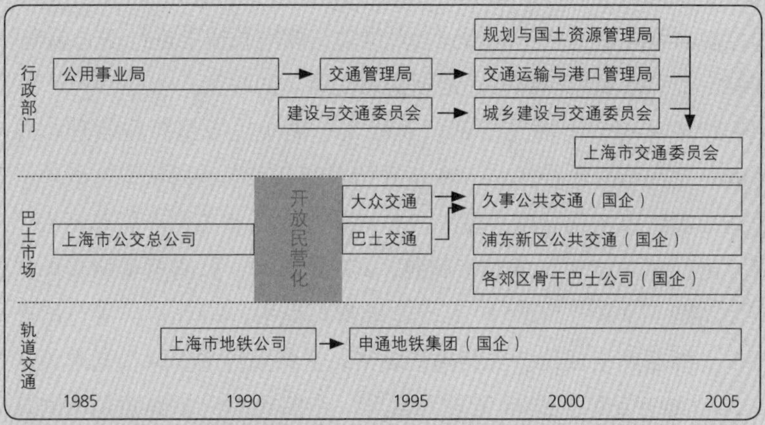

图 3-2 上海公共交通行政与运营系统发展变迁

数据来源：根据有关资料整理。

从第一条轨道交通线路于 1995 年投入使用至今，上海的轨道交通服务仍然完全由政府直属企业控股的轨道交通公司提供。1999 年，在原有地铁建设公司基础上，上海市组建了上海申通轨道交通投资公司，统一实施轨道交通投资、建设和运营。而由上海国资委出资监管的上海久事集团与上海城市建设投资开发公司分别拥有该公司的 66.6%与 33.4%的股份（图 3-2）。

三、交通需求管理

随着我国汽车产业的发展，私人小汽车进入家庭越来越快，如果通勤中大量使用小汽车，显然是城市交通无法承受的。在上海，很多交通专家认为，上海城市交通没有能力适应小汽车的增长、上海城市交通没有必要适应城市小汽车的增长、上海城市交通不能够去适应小汽车的增长。[2] 2002 年发布的《上海市交通白皮书》就明确提出："在路网扩容余地不大，公共交通欠发达，停车收费办法欠完善，道路拥挤、收费手段欠缺等因素的制约下，仍将控制机动车总量"，但"随着交通控制与管理能力的不断增强，对机动车的增长速度进行动态调整"，并制定了"近期控制拥有，远期控制使用"的政策。

1986 年起，上海交管部门对私人车辆实施专用号段管理，并对号牌发放实施总量控制。1994 年开始，对私家车牌照采取有低价、不公开拍卖的市场化分配手段。1998 年年初，为刺激沪产轿车销售，上海推出针对沪产轿车的私家牌照，2 万元起拍，只能用于购买沪产轿车，而购买非沪产车则 10 万元起价参与竞拍。2000 年，实行国产小汽车上牌额度无低价、公共拍卖政策。上海现行的车牌拍卖政策就是从 2000 年开始的。2008 年与 2014 年，上海市对汽车牌照拍卖的具体拍卖方法又进行了重大调整。随着上海居民经济收入不断增长，对小汽车拥有和使用愿望不断增强，致使牌照拍卖价格持续增长。上海已成为世界上车辆拥有成本较高的城市之一（图 3-3）。

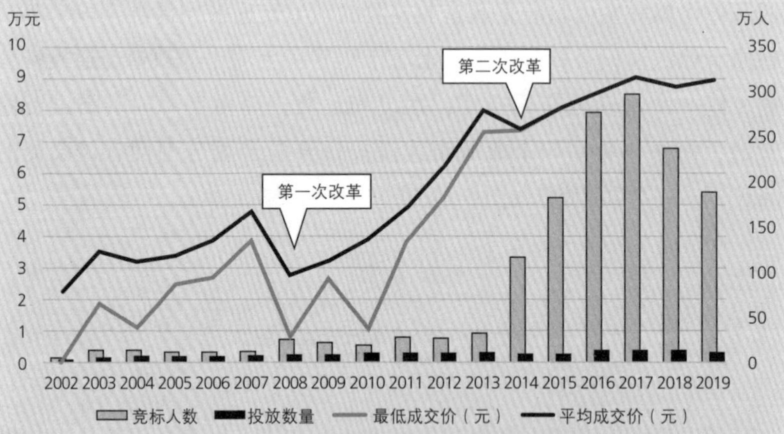

图 3-3 2002—2019 年上海非营业性客车额度拍卖情况

资料来源：李佳佳《上海汽车牌照拍卖的机制分析》，《商》2014 年 23 期，110 页。

私人小汽车牌照拍卖政策有利于控制小汽车增长速度，使上海小汽车的拥有量远远低于北京，并且增加了财政收入和交通设施建设资金。

上海对私人小汽车的发展政策已逐步从拥有控制转变为使用控制。就是根据不同区域、不同时段以及交通流分布和交通拥挤度，采取不同的需求管理措施。使用控制政策主要包括车辆出行时空限制、停车收费、拥挤收费以及免费停车换乘。从 2006 年起上海开始执行在国内最严格的停车管理和收费政策。

为引导公众出行选择公共交通，提高公共交通分担率，上海城市公共交通定价以"低价、补贴"为原则。2006 年开始逐步推出票价优惠政策，包括轨道交通、地面公交在内的换乘优惠措施，70 周岁以上老人非高峰时段免费乘车、轨道交通车站停车换乘优惠和轨道交通乘客持公共交通卡每月在轨道交通消费 70 元以上部分享有 9 折优惠等（表 3-3，表 3-4）。

表 3-3 上海地面公交现行票制结构

区域		市区线路		郊区线路	
线路性质		市区常规	市区专线	郊区常规	郊区专线
票制		单一票价	多级票价	多级票价	多级票价
车型	普通大客	13 千米以下：1 元 13 千米以上：1.5 元	起价：1 元 费率：0.12 ~ 0.15 元 / 人千米 进级：1 元	起价：1 元 费率：0.12 元 / 人千米 进级：0.5 元	起价：1 元 费率：0.12 ~ 0.15 元 / 人千米 进级：1 元
	轻型客车	—	起价：1 元 费率：0.20 ~ 0.25 元 / 人千米 进级：1 元	—	起价：1 元 费率：0.20 ~ 0.25 元 / 人千米 进级：1 元
	空调客车	2 元	起价：2 元 费率：0.20 ~ 0.25 元 / 人千米 进级：1 元	起价：1 元 费率：0.24 元 / 人千米 进级：1 元	起价：1 元 费率：0.20 ~ 0.25 元 / 人千米 进级：1 元

资料来源：薛美根、朱洪、邵丹《上海交通发展政策演变》，同济大学出版社，2017 年，123 页。

表 3-4 上海轨道交通现行票制结构

乘距（千米）	票价（元）	乘距（千米）	票价（元）
0 ~ 6	3	36 ~ 46	7
6 ~ 16	4	46 ~ 56	8
16 ~ 26	5	56 ~ 66	9
26 ~ 36	6	66 ~ 76	10

注：5 号线段内减 1 元（0 ~ 6 千米为 2 元，6 ~ 16 千米为 3 元）。

资料来源：薛美根、朱洪、邵丹《上海交通发展政策演变》，同济大学出版社，2017 年，123 页。

2007 年上海推出 70 岁以上老年人非高峰时段免费乘车措施。根据此项规定，在非高峰阶段（7:00—9:00、17:00—19:00 之外），上海市 70 岁以上的老年人凭社保卡可免费乘坐轨道交通和公交车，节假日期间则全天免费乘车。2008 年又用专门的老年人交通卡替代了红色社保卡。

2016 年上海出台老年综合津贴制度。从 2016 年 5 月 1 日起，老年卡停止使用，凡具有上海户籍且年龄在 65 周岁以上的老年人，均可享受老年综合津贴。津贴标准按照年龄段共分为 5 档（表 3-5）。

表 3-5 高龄人士综合津贴

年龄（岁）	65-69	70-79	80-89	90-99	100 以上
补贴金额（元每月）	75	150	180	350	600

资料来源：根据相关资料整理。

四、城市治理与交通政策

经过多年的摸索与调整，上海在制定公交优先战略、平衡公共服务属性、经济可持续与控制个体机动出行方面取得了不俗的成绩。今天，上海的公共交通在便利程度和公众满意度等方面均名列前茅，誉享世界，为全体市民提供了公平、经济、高水平的出行机会。

建设成功、高效的公交导向型城市，是一项艰巨的任务。从上海的经验来看，是与城市发展理念、国家制度、城市治理体制以及实践分不开的。

第一，以社会利益为先。上海建设的是社会主义国际大都市，城市发展必须惠及大多数民众，不断满足人民日益增长的美好生活需要，并为城市的持续发展创造有利的社会条件，因此在城市交通发展战略上，上海将公共交通规划与城市远景规划紧密结合，通过各方面的努力，保证公共交通在整体城市交通发展中的优先地位。在满足社会与集体的公共利益的前提下，最大程度地发挥自由市场模式的优势。

第二，城市政府对城市开发拥有绝对的话语权，在城市重要活动中扮演着主导角色。在我国，城市政府作为最大的地主、国有企业的老板和地方财力的掌门，在资源分配、经济利益的再分配和市场机制的掌控方面具有独特的权力，因而形成强大的经济、政治的动员力，能够强有力地推动引进外资、资金融通、开发开放、城市建设等方面工作。[3] 作为国企集中和中国经济最发达的地区之一，上海市政府更是控制了相当大的资源，容易集中力量办大事，在有必要时有能力对城市交通发展进行干预，保证数十年城市发展思路的连续性。

第三，动态治理。上海市政府具有远大的眼光、坚韧的意志和丰富的城市治理经验与智慧，能够进行前瞻性、长期性、战略性思考，同时制定灵活开放的政策，促进合理的市场竞争，保持城市的可持续发展。在发展公共交通方面，从计划经济、完全市场化运作到政府主导下的良性竞争，上海对于选择适合本地环境的公共交通运营策略采取了开放包容的态度，敢于尝试新的运营模式，并且积极通过各种途径鼓励公众使用公共交通服务。同时，上海市行政结构也不断调整以适应新的公共交通发展需求。

注释

1 薛美根、朱洪、邵丹《上海交通发展政策演变》，同济大学出版社，2017 年，113 页。

2 潘海啸《上海城市交通政策的顶层设计思考》，《城市规划学刊》2012 年 1 期，104 页。

3 周振华《崛起中的全球城市》，格致出版社，2017 年，308 页。

共享交通在中国

一、从公共自行车到共享单车

城市公共自行车从 20 世纪六七十年代起，首次在荷兰出现，其后的发展历程大体经历了三代。[1] 第一代公共自行车最早缘起于荷兰阿姆斯特丹，即 60 年代著名的“白色自行车计划”。有 50 辆自行车被涂成了白色，放置在市内各地，供居民免费使用。1995 年，丹麦哥本哈根建立了城市公共自行车系统——投币自行车，系统将自行车安放在特制的车站内，使用者必须缴纳一定数额的费用才能解锁，按时归还后缴纳的钱会返回给使用者。第三代公共自行车为 IT 技术自行车，将先进的信息技术应用于自行车的取还、跟踪、调运。随着技术和运作逐步成熟，近十年来该系统在世界范围内日渐普及和流行，实践范围不断扩大。2007 年，法国巴黎市启动了当时全欧洲最大的公共自行车系统，投入使用自行车超过两万辆。美国纽约市 2013 年推行北美最大的公共自行车系统，共投入 1 万辆自行车。[2]

随着我国城市化进程的不断加快，交通拥堵状况越来越突出，交通引起的环境污染问题也日趋严重。解决城市交通出行难的问题，倡导绿色低碳出行势在必行。一些城市借鉴国际经验，推出了城市公共自行车系统。相比国外，在中国，虽然公共自行车起步较晚，但发展迅速。如浙江杭州已建立起世界上最大的公共自行车系统。

2016 年 4 月，摩拜单车首次出现在上海街头，标志着共享单车的诞生。共享单车通过 App 提供注册登记及支付服务，注册简单，门槛低（12 岁以下儿童禁止骑行），采用无桩化管理，扫码骑车，落锁还车，骑行方便。起初，共享单车如雨后春笋，遍布中国城市大街小巷，一时风光无限。但在实际运营过程中，由于无序竞争，以及乱放乱停问题比较严重，挤占城市公共空间和资源，扰乱城市秩序，影响市容市貌，多家共享单车企业以亏损惨淡退场。但自大量资本撤离，政府加强监管后，共享单车运营日趋规范且不断发展壮大（图 3-4，图 3-5）。

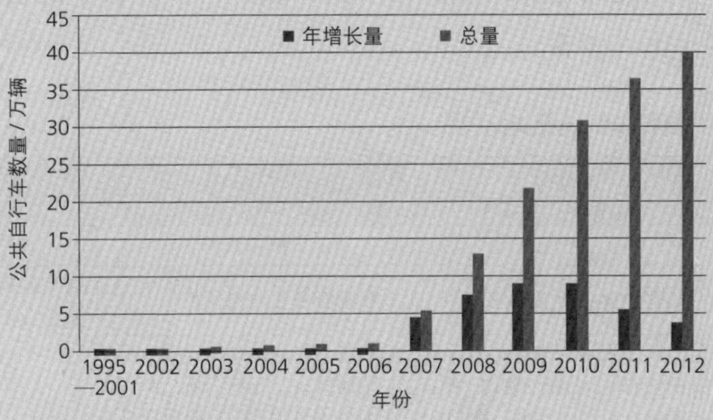

图 3-4 世界公共自行车的发展

资料来源：Elliot Fishman《公共自行车文献综述》，《城市交通》2014 年 2 期，85 页。

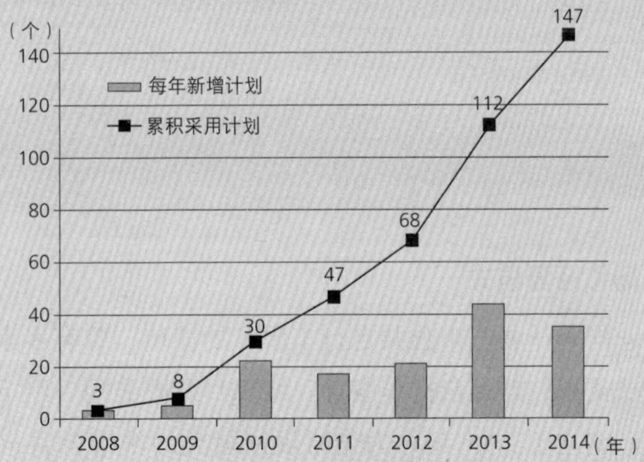

图 3-5 中国公共自行车的增长

资料来源：马亮《公共服务创新的扩散：中国城市公共自行车计划实证分析》，《公共行政评论》2015 年 3 期，55 页。

二、共享交通运作模式比较

在国外，城市公共自行车主要采取的是政府与企业合作，或由政府主导，企业化的运作模式。在中国，城市公共自行车的运作模式似乎更加多元化（表 3-6）。

表 3-6 公共自行车系统分类比较表

	模式 1 单循环型 PBS	模式 2 复合循环型 PBS	模式 3 直线型 PBS
委托人	无	城市政府	城市政府
代理人	私营企业（自发生成）	私营企业（政府招标）	城市政府控股的国有企业
代理城市	北京、天津、常德、上海前两代 PBS、台州、佛山、绍兴、温岭、成都、三亚、海口、厦门等	巴黎、里昂、哥本哈根、阿姆斯特丹、巴塞罗那、武汉、上海第三代 PBS、苏州、广州等	杭州
收支维持	民间资本（私营企业）自负盈亏	企业自负盈亏、部分政府适当补贴并宏观调控	享受政府财政补贴
推动机制	私营企业基于对利益的追求，产生自下而上的推动	企业主导＋政府推动与配合、上下联动	政府主导、自上而下的推动力
系统主要特点	规模小；不成体系；大多定点借还；电子设备或人工服务不到位	经营公司实力强；系统规模大；完善的修理、后勤等配套子系统；通借通还；先进的电子设备	系统规模大；完善的修理、后勤等配套子系统通借通还先进的电子设备
运营现状	经营惨淡或过早夭折	运营正常、其中部分生命力旺盛	运营正常、生命力旺盛

资料来源：王炜《中外公共自行车系统经营模式比较研究：基于新制度经济学视角》，《国际城市规划》2013 年 3 期，65 页。

1. 市场化经营模式

北京是较早开展城市公共自行车服务的城市，曾有多家公司提供自行车租赁服务。方舟自行车服务（北京）有限公司（以下简称“方舟公司”）成立于 2008 年，为当时规模最大的城市公共自行车租车公司。截至 2009 年 5 月，方舟公司在北京城区建立服务网点 575 个，有 10 000 余辆方舟公共自行车投入使用。方舟公司的工作人员由 29 名正式员工及 500 余名合作员工构成。这 500 余名合作员工中不少原先是“4050 人员”，即男性 50 岁、女性 40 岁以上的大龄下岗失业人员。

方舟公司利用合作服务网点经营岗位解决部分下岗人员的就业问题，致力于服务和谐社会的理念，得到政府相关部门的肯定。

方舟公司的服务网点分布经历了一个变迁的过程，即由大面积铺开到区域集中、由广布站点到围绕地铁站点集中。方舟公司建立之初，尝试建立覆盖全部主城区的服务网络，在北京市广布服务网点，达到1000余个，主城区平均每300米一个。而在实践中，公司很快发现服务网点的利用频度与地铁站点的距离远近成正比。最初建立的服务网点很大部分没有得到充分利用，造成资源的极大浪费，并且过多的服务网点需要巨额的维护成本，为方舟公司的运营管理带来困难。之后方舟公司调整战略，整合服务网点，按照以地铁站点为服务核心的思路，将大部分租赁站点整合在地铁4号线和10号线站点周边，另外覆盖部分其他地铁线路。方舟公司的服务网点由合作经营站点和自营服务站点构成，其中自营点分别布设在地铁沿线、大商场门口等人流量大的位置，合作经营服务点集中在报亭、路侧停车场等位置，节约了设立服务网点的人力资源及占地费用。

方舟公共自行车租赁系统以其公共交通系统“最后一公里”定位，在北京市公共交通票价低廉的背景下，必然也要走平价路线。由于城市公交低票价建立在城市政府提供的补贴之上，私营公司的公共自行车服务实现低价运营则十分困难。虽然方舟公司在对租赁点布局调整的同时，在经营模式上也进行了积极的探索，如以车身广告的方式补贴运营，希望在提供公共服务的同时实现自身的生存和发展。但由于企业资金缺乏，自行车及其系统缺少新技术的应用，手续较为繁琐，租赁费用较高，相关的规章制度不完善，组织结构松散，与规划、城建等部门协调成本大，经营的经济状况并不理想。公司从2008年正式运营，一直在亏损。2009年冬天，北京连降大雪，使得方舟自行车遭到严重破坏，导致公司面临瘫痪，最终不得不宣布破产。

2. 政府主导，企业化的运作模式

杭州市构建的公共自行车交通系统，定位于公共服务，按照“政

府引导、公司运作、政策保障、社会参与”的原则构建。

杭州市自行车租用服务是通过自上而下的方式建立起来的，政府是公共自行车租用服务系统的强力支持者与推动者。（1）明确将公共自行车列为城市公共交通的重要组成部分，成立杭州市公共自行车交通系统建设和管理领导小组，协调公共自行车系统建设、管理事宜，通过整合城管、交警、社区、公交完成公共自行车服务点选址、建设。(2)组建国有独资的杭州公共自行车交通服务发展有限公司（公交集团子公司），负责公共自行车交通系统的运营和管理。（3）财政支持。在建设初期市财政投入 1.8 亿元。为保证到 2009 年年底建成 2000 个服务点、5 万辆自行车，政府提供的贴息贷款达到 2.7 亿元。

杭州公共自行车交通服务发展有限公司（国有独资）是杭州公共自行车交通服务系统的运营主体。在政府的扶持与指导之下，力求提高运作能力，实现盈利模式创新。在坚持公益性和符合相关法律法规要求的前提下，积极探索广告代理等合作模式，拓宽项目收入来源，实现社会效益和经济效益的有机统一。杭州公共自行车的收入主要源于三个方面：租金收入、服务站点和车身广告投放以及综合服务厅的营业收入。

杭州公共自行车系统由系统控制中心、公共自行车服务点、区域调度中心、信息发布系统四个基本部分组成。服务对象以本市市民为主，外来游客为辅。自行车的租还在自行车服务点完成，服务点分为固定标准式与移动便捷式两类。自 2009 年起，固定标准式服务点和移动便捷式服务点基本实现“通租通还”的租还方式，租车者可以在任何一个服务点通过 IC 卡租还车辆。服务点在中心区的服务半径为 300 米，市区为 500 米。考虑到社会效益，公共自行车的使用在一小时内是免费的。同时还可以和公交卡通用，享受一定的公共交通优惠，这大大方便并且吸引了出行者的使用。杭州市的公共自行车系统还注重采用新技术，自动化租用系统提高了自行车租用的效率和准确性，科学的调度系统能够及时准确掌握租赁点车辆的租还情况。杭州市公共自行车服务系统从 2008 年 9 月开始正式运营到 2009 年，有服务点 800

个、车辆 20 000 辆，日平均租用量达到 104 350 辆次，日均车辆租用频率 5 次 / 日，得到了广大市民和游客的广泛认同，成为杭州市的一个新型服务形象窗口。

如何创新盈利方式，使公共自行车服务的运营走出亏损状态，是杭州市公共自行车服务面对的首要问题。自从 2008 年 5 月试运行以来，杭州公共自行车的租用 80%以上是免费的。尽管公共自行车项目在设立之初，就提出不花纳税人的钱，通过广告经营等实现自收自支。但 2009 年 1 至 6 月，公共自行车共投入运营成本 417 万元，税金 16 万元，而营运收入 286 万元，其中广告收入仅 100 万元，累计亏损 147 万元。营运收入偏少限制了公共自行车的持续稳定发展。越来越多的市民反映借还车难、维修难、营业时间过短等问题。以营业时间问题为例，公共自行车服务时间定为 6:00 至 20:00，是根据杭州市政府的初衷，即缓解市民上下班高峰出行难、解决“家门口一公里”的问题而定的。但是老百姓习惯了以后，慢慢把它当作生活中最方便最基本的交通工具，所以要求变高了，希望能随时借用，但在人力物力上实现都存在困难。

3. 政府与企业合作模式

在快速的城市化进程中，上海经历了大规模的蔓延与扩张，在城市外围地区开发了大量的大型居住区、工业园区。由于城市外围地区公共交通网络覆盖密度较低，产生了居民出行难的问题。在这样的情况下，上海永久自行车集团（以下简称“永久集团”）在上海的闵行区与张江高科技园区开始推广租赁自行车项目，希望通过提供多样便捷的出行方式来提高城市外围地区居民的机动性水平，通过公共自行车系统与轨道交通站点的结合扩大城市外围地区轨道站点的服务范围。

永久公司是中国知名的自行车生产企业，有 70 余年的历史。在硬件设备上永久具有独特的优势，但是在为社区提供交通服务系统方面并非强项，因此永久采取了与政府部门合作、共同开发的方式。其中由地方政府提供政策与土地支持，永久集团负责整套租赁系统的建设和营运管理。自 2008 年 9 月开始，永久很快在上海浦东张江高科技产业园区建立了80个公共自行车租赁站点，共投放1 200辆公共自行车。在上海闵行区，建立了500个租赁站点，投放了20 000辆公共自行车，闵行区居民的办卡人数超过130 000人。永久公共自行车已从上海试点运营，到上海市全面开花，最后走向了全国。

与其他城市公共自行车租赁系统相比，作为国内最大的自行车生产实体，永久集团在高科技硬件与管理系统方面具有特殊优势，有足够的能力保证车辆的质量与后续的维修保养，并且专门为公共自行车系统研发生产了专用的车型及锁具，还自主开发了多项专供的技术，如分离式租赁锁柱系统、网络管理平台、ID辨识系统等。企业技术和管理方式的创新有助于提供高质量的公共自行车服务，从而吸引出行者的使用。

永久公共自行车系统采取企业与政府合作的模式，既可以充分利用企业在控制成本、技术创新方面的优势，也可以利用政府在引导和整合社会资源方面的优势。这样既减少了政府投资风险，减轻了政府负担，又调动了企业在市场运作上的积极性，给企业成长提供了发展空间。实践证明这是一种有效的运营模式。

共享单车则为私人资本投资，进行市场化运作，盈利模式为租骑费用、押金沉淀收入等。随着科技的广泛应用与市场规模发展，共享单车实现了可持续的长期经营。

三、共享交通的城市价值与挑战

在中国，自行车普及是从20世纪50年代开始的。中国是世界上自行车拥有量最大的国家，拥有量已超过5亿。但大量的自行车也给城市带来了沉重的负担。在城市道路上，大量无序自行车的涌入会对机动车造成干扰，引起交通堵赛和交通事故。自行车在城市内的乱停乱放也极大地影响了城市的环境[3]。共享交通的普及，降低了个人自行车的出行数量，释放了更多的城市道路空间。

在中国一些城市，共享交通遍布全城的服务网点、便捷有效的服务配套和廉价特点，为市民的短距离出行提供了极大的便利性，尤其是满足了收入相对不高、较年轻的居民、就业者群体的短距离通勤需求和休闲需求，改善了城市外围地区居民的出行条件。使用轨道交通与自行车租赁系统接驳进行通勤，也扩大了轨道交通的服务范围，解决了公交出行最后一公里问题。作为一种强健体魄、清洁无污染、灵活方便的交通方式，公共自行车或共享单车促使一部分城市居民放弃使用电动自行车、助动车、私人小汽车，节约了能源与城市空间，有利于缓解交通拥堵和环境保护，创造宜居城市。

当然，共享交通也面临着一些挑战。（1）政府主导模式虽然可以提供优质价廉的服务，但是资金投入大，投资风险高，容易给政府财政造成沉重负担。各地的公共自行车系统均存在着一定程度的运营亏损与资金短缺问题。这已经成为制约公共自行车系统可持续运作的主要瓶颈。（2）自行车骑行环境不够理想。人行道、自行车道被挤占的情况普遍，骑行线路缺乏安全性与舒适性。另外，停车难问题也急需解决。(3) 共享交通旨在响应当前全球范围内的可持续发展理念，减少小汽车使用，缓解交通拥堵，以及提升环境品质。但大量使用者是从公共交通转移过来的现象表明，公共自行车对减少小汽车使用影响甚微。（4）作为政府主导建设的公交项目，公共自行车有着显著的公益性。共享单车对公共自行车造成极大冲击，导致公共自行车使用数量明显下降。

四、若干政策建议

1. 支持与规范

自行车交通以其方便、灵活、经济的特点，具有公共汽车所不能取代的优势。因此城市交通应从一味追求公共交通转向建立多模式的绿色交通体系，让自行车再次成为城市交通和城市现代生活的重要组成部分。公共自行车是“准公共物品”，政府要参与到系统的前期建设中来，在项目用地、发展政策方面给予保障和支持，在后续的运营和维护保养阶段，建立合理的公共财政补贴补偿机制和激励制度，同时考虑公共资源的投入和产出效果，做到经济上的可持续。共享单车发展迅速，政府对单车的投放数量要根据空间容量和市场需求进行配额和限制，规划停车点，加强停放管理，解决乱停放问题。要制定行业标准和准入规则，建立社会信用体系，通过法律和行政规定，规范共享单车的运营与管理。

2. 因地制宜，追求实效

共享交通建设项目，要因地制宜，追求实效。因为城市不论从地理条件、文化背景、居民素质还是生活习惯上都有着巨大的差别。要根据不同人群的需要，以及共享交通设置网点和区位的不同，提供差别性服务。同时不断进行功能拓展，如旅游功能、体育健身功能，从而增强自行车出行的吸引力。

3. 创新与可持续发展

充分调动运营商的积极性，在经营和服务方面不断创新，提升可持续运营能力。要合理规划建设租赁点，覆盖人流较为集中的的居住区出入口，如商业中心、休闲娱乐场所、写字楼办公区以及交通换乘点等；创新技术，提高自行车租用的自动化程度、便捷度和稳定性，降低运行维护成本；拓展多元化的营利模式，增强自我造血功能；利用网络、电视、报纸、方便地图等方式搭起与民众交流的平台，及时传递服务信息，广泛听取民众意见，并针对性地改进服务。

4. 优化和改善骑行环境

如规划完善城市道路系统，改造有碍车辆骑行的道路基础设施；城市建设及改造过程中保障自行车道及人行道的宽度，禁止占用慢车道和人行道；建设自行车专用通道，减少机非、人非冲突等，从而提供便捷、安全、舒适的自行车骑行环境。

5. 共享交通的融合发展

公共自行车具有显著的公益性，市场竞争力较弱。政府应发挥作用，促进公共自行车与共享单车融合发展，在人群或地区方面实行互补。公共自行车在技术上和服务上要充分借鉴共享单车的经验。

注释

1 张昱等《中国城市公共自行车系统：现状、问题和对策》，《中国发展》2013 年 5 期，75 页。

2 Elliot Fishman《公共自行车文献综述》，《城市交通》2014 年 2 期，85 页。

3 陈海明《永久公共自行车在上海的实践和探索》，《中国自行车》2013 年 12 期，77 页。

中国城市机动性与社会排斥

一、有关机动性与社会排斥的研究

机动性是城市居民利用一种或多种交通系统接近生产、生活所必须的各种资源的能力，也是个体在空间中移动的能力[1]。机动性的概念是20世纪20年代首先由美国学者在社会学研究中提出的，作为衡量城市社会公平的一项指标。之后欧洲学者将它作为体现城市社会整体运行特征的概念引入广义的城市规划研究，用于替代传统的单纯反映部门化技术问题的城市交通的概念，从而保证城市研究的动态观点[2]。在当代社会，由于城市的动态性特征越来越明显，机动性变得如此重要，以至于保证人人都能够自由地出行并方便地到达目的地的机动性能力，被认为是城市居民的基本权利和生活的基本条件，如法国在1982年颁布的国内交通组织法中，就将交通提升到基本权利的维度。

社会排斥指的是个体有可能中断全面参与社会的方式，这是一个比下层阶级更广泛的概念，并且具有强调过程的特点，也就是强调排斥的机制。例如，生活在破旧的、只有破败的学校和有限的就业机会的住宅区的人实际上可能就失去了社会上大多数人所具有的自我改进的机会。它关心的是一系列阻止个体或群体拥有对大多数人开放的机会的广泛因素[3]。社会排斥的传统分析方式是从住房、教育、健康三方面进行解读，并未包含交通[4]。但是，今天，一个人的机动能力，即远离家庭或社区，了解其他社会环境的能力已成为建立高质量的生活轨迹和各种社会联系必不可少的条件，机动能力已不再是一种选择，而成为一种生活必需[5]。但机动性的能力并不是人人相等的，由于体能、技能、家庭负担、经济贫困、地域归属等原因，造成某些社会群体的实际机动能力低于其他群体，从而导致机动能力差的人群面临着被孤立、经济困顿、人际关系贫乏、社会边缘化等危险[6]。

机动性的差异不仅隐含着社会融合的危机，更带着经济忧患[7]。

于是在英国，从1999年开始，大量的研究将机动性与社会排斥之间的关系作为研究课题。2001年，英国社会排斥办公室的研究表明：（1）工作：五分之二的求职者表示交通缺乏是就业的障碍。（2）学习：几乎半数16—18岁的学生发现他们难以支付交通费用。（3）健康：因为交通不便，140万人错过或者选择不去就医，部分人寻求医疗帮助时被拒绝。（4）食物采购：16%的无车族发现到超市存在困难，相比较而言，有车族中仅有6%有此问题。（5）社会交往：18%的无车族由于交通问题而面临探亲访友的困难，而有车族这一比例仅为8%。（6）交通的影响：来自经济社会状况最差地区的儿童的车祸死亡率五倍于来自经济社会状况最好地区的儿童[8]。

除英国政府逐步认识到这一问题外，很多国家（包括美国、瑞典、加拿大、澳大利亚等）的立法机构都要求改善交通服务，使其为所有人群提供可达性，包括为居民提供更多线路以方便到达医疗服务机构、购物中心和居住区；对出租汽车（尤其是向残疾人提供帮助的车辆）实行载客补贴；采用先进技术为感官、认知或语言存在障碍的人士提供行人设施和出行信息[9]。为了改善城市机动性，设计或实行合适的社会项目满足不同人群的交通需求，为机动性较差的群体提供克服空间距离的有效方式，以提升城市社会公平，法国动态城市基金会还于2002年10月在巴黎举办了以“城市机动性与社会分化”为议题的国际研讨会，同时制订了名为“友好的城市”的长期研究计划[10]。计划的第一个子项目针对社会的弱势群体（失业人群，边缘化人），研究如何通过改善他们的机动性能力，使之重新回到社会中来，最终达到社会整合的目标。

为此，从2003年1月开始，法国动态城市基金会与巴黎大区北部的12个市镇一起合作，在该地区建立了一套服务于这些社会困难阶层的“应召公共交通”体系。这一公共交通系统每天通过一个计算机控制中心收集出行需求信息，而后根据不同的出行要求制定专门的交通路线和时间，由7名司机轮班每天为该地区的特殊阶层提供免费交通服务。另一个子项目选择残疾人（盲人和弱势者）和行动不便的人（如孕妇、带大件行李的旅客）作为对象，研究通过提高城市机动性能力，改善这些人在城市中生活品质的具体措施（如在巴黎地区的公交服务网络中，研究设计盲人的公共交通图）。“儿童在城市中的机动性”是该计划的第三个子项目。基金会完成的一项调查显示，10—13岁的儿童在今天的欧洲城市中经常面临着出行困难。一方面他们不能驾车，另一方面骑自行车行或单独乘公交都很不安全，所以他们出行往往依赖于父母的意愿。借搭乘父母的小汽车出行，这一方面限制了儿童的成长和自立，另一方面也给父母的业余生活带来了额外的压力。为此，动态城市基金会与公共交通运营商、教育界人士、地方议员和父母代表等一起合作，在不同的欧洲城市试点，寻找改善儿童出行条件的方法。

二、转型社会、机动性与社会排斥

在中国，在20世纪90年代中期之前，由于城市并没有面临普遍的和严重的交通问题，因此有关城市交通政策的研究并不多见。直到2005年，随着城市机动化程度不断提高，同济大学潘海啸教授发表《中国城市机动性20年发展的回顾》一文，才开始较多涉及交通的社会性一面。他认为，中国建设的城市交通系统主要是为上班和处于工作年龄的人们服务的，但城市正在老龄化，因此城市交通必须考虑老人们购物访友、就医看病和护送儿童的需要。另外，随着人们生活水平的提高，休闲娱乐活动增加，人们对出行的灵活性、舒适性和个性化的要求日益提高，而固定时间和固定线路的公共交通是无法满足这种需求的。他还指出，“城市正在变成一个机动车自由穿行的构筑物”，据调查，北京、上海和广州44%的孩子上下学步行途中曾遇到非常危险的情况，60%的儿童在穿越马路时遇到困难[11]。不过，在当今快速城市化和机动化的中国，机动性与社会排斥既表现出某些与西方国家相似的现象，例如，机动性与个人层面上的问题有关，更呈现出转型社会（即从计划经济向市场经济转型）所具有的特点。换句话说，机动性与社会排斥和中国巨大的社会经济体制转型紧密相联，是一种结构上的社会排斥，是体制转型及其在城市结构和形态上反映的一种社会后果，且过程更加复杂。

1. 单位体制解体

单位是指大多数社会成员被组织到一个一个具体的“单位组织”中，由这种单位组织给予他们社会行为的权利、身份和合法性。满足他们的各种需求，代表和维护他们的利益，控制他们的行为[12]。自建国以后直到 1978 年以前，单位体制作为中国独特的社会现象，是计划经济体制下中国城市制度安排的最集中体现，在中国城市社会、经济和日常生活组织方面扮演了极为重要的角色[13]。单位不仅承担着生产功能，还为单位社区居民提供低租金的住房，相对完备的生活服务设施，各种生活福利与社会保障。这使得单位居民的居住空间、就业空间以及日常生活空间高度重合。单位成为城市社会经济发展的基本单元，而单位大院也成为土地功能相对混合化的中国城市空间结构的一种组织模式。可以说，单位构成了一个自给自足的生活小天地，成为一个“小福利国家”与“封闭化的生存空间”。人们不必走出单位大门，就可以使自己日常生活的基本需求获得满足。

但是在从计划经济向市场经济转变过程中，单位制度发生了深刻的变革，单位大院也逐步走向解体。原先以就近安排和大院式布局的单位体制，有利于短距离出行和选择步行、自行车非机动化出行方式，有效地减少了交通出行量。现在随着单位制度的改革，旧体制的逐渐瓦解，居民就业居住模式的演变，使得单位居民从大院的狭小生活空间中走出来，日常活动空间变得“广域化”。另外，经济持续快速增长，社会阶层分化，使城市居民的交通需求量在剧增的同时日趋多样化，从而使他们无法在需要时，选择合适的交通方式。更有大批职工在产业结构调整和企业改革中，从单位剥离出来，只能通过非正规性的工作实现就业，由于非正规就业不稳定、工作时间分散、工作地点频繁变换，时常使他们在出行中陷于左右为难的境地。

2. 城市空间重构

改革开放以来，以权力和资本结合为主导，以土地 / 空间效益为动力的开发模式[14]，导致中国城市空间强烈的扩张趋势，包括大规模的旧城改造，以及郊区化和城市多中心的都市区发展等。城市空间结构的改变，城市规模不断扩张，对居民日常行为模式尤其是对交通出行行为影响明显。中国大城市职住分离，空间错位现象被进一步放大，带来了交通需求的迅速增长（图 3-6）。

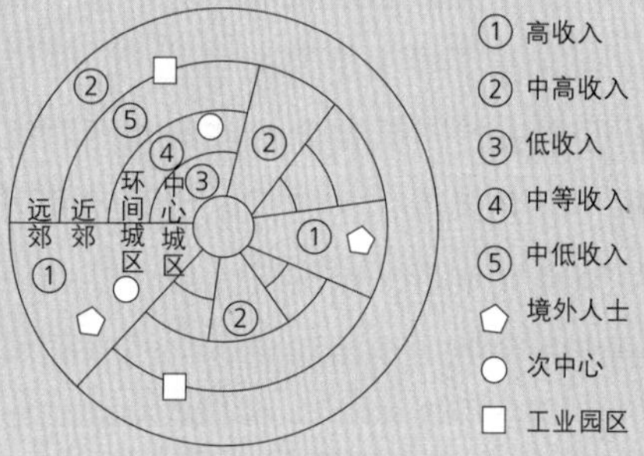

图 3-6 不同收入群体居住空间选择示意图

资料来源：杨上广《大城市社会空间结构演变研究》，《城市规划学刊》2005 年 5 期，17 页。

在当代中国大城市社会空间结构的重构与分异过程中，由于中心城区高房价的空间分选作用以及政府中低价动迁安置商品房的郊区化，导致了许多长期居住在市中心的低技能、低工资的居民搬迁到偏远的地区。弱势群体居住空间被边缘化，带来了一系列与交通有关的问题[15]：

（1）由于上海市在传统工业萎缩后，并没有在周边郊区形成新兴的制造加工业工厂带，劳动者群体的工作基本局限在城市服务业和各种杂业上，而这些行业主要集中在内城区。因此，动迁后，搬到了城外的居民不得不面临居住地与工作地的远距离分离。

（2）由于城市改造过程中轨道交通基本上是与商品住宅区的开

发互相刺激、发展的，在廉价的动迁房地区，往往只有有限的公交车线路与内城区相联结，造成部分居住在城市边缘区和外围的居民出行不便，严重影响了人民群众的正常生活和城市的发展。通勤成本（包括经济成本和时间成本）成了动迁户的一大困难，不少动迁户即是因为这一困难而拒绝外迁，也有不少人动迁后即失去了工作。

（3）由于低收入群体缺乏对产业资本的吸引力，在外城区及郊区动迁居民居住地，商业服务设施缺乏，同时学校、邮政、医疗等公共服务设施也普遍缺乏，居民购物、看病、上学、办事多需要进城，这就造成了他们生活成本的无形加大。也限制了他们利用中心区公共服务设施和其他便利的机会。

（4）在动迁过程中，许多原来三代共同居住或就近居住的家庭被动解体，往往是子辈因为工作和子女入学等原因选择在城区购买二手公房，而老人住进郊区的安置房。这既造成了安置房社区的严重老龄化，也实际加重了这些贫困群体的家庭生活成本。代际间经济上，生活上的互助原是城市贫困家庭应对生活困难的一个重要手段，如今老人离开城区单独居住的现状显然削弱了这个群体的家庭自助能力。

3. 交通结构的变化

从 20 世纪 80 年代中期开始，随着中国改革开放的不断深入，市场机制在城市建设资源配置中发挥越来越重要的作用，具有福利性质的中国大城市的公共汽车交通（含无轨电车）出现全面衰退。在城市居民出行中，公交所占份额不断下降。建设部的一组数据显示，目前中国公交出行的分担率不足 10%，特大城市也仅有 20%左右。与公共交通下降趋势相反，小汽车和非机动车（电动自行车）却呈爆炸性增长态势。

在一个时期，中国的城市交通政策，其实是在鼓励私人小汽车的发展。如随着汽车的普及，提高汽车交通效率的发展观，成为道路交通建设的主导思想，道路建设开始“围着汽车转”，甚至一些中国城市已经将自行车专用道改成机动车道。考虑到在中国，与私人小汽车相比，更多的人拥有和使用自行车，这种将日益稀少的资源——城市空间——提供给小汽车的再分配带来对社会公平性的关注[16]，因为它忽略了中国绝大多数中低收入、非驾车群体出行安全便捷的基本需求，“侵占了大多数其他方式出行者改善出行服务水平的空间”（图 3-7）。

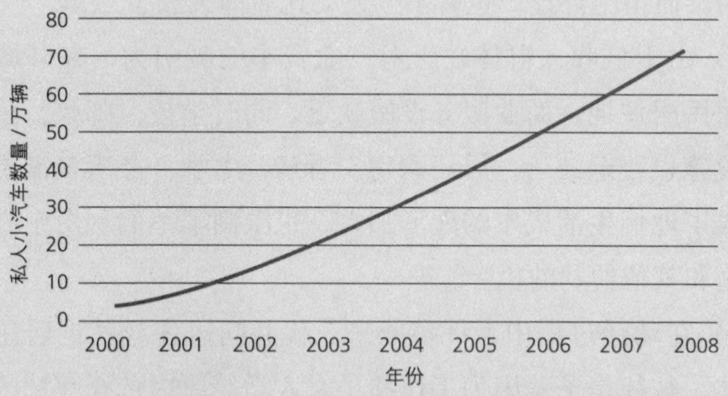

图 3-7 上海市私人小汽车增长情况

资料来源：潘海啸等《城市形态对居民出行的影响》，《城市交通》2009 年 6 期，29 页。

对于城市大多数居民来说，公共交通工具是出行的主要选择，特别是中长距离的出行。而公共交通是否支付得起成了一个重要的方面。以今日大规模建设的轨道交通为例，低收入者使用轨道交通的比例远远低于社会其他阶层（图 3-8）。

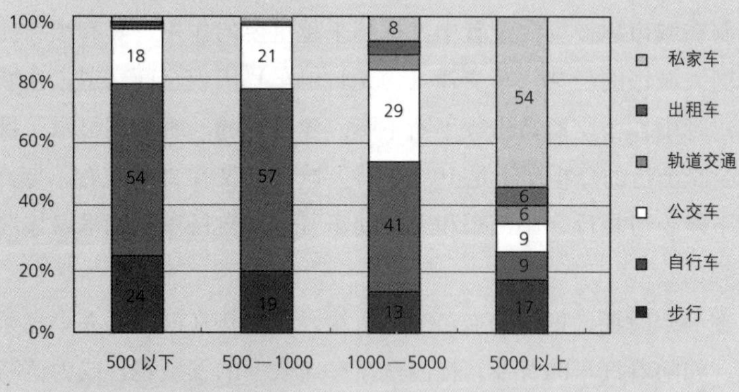

图 3-8 不同收入群体出行方式选择示意图

资料来源：叶裕民《北京城市居民生活质量提高意向调查研究》，《中国城市评论》2005 年 12 期，77 页。

另据黄怡计算，在上海依靠轨道交通，家庭可支配收入中交通成本会大幅上升[17]。以上海2005年9月15日之前轨道交通实施的票价机制为例，轨道交通里程分段计价，基准票价起乘里程6千米，起价2元，进级里程按每段10.6.6千米顺序计算，依段进级1元。也就是说，6千米以内为2元，6~16千米为3元，16千米以上，按每段6千米增加1元计算，由于转道交通线可通用的自动检售票系统的制式和技术标准，还未能实现“一票换乘”，这样，如果两条线换乘前后的千米数合计在6千米以内的，分两次买票合计票价为3元，而“一票换乘”的票价则为2元，如果居民居住地距工作地在6千米以上，两端都是步行（不计公交巴士车费），这样每天上班的来回车费至少为6元，一周五个工作目，每月平均按22个工作日计，上班的交通费为132元，以上海中低收入阶层月工资1 200元计，交通费用将近工资的9%，这是一个很重的负担。如果居住地距工作地在6千米范围内且不需换乘，则月通勤交通费可降至88元，占月收入的7%。而自2005年9月15日起，上海轨道交通客运票价进行了调整，基准票价为3元，每段进级1元；起乘里程6千米，之后进级里程统一定为10千米，也就是说，在这次调价方案中，乘距在22千米以下的，票价最低涨幅也在30%以上，而2005年上海职工平均月工资为2 235元，比上年增长9.9%，可见交通成本在工资收入中所占比例大幅上升，即使乘距在28千米以上的，票价保持不变或下降1~2元，而工资也上涨了，若以每天12元来回车费计，月交通开支占工资收入的比例已高达11.8%。由于交通费用在一段时期内是相对稳定的，其占收入比值的大小取决于月收入水准，所以，对于低收入家庭来说，时间成本还不是最重要的，交通成本的上升对生活的影响更大。

4. 人口老龄化发展

进入21世纪以来，越来越多的中国城市进入老龄社会。2009年上海的老年人口比重已经达到了22.5%，与此同时，80岁及以上高龄增速也在加快，其速度快于老年人口的增长速度[18]。随着老龄人口在社会总人口中所占的比重越来越大，城市交通需求特征发生着根本性变化。鉴于老年人特有的心理、生理特征，比较偏重步行和公共交通、关注出行的安全、舒适和低费用。但是现实是，中国目前的交通政策、现有的城市交通设施，交通基础设施现状、运输工具的设计制造等并没有充分地考虑这部分群体的实际需求[19]。相反，在追求车辆、道路通行能力最大化的同时，往往以牺牲公共交通、步行交通的便利性和安全性为代价，这在很大程度限制了老年人的活动能力和可达范围。

另外，中国人口老龄化的发展，已经成为全国残疾人数变化的主要原因。根据2006年第2次全国残疾人抽样调查数据推算，中国各类残疾人总数为8296万人，其中，60岁及以上老年残疾人数为4416万人，占全国残疾人数的53.23%。与1987年第1次全国残疾人抽样调查结果相比，2006年老年残疾人数增加了2365万人，占全国残疾人新增总数的75.5%[20]。可见老年残疾人是残疾人主体和残疾人口增长的主体。但是在城市无障碍建设中，虽然已经出台许多很好的政策，但是由于资金和协调上的困难，大部分政策都没能得到切实的执行。例如除新建道路设施外，多数人行道和过街设施没有按照残疾人通行标准进行改造，难以保证残疾人正常出行，造成了他们与主流社会的隔离和被社会排斥现象。

总之，在剧烈的制度转型和快速空间重构过程中，城市居民生活在一个更加分散的社会。市场化的资源配置机制，使城市交通难以有效地满足居民的出行要求，尤其是对城市某些弱势群体造成了严重的社会排斥，并在这一过程中产生了弱势群体的进一步边缘化和社会排斥的再生产。

三、反排斥的城市交通政策

近三十年来，中国经济快速发展，城市机动化程度不断提高。与此同时，在个人和社会不平等形成中，机动性成为一个越来越重要的社会分化因素。因此，如何兼顾公平和效率，合理分配城市（交通）资源，实现社会公平和社会整合，避免社会分裂成为亟待研究的课题。

1. 从社会政策角度理解城市交通

都市化的高速发展，城市人口的增长和内部迁移，以及人们日益提高的生活水平，使交通问题已成为政府所面对的最敏感和最具争议性的问题之一。但是，在人们讨论交通问题时，大多强调的是交通对于城市整体性的影响，即对所有城市居民都造成了危害，而忽视了其对城市不同群体的差别性影响。因此，交通政策的目标被视为是减轻交通堵塞与消除环境污染这样的所谓公共问题，而不是解决交通公平及交通所造成的社会排斥问题。不过，现代社会人们越来越清楚地发现，尽管从长远和整体的角度看，交通状况的持续恶化最终将使城市所有的人的出行受到影响，但是从现实情况来看，往往是有些人受益，有些人受损。交通排斥实际上是社会问题的延伸，不仅反映出交通方式之间、交通方式与城市结构之间的矛盾，而且越来越反映出人与人之间社会关系的失调。为了增进社会的基本福利，确保大多数居民对于相对短缺的资源的公平占有，城市交通应该被置于社会政策议程上来讨论。就目前而言，城市交通应高度重视社会公平原则（所谓交通社会公平，一是指所有人都应有享受道路使用权而不遭受排斥的权利，二是指权利与责任相对称）。切实考虑到大多数居民的出行需要，并让他们从城市发展及交通现代化中受益。要充分认识到，保障民众的出行是政府的责任，也是民众的权利，高质量、高效率的交通系统和实现社会公平应成为城市交通政策的主要目标。只有这样，才能真正解决城市交通问题。正如有的学者指出，汽车及交通拥堵仅仅是现象，而不是问题的全部，建路修路（包括地铁、轻轨）、改进交通管理、限制外地车辆等办法也不能从根本上解决问题。经济发展、技术改造、管理改进等固然重要，然而更重要的是隐藏在交通拥堵背后的交通理念与社会问题，如社会公平，保护弱势群体、经济社会协调发展，限制特权等[21]，从而“建立起一种使不同的人都能自由去选择交通工具并使各种交通工具在交通这一目标上达到的效果相互平衡的社会机制”。

2. 优先发展公共交通

城市公共交通并非仅仅是一种帮助贫困阶层的工具，更是一种促进经济和社会全面发展，与城市不平等现象作斗争的工具。因此在实施社会政策时应赋予公共交通关键作用，将公共交通视作包括教育、卫生、住房、社会参与、公民意识等内容的公民政策的基本因素之一[22]，并做出比较合理的制度安排。事实上中国政府为投资兴建公共交通网络正在付出巨大努力。如为解决中低收入人群的出行问题，建设部等部门已出台《关于优先发展城市公共交通的意见》，从5个方面入手进一步加大对城市公交的政策扶持力度。（1）提供财政支持：城市人民政府要对轨道交通、综合换乘枢纽、场站建设，以及车辆和设施装备的配置、更新给予必要的资金和政策扶持。城市公用事业附加费、基础设施配套费等政府性基金要用于城市交通建设，并向公共交通倾斜。（2）规范补贴制度：对公共交通实行经济补贴、补尝政策。对公共交通企业的成本和费用进行年度审计与评价，合理界定和计算政策性亏损，并给予适当补贴。对公共交通企业承担社会福利和完成政府指令性任务所增加的支出，定期进行专项经济补偿。（3）调整客运价格：要兼顾经济效益和社会效益，考虑企业经营成本和群众承受能力，科学合理地核定公共交通票价。发挥客运价格的导向和杠杆作用，继续保持低票价和低成本的优势，最大限度地吸引客流，提高公共交通工人的利用率。（4）实行用地划拨：优先安排公共交通设施建设用地，不得随意挤占公共交通设施用地或改变土地用途。（5）加大科研投入：城市人民政府要加大对公共交通行业科研投入，实现公共交通优先发展的科技支撑。

3. 建立对特殊人群的交通支持体系

在法国，为解决城市交通带来的社会排斥，实现“交通权力”，通过采用票价优惠政策，交通补贴和完善公交网络等措施，来满足弱势人群的交通需求。政府还向任何位于城市交通覆盖区域且员工数量超过 9 人的公司征收交通税，用于解决票价优惠的资金来源问题[23]。但是在我国，出行不便的机动性弱势人群的困境至今仍然没有引起足够重视，也没有在改善弱势人群生活条件的政策中充分体现出来。实际上这一群体在社会中的比例是不容忽视的。因此，我们应借鉴国外经验，建设服务于弱势人群的交通支持体系，包括对社会弱势群体加大各种补助的力度，为底层人群制定低票价政策，使票价定位在他们可接受的范围；加强偏远地区公共交通基础设施建设，改善边远地区与城市中心部分的交通联系，使众多郊区居民也可以方便地出行；在交通规划和建设中充分考虑特殊群体如老人、残疾人等的交通需求，为他们创造一个安逸、舒适、充满人文关怀的社会环境及交通环境等。

注释

1 徐建《机动性：社会排斥的一个新维度》，《兰州学刊》2008 年 8 期，97 页。

2 卓健《运动中的城市：城市规划研究中的新视野》，《城市规划汇刊》2004 年 1 期，80 页。

3 安东尼·吉登斯《社会学》，北京大学出版社，2003 年，409 页。

4 Eric le Breton《实现人人拥有交通权的出行服务——法国实例》，《城市交通》2010 年 6 期，18 页。

5 让 - 皮埃尔·奥佛耶《机动性与社会排斥》，《城市规划汇刊》2004 年 5 期，89 页。

6 欧阳鹏《城市机动性与反社会排斥——国外城市无障碍交通规划对策的启示》，《现代城市研究》2008 年 8 期，60 页。

7 让 - 皮埃尔·奥佛耶《1960-2000 年法国的城市机动性、城市规划和城市发展》，《国外城市规划》2005 年 3 期，12 页。

8 徐建《机动性：社会排斥的一个新维度》，《兰州学刊》2008 年 8 期，98 页。

9 Yavuz Duvarcia、Shoshi Mizokami《政策制定中交通弱势群体受抑制需求分析方法》，《城市交通》2010 年 3 期，81 页。

10 卓健《机动性和中国城市》，《国外城市规划》2005 年 3 期，1 页。

11 潘海啸《中国城市机动性 20 年发展的回顾》,《城市规划汇刊》,2005 年 3 月,41 页。

12 胡伟《单位作为一种制度》，《江苏社会科学》2003 年 6 期，68 页。

13 柴彦威、张纯《地理学视角下的城市单位：解读中国城市转型的钥匙》，《国际城市规划》2009 年 5 期，2 页。

14 陈映芳《城市开发的正当性危机与合理性空间》，《社会学研究》2008 年 3 期，29 页。

15 陈映芳《城市贫困的新问题》，《中国城市评论》，南京大学出版社，2005 年，36 页。

16 Robert Cervero《平衡的交通和可持续发展的城镇化——通过制度、需求管理及土地使用措施增强机动性和可达性》,《国外城市规划》2005 年 3 期，16 页。

17 黄怡《城市社会分层与居住隔离》，同济大学出版社，2006 年，215-216 页。

18 周振华等《上海城市嬗变及展望》，格致出版社，2010 年，271 页。

19 欧阳鹏《城市机动性与反社会排斥——国外城市无障碍交通规划对策的启示》，《现代城市研究》2008 年 8 期，61 页。

20 杜鹏、杨慧《中国老年残疾人口状况与康复需求》，《首都医科大学学报》2008 年 3 期，262 页。

21 王煜《交通拥堵现象背后的社会问题》，《城市问题》2000 年 2 期，77 页。

22 Anisio Brasileiro《城市公共交通与社会排斥—巴西在城市机动性问题上的经验与启示》，《国外城市规划》2005 年 3 期，31 页。

23 Eric le Breton《实现人人拥有交通权的出行服务——法国实例》，《城市交通》2010 年 6 期，20 页。

城市交通与社会创新

一、何谓社会创新

所谓社会创新，是指通过发展新理念、新产品，新服务和新机构，来解决未被解决的社会问题，满足未被满足的社会需求，或使迄今为止还达不到的社会秩序或社会进步成为可能[1]。美国管理学大师彼得德鲁克率先提出社会创新。他认为，当今社会已由管理的社会变成了创新的社会，当今社会最具有价值的活动是寻找创新的来源。而且，并不是只有科学和技术才会在知识上除旧更新，社会创新的重要性不亚于科学创新，且往往更为重要，对社会和经济甚至有着更为深刻的影响，事实上对“科学技术本身也有着深刻的影响”。因此，我们不能把眼光只盯着科学技术，还必须重视科学技术之外的社会创新[2]。

在国外，社会创新的概念早已深入人心。在英国，迈克尔·扬（Michael Yong）被誉为社会创新的先锋，她帮助建立了英国的社会福利系统，创立了一系列革新的理念并组建了60多个公共和非营利组织，其中关于成人教育的开放性大学，消费者协会等概念已经在全世界被广泛使用[3]。社会创新近年来也被引入城市交通问题的解决中。在这方面最著名的例子便是法国动态城市基金会。法国动态城市基金会由标致雪铁龙汽车集团于2000年6月发起成立，旨在为城市机动性提出创新性的解决方案。在欧洲、美洲、亚洲和非洲的城市，基金会汇集了企业界和学术界的代表和研究人员，从社会学、交通工程、经济学、地理学等不同学科角度，对城市机动性这一命题提出不同观点和看法，并通过召开国际研讨会、举办国际展览、国际竞赛等探讨城市机动性的提高与改善。基金会还调动不同学科的专家学者传播相关知识和提高公众意识，以此应对当今城市社会的机动性挑战。

在中国，创新仍只局限于科技领域。如创新型国家目前通常只是由科技指标来定义：(1) 科技进步率对GDP的贡献率达70%以上。(2)

研发投入率占2%以上。（3）对外技术依存度底于30%。（4）自主知识产权每万人专利申请数达8件[4]。反映在城市交通方面就是重视基础设施建设和科技投入，忽略了对社会创新的研究和应用。值得一提的是，在2010年，法国动态城市基金会和中国的城市规划协会联合上海2010世博局、环保部宣传教育中心举办了“机动性，让生活更美好”竞赛。竞赛的目的就是要发掘中国一些改进交通出行的“软性”的、具有创新性的解决方法，并促进这些有效的方法能够在国内外得到推广应用。这可以说是中国解决城市交通努力中的一个里程碑事件，它标志着在交通领域开始重视社会创新。

城市交通是一个复杂的系统问题。国内外经验表明，城市交通出行条件改善不仅需要大规模交通基础设施建设，政府部门交通政策的合理制定，更需要政府和社会的合作，公众的广泛参与和创造。“就交通论交通”，单纯按照西方国家的传统方式，采取技术和供给方面的解决方案，如快速路、高架桥、道路容量扩充、智能交通系统以及其他技术应急手段，试图缓解快速机动化带来的交通压力，不仅无法解决城市交通问题，反而使人们在城市中的出行变得越来越困难，越来越缺乏安全感。只有站在系统高度，通过开展卓有成效的城市机动创新实践，创造新的方法、办法和制度，在提高政府治理能力和科技创新贡献的同时，实现多种调控方式与治理措施的密切配合，才能走出城市交通的困境。因此，面对日趋严重的城市交通问题，有必要在我国目前单一强调“技术创新”的基础上，提出并重视“社会创新”。

二、社会创新的主体

谁来创新？迄今为止，社会创新仍没有一种固定的组织模式，参与的机构也不成体系[5]。社会创新仅靠政府不能实现，当然社会创新也并非如国内某些人所讲的，是非营利部门的专属，政府、市场和第三部门都可能成为驱动社会创新的重要因素。实际上，社会创新正在成为人人参与的创新。在机动性，让城市生活更美好大赛中，我们可以发现不同的社会创新主体、以及公共部门、私人部门、社区之间的协同合作和利益关联。

在社会创新中，地方政府具有至关重要的作用。这是因为政府的创新形象可以在全社会培育起一种创新的文化氛围，使创新成为一种社会价值；政府的创新行为改变着国家的政治经济制度和各项政策方法，影响所有公民的政治生活、经济生活和社会生活；政府的创新制度更是直接关系到社会各个领域中的创新活动的数量、质量和效用[6]。杭州公共自行车租赁系统，就是由政府主导的社会创新。杭州市政府不仅是公共自行车服务的倡导者与推动者，明确公共自行车为城市公共交通的重要组成部分，也为公共自行车租赁系统的发展提供了必要的保障。其保障措施不只是财政支持，还包括非常重要的协调作用：通过成立杭州市公共自行车交通系统建设和管理领导小组，协调公共自行车系统的具体建设、管理事宜，以及用地保障，自行车路权保障，鼓励政策等。杭州市政府还在运营机制上进行创新，采取了政府投资建设，企业化运营的模式。杭州公共自行车交通服务系统的运营主体，是杭州公共自行车交通服务发展有限公司。在政府的扶持与指导之下，杭州公共自行车交通服务发展有限公司在坚持公益性和符合相关法律法规要求的前提下，积极探索广告代理等合作模式，拓宽项目收入来源，努力实现社会效益和经济效益的有机统一。

解决日益复杂和深化的社会问题，既是企业的社会责任，也是企业创造新价值的机会。近年来，有越来越多的企业灵活运用市场机制，参与社会问题的解决，并在社会创新中发挥着重要的先锋作用。永久公司作为中国最知名的自行车生产企业，从 2008 年开始，在远离上海中心城地铁 1 号线未端的闵行区以及原地铁 2 号线未端的张江高科技产业园区提供公共自行车服务，致力于建设完善的自行车与轨道交通组合服务网络。由于在硬件设备上永久具有独特的优势，但是在为社区提供交通服务系统方面并非强项，永久公司采取了与上海浦东的张江高科技产业园区委员会、上海市闵行区政府合作进行推广与开发的方式。其中由地方政府提供政策与土地支持，永久集团负责整套租赁系统的建设和营运管理。从2008年正式运营至今，公司已逐步摸索出公共租赁自行车站点选择、公司管理、与城市政府良好合作关系的建立等各方面经验，并不断调整经营策略，拓宽宣传渠道，实现公司收支平衡及持续健康发展。

伴随着中国公民社会的发展，民间组织与社区日益成为社会创新主体。2007年，上海市残疾人联合会联合上海市建设和交通委员会、上海市交通运输和港口管理局、上海大众交通集团，建立了专门为残障人服务的阳光车队，成为中国首支由非政府组织牵头、企业运营的轮椅无障碍出租车队。武汉常青花园社区提倡的“邻里合乘”项目，则是社区组织运用民间智慧尝试“合法拼车”的一次探索。拼车（Carpool或Car Sharing）是指几个人合乘一辆车或有偿同搭顺风车，拼车最早出现在瑞士，如今在欧洲、美国等发达国家较为盛行[7]。近年来，我国也出现了各种各样的拼车形式。然而，由于缺乏相关法律、政策、市场等制度的保障支持，普通的拼车往往存在有偿拼车“不合法”、拼车双方安全难保障及拼车事故纠纷难解决等风险。

为了规避这些风险，同时又使拼车易于实现，许多自治团体和民间组织不断进行探索。武汉市常青花园门口的常青立交桥，是武汉规模最大的立交桥，上下班高峰时段，路段严重拥堵。通过常青花园社区志愿者的调查，认为在邻里间实行公益合乘，不仅节约道路资源，缓解堵点，还能促进邻里交往。为支持“邻里合乘”志愿活动的开展，并确保此项活动的公益性，社区组织在合乘活动中一直起到引导和把关的作用。社区制作了“邻里合乘”志愿者倡议书，分发给社区内有车一族，让他们知晓此项活动意义。社区还咨询了法律界专家人士，制定合乘自愿书及承诺书，发放给活动参与者签署。社区工作人员在各个社区设立“邻里合乘”站点，并对参与合乘的车主及乘客信息做了详细登记。为确保“邻里合乘”的规范化，与“黑车运营”相区别，常青花园社区设计制作了“邻里合乘”车贴。

三、社会创新的方式

通常认为，社会创新意味着创立一个全新的体系。如在机动性，让城市生活更美好大赛所评选出来的优秀案例中，在北京、杭州、上海等中国大城市，分别通过企业、政府，或者企业与政府合作，采用现代化信息技术，结合传统服务行业建立起经济、通租通还、网点密布的自行车出租系统，这对因为城市交通规划、建设和管理没有真正公平地对待不同交通方式，尤其是自行车和步行交通出行者的合理出行需求，而是把更多甚至是最主要资金和注意力放在与小汽车有关的规划、建设与管理项目上，从而导致曾经作为人们十分重要的交通方式的自行车和步行，正在被越来越多的人放弃使用的中国城市来说[8]，无疑是一重全新的交通服务方式。

但实际上，社会创新的方式和手段是多种多样的。有时只需突破职能边界，在旧的体系基础上以人的需求为核心进行共同的设计，建立新的运作方式，便可实现高于市场配置资源的效率，起到事半功倍的效果。如自 1999 年起上海市政府从全市整体利益出发，联合交通行业管理部门、研发单位和运营企业通力合作，统一出租车，公交车和轨道交通的票制系统（使用公交一卡通），实行了不同公共交通方式间的换乘优惠。再如宁波镇海区政府从 2010 年 4 月起，采取停车设施“免费、分享、共享”措施：宁波镇海区取消城区内所有国有产权公共停车场、占道收费停车位的停车费，并加强占道停车管理，以控制违法停车和增加现有公共停车场的利用率；中心城区内以公共建筑为主的新建地块在满足停车配建指标要求的基础上，应对外“分享”一定数量的停车位，并在项目设计方案审查、竣工验收中予以确认；针对部分居住区与公共建筑距离近、停车时间错开的特点，上班时间居住区向公共建筑开放停车位，晚上公共建筑向居住区开放停车位。这些新措施实施后，有效地提高了停车泊位利用率，促进了规范、有序停车，在一定程度上缓解了镇海老城停车难的问题。

当代社会是一个信息社会，信息和通讯技术快速发展，在社会创新中发挥着越来越重要的作用。比如通过网络让供需双方很好地连接起来，可以节省人们为信息的搜集工作需要花费的大量时间和金钱。这在当今社会创新中非常普遍。2002 年成立的车行网（北京、上海、杭州等国内多个城市）就是运用现代信息技术建立的全国第一家顺风车搭车拼车专业门户网站。“车行网”以网友互动论坛为主要形式，为网友大众提供诸如搭车、拼车、顺风车、汽车出租、汽车维修、保险办理、二手车市场等多方面出行服务及相关汽车服务信息，是人们互相交流相关搭车等信息的平台。网站上的信息十分详细，有按出行目的分类的拼车信息，比如上下学拼车、上班拼车等；有按不同地区分类的拼车信息，也有按拼车时间分类的拼车信息，如周末拼车、晚间拼车等。同时还包括租车、货运等其他信息。车行网的收入来源依赖于商业广告（包括各种租车公司，汽车维修，二手车交易等广告信息），VIP 会员费（包括个人会员和企业会员，根据时间长短和权限有多种收费标准）。

在社会创新的历史上，新的制度或政策的创建，对经济和市场的影响要比许多重大的技术进步所产生的影响更大，例如 20 世纪发明的分期付款销售法[9]。为了限制私人小汽车的快速增长，从 2000 年起上海实行了私车牌照拍卖政策，人们必须通过牌照拍卖，缴纳高额的费用才能得到汽车牌照。2003 年以来，这项私车拥有权管制政策逐渐演变为一项颇有成效的交通需求管理策略，使上海有别于中国其他大城市（如北京和深圳），较好地控制了城市机动车总量。从 2007 年 1 月开始，上海市对汽车牌照拍卖的具体拍卖方法，又进行了重大调整。具体调整如下：（1）汽车牌照仍实行按月定量投放，以控制总量。（2）为了保证定量投放的汽车牌照能公平的分配，杜绝权钱交易和黑箱操作，仍实现拍卖方式。（3）拍卖方式调整为：出价最低、出价最早、出价最少的中标。（4）为了照顾那些急需牌照又运气不好的市民的要求，同时兼顾市政府拍卖汽车牌照的收益，对那些非要不可的市民，以每牌 10 万元的价格，保证供应。（5）为了杜绝拍得牌照后的黑市交易，规定如下：牌照拍得后，1 年内必须上路，否则没收；牌照拍得后不使用，直接转让，将对转让者和受让者，每人各征收 5 万元牌照转让费；牌照拍得后不使用，直接转让者，在 20 年内不得再次参加拍卖。为了躲避牌照拍卖须缴纳的高额费用，上海很多私人汽车开始挂外地牌照。为了限制这一现象的不断增加，上海出台了“绿标”政策，即在上海没有本地牌照的车辆如果想要进入中环以内的地区必须每月缴纳 150 元购买“绿标”。如果外地车辆在上海逗留的时间不超过 7 天，则须缴纳 30 元获得一个临时的“绿标”。

四、社会创新的价值

交通领域的社会创新，是对现代城市中交通拥堵、环境污染，社会公平问题等一系列问题的具体回应，通过社会创新，重新审视城市发展的目标和模式，探索新的社会价值，最大限度地发挥城市交通基础设施的效能，有效地减少城市交通的环境问题、安全问题，同时改善社会弱势群体的交通出行条件，可以让城市更好地服务于人类，城市生活更加美好。

1. 满足日益增长的多样化的交通需求

在市场经济条件下，因为社会经济活动的多样性及居民个性特征的多样性，使城市居民的交通需求在剧增的同时日趋多样化。通过社会创新，建立起一个更具包容性或者更基础性的交通体系，可以最大限度地满足城市居民日益增长的多样化的交通需求。北京方舟公司构建的公共交通与自行车换乘（B + R）组合交通模式，解决了居民出行末端的交通问题。上海公交一卡通，给居民和游客的出行提供了多样便捷的出行方式，提升了基于公共交通的城市机动性，提高了公共交通资源的效率。上海永久自行车集团在上海的闵行与张江，围绕主要轨道交通站点结合周边居民社区提供租赁自行车服务，很好地补充了城市外围地区公交服务水平不足的缺陷，提高了城市外围地区居民的机动性水平，并为新一轮的地区开发提供更多的选择。

2. 促进城市交通低碳排放模式的发展

控制和管理小汽车发展及其伴生问题，大力发展和鼓励公共交通、步行和自行车交通，被认为是城市交通绿色化的关键[10]。上海私车牌照拍卖政策，遏制了私车的无序增长，顺风车、搭车、拼车等出行方式，有效地提高了私家车使用的效率，从总量上减少了机动车交通量，一定程度减轻了城市道路交通压力，缓解了日益突出的“行路停车难”问题，同时减少能源消耗，降低尾气排放。通过建设公共自行车服务系统，发挥自行车灵活、低碳环保等特性，为市民提供便捷的交通服务，可节约能源，减少环境污染。作为一种有效的锻炼工具，提升市民体质，建设健康城市。将其纳入公交体系，还可提升公交服务水平，有效地鼓励居民使用公共交通出行。

3. 扩大社会交往，促进社会公正

城市交通并非只是人和物的关系，也体现着人与人、人与社会的关系。武汉常青花园“邻里合乘”项目，不仅节约道路资源，缓解堵点，减少环境污染，还为居民提供沟通、交流的机会，促进邻里交往。主要提供上下班顺风车信息服务的“车行网”，其直接服务群体主要为有私家车和没有私家车的中产阶层和工薪阶层。通过车行网寻找拼车伙伴，没有私家车的人，既满足了高质量的出行需求，又减少了交通成本支出。有私家车的人，可以获得适当的经济补贴，同时扩大了社会交往，增加了社会资本。

社会创新，通常考虑到各种群体的需要，特别是中低收入和特殊群体的需要。调查表明，永久自行车主要使用人群为 20 至 40 岁中的低收入阶层。“阳光车队”的成立填补了重度肢体残疾人公共交通出行方式的空白，实现了依赖轮椅生活的市民公共交通机动性“零”的突破，大大提高了这一弱势群体机动性，维护了他们的尊严，方便了他们的生活，促进了他们的社会融入。

4. 提升社会参与的主动性

正如有学者指出的，城市交通可持续发展战略的真正成功是全民参与交通可持续发展的行动，同时可持续理念渗透政府的各项政策和行动[11]。因此，社会创新实践最重要的意义，是激发社会活力和创造力，提升全社会参与解决城市交通问题的主动性和积极性，向居民传达节能减排的环保理念，提高居民对资源节约环境友好的认识，进而把可持续发展的理念转化为自觉行动和生活方式的一部分。如今车行网提出的城市顺风车概念，已在媒体和市民中引起了广泛关注。通过全国几十个城市的媒体的报道，特别是在上海、北京、成都、深圳等大城市，越来越多的人愿意上下班选择顺风车的出行方式。

五、社会创新中的风险与挑战

社会创新，有益于城市交通的可持续发展。但创新总是意味着对现有法律、法规的突破，对既得利益者的改变。社会创新还因其超前性和缺乏经验存在为社会民众所接受、认可问题。因此社会创新的过程并非一帆风顺，往往面临着诸多风险和挑战。

1. 社会创新中的法律和政策问题

以拼车为例，在拼车发展比较成熟的国家如德国，从政府机制到市场运营形成了一套比较完善的拼车服务体系。政府设有专门的部门机构，主要负责对拼车人的信息进行备案管理，制定相应的法律规章规范拼车行为、保障拼车人合法权益；在民间，有各种提供拼车服务的公益组织及中介公司，负责提供拼车匹配服务；在超市、加油站等公共场所附近通常设有拼车点，以迅速实现拼车需求。拼车人只需要支付一定的费用，就可以通过拼车公司或公益组织快速地实现拼车[12]。在中国，虽然拼车有着巨大的社会需求，但由于现有法律、政策等制度的不完善，使拼车面临着众多困境。例如根据《中华人民共和国道路运输管理条例》，车辆未取得道路运输经营许可从事道路运输经营属于非法经营行为，由于私人小汽车没有获得道路许可证，因此拼车时如果收费，即使不以营利为目的，也属于非法营运。因此，交通部门一旦遇到此类行为，将会按照我国有关法律规定予以处罚。因为受法律的限制，很多有拼车意向的人都望而却步[13]。

2. 社会创新的资源支持

社会创新需要借助各种社会资源，尤其是政府的支持。上海公共自行车租赁系统在闵行区第一期的 86 个站点建设中，通过政府协调，很顺利地在几个地铁站出口服务最便利的黄金地段得到了相应的用地使用权，并且成功进入了围绕站点的主要居民区布点，从而在很短的时间内完成了若干个自我循环的公共自行车使用系统。而方舟公司作为完全私人资本运营的公司，参与公交服务难能可贵，但如何在提供公共服务的同时，实现自身的生存和发展，成为公司管理层需要考虑和解决的核心问题。公司从 2008 年 7 月进入这一行业以来，至今已耗资 1 000 多万元，企业一直在亏损。为改善经营状况，公司对租赁点布局、经营模式进行了积极的探索。然而由于缺少政府的有效支持，自行车及其系统缺少新技术的应用，经营的经济状况并不理想，这又导致服务质量的下降。简陋的设施，低品质的自行车很难吸引出行者使用。希望以广告补贴运营的措施又会导致企业更多地关心地盘和规模的扩张，而不注意自行车服务质量的提高[14]。

3. 社会创新的不确定性和风险

杭州公共自行车服务项目在设立之初，就提出不花纳税人的钱，通过广告经营等实现自收自支。但 2009 年 1 至 6 月就亏损 147 万元。而且，随着租车市民的增加，公共自行车管理问题也不断涌现出来。越来越多的市民反映借还车难、维修难、营业时间过短等。

杭州市公共自行车服务的初衷是解决公共交通“最后一千米”的服务问题。但在服务的实际运行中有大量的市民将其作为“门到门”

的交通工具使用。这使得在公共自行车服务点的规划与设计要有所改变。在自行车服务点的设置过程中，不但要考虑与公交站点的衔接换乘，还应当考虑与市民居住、工作地点的耦合，最大限度的满足市民需求。其次，还应当增加租用自行车的种类，考虑不同使用人群的特征，尤其是老人与带小孩的自行车租用者。

4. 社会创新的制度化

社会创新能否从边缘走向主流，取决于创新是否具有一定的可行性和推广价值。现实中尽管有很多社会创新出现，但往往昙花一现，无法形成一种较为可行的成熟模式。武汉常青花园社区开展的邻里合乘活动，可以说是在总结国内拼车实践经验的基础上，对拼车常态化的一次成功尝试，有重要的借鉴意义。这项探索具有三个特点：由社区组织拼车行动，统一对拼车信息进行管理，可行性和可靠性较强；由社区进行组织更容易调动其他社会资源包括政府支持者等，有利于拼车行动的开展；社区之间通常具有相似性，通过一定的宣传和影响，有利于拼车在其他社区的推广[15]。因此，有学者建议，政府将邻里合乘由原来的民间拼车行动提升为由政府支持、社区合作实施的拼车计划，从而实现拼车的常态化和全民化。

注释

1 司徒·康格《社会创新》，《马克思主义与现实》2000 年 4 期，35 页。

2 金吾伦《创新型国家的社会、人文诉求》，《中国科学院院刊》2007 年 6 期，450 页。

3 周若刚《社会也需要创新》，《南风窗》2006 年 11 期，70 页。

4 金吾伦《创新型国家的社会、人文诉求》，《中国科学院院刊》2007 年 6 期，448 页。

5 周若刚《社会也需要创新》，《南风窗》2006 年 11 期，71 页。

6 周若刚《社会也需要创新》，《南风窗》2006 年 11 期，71 页。

7 汤黎明、刘其华《邻里合乘——社区拼车常态化的探索》，《城市交通》2010 年 6 期，29 页。

8 周江评《城市交通的绿色与平衡》，《城市交通》2010 年 6 期，1 页。

9 彼得 · 德鲁克《管理的前沿》，上海译文出版社，1999 年，68 页。

10 周江评《城市交通的绿色与平衡》，《城市交通》2010 年 6 期，1 页。

11 孔令斌《新形势下中国城市交通发展环境变化与可持续发展》，《城市交通》2009 年 6 期，16 页。

12 汤黎明、刘其华《邻里合乘——社区拼车常态化的探索》，《城市交通》2010 年 6 期，30 页。

13 丁洁蓉《我国拼车合法化的法律思考》，《浙江万里学院学报》2009 年 6 期，56-57 页。

14 潘海啸《公共自行车交通发展模式比较》，《城市交通》2010 年 6 期，41 页。

15 汤黎明、刘其华《邻里合乘——社区拼车常态化的探索》，《城市交通》2010 年 6 期，31 页。

第 4 章
工程、技术与城市风险

在经济全球化的背景下，大事件、巨型工程成为提升城市竞争力的战略性工具。以中国为代表的发展中国家，则是巨型工程建设的中心舞台。

巨型工程投资大，影响深远，需要对规划与建设进行认真的社会影响评价。

由于技术飞速发展与广泛应用，给城市带来根本性变化，城市被称为技术的城市。智慧城市就是最新技术发展与应用的产物。

按照德国社会学家乌尔里希·贝克的风险社会理论，技术的城市也是孕育着风险的城市。

大事件与巨型工程

一、大事件、巨型工程：概念及发展

所谓大事件，是指在特定的时间和空间中，一个国家、城市围绕某一目标而进行的具有全球性或重大影响力的社会活动，如奥运会、世博会等[1]。大都市委员会在《重大事件对大城市影响》的专题报告中提出了重大事件的五个标准：第一，事件的独特性；第二，需要大量投资；第三，影响城市持续的转变；第四，吸引大量游客；第五，吸引国际媒体报道。还有的学者认为，城市重大事件包含了以下特性[2]：（1）事件产生的影响具有时间上的长效性。（2）事件所产生的影响涉及城市之外的特定区域乃至全世界。（3）事件在时间跨度上有一定的稀缺性。（4）事件是经由人为主动策划、组织而诞生的城市行为。（5）重大事件具有活动性，即真正的城市事件应当是一个在某个空间范围内发生的人类活动的集合体。

巨型工程通常与大事件紧密相连，成为大事件的物质空间载体，并因其规模大、投资大、影响大的特点有力地决定着城市空间结构的重组、城市景观面貌的改变以及城市发展动力的集聚，进而深刻影响我们的城市和生活。对于何谓巨型工程，美国联邦高速公路管理委员会给出了相对完整的表述，认为巨型工程是指投资超过 10 亿美元的重大基础工程，或者对社会、环境和预算有显著的直接和间接影响，并具有较高公众关注度和政治效益的、投资较大的工程[3]。不过，投资规模只是定义巨型工程的角度之一，对于发展中国家，例如中国而言，在城市建设中投资超过十亿美元的工程项目数量较少，但投资规模不足 10 亿美元，却对城市发展与开发产生重大影响，并具有较高公众关注度的工程数量，则相对较多，且类型也较为广泛。因此，巨型工程可以认为是投资规模大并对区域与城市发展、开发产生深远影响的各类工程[4]。具体而言，巨型工程具有如下特征[5]：（1）投资规模巨大。巨型工程投资规模大的特点，决定了其投资与实施主体多以政府、国家为主，需要资本和权力的通力合作。（2）建设规模普遍偏大，突出表现在建设的用地规模与建筑体量上。（3）建设周期相对较长，其中基础设施类和产业类巨型工程由于牵涉资金量与用地空间大，建设周期则更长，往往分若干期实施。较长的建设周期，使得巨型工程建设存在较大的风险（表4-1）。

表4-1 上海自20世纪90年代以来代表性巨型工程

类型	名称	开工时间	竣工时间	工程造价	其他
商业	上海中心大厦	2008年	2016年	148亿元	高度632米
	金茂大厦	1994年	1999年	50亿元	高度420.5米
	环球金融中心	2003年（复工）	2008年	73亿元	高度492米
交通枢纽	虹桥综合交通枢纽	2005年	2009年	474亿元	
	上海浦东国际机场	1997年	1999年	680亿元	
路桥	东海大桥	2002年	2005年	71.1亿元	全长32.5千米
航运	洋山深水港	2010年	2017年	700亿元	
娱乐	上海迪士尼	2011年	2013年	245亿元	
大事件	上海世博园区	2006年	2009年	200亿元	

资料来源：根据相关资料整理。

巨型工程一直与人类文明和城市发展息息相关，远至世界七大奇迹，近到伦敦水晶宫、巴黎拉德芳斯、悉尼歌剧院等，都是人类文明和城市发展的印证。近年来，随着全球化进程的不断深入，以及一批以亚太地区为代表的新兴工业化国家和发展中国家的崛起，巨型工程在世界城市体系重构过程中愈加扮演起至关重要的角色。新兴工业化国家试图通过城市巨型工程来彰显国家发展的实力，发达国家则意欲通过积极建设城市巨型工程来保持其在全球城市体系中的地位[6]。因此，有研究者认为，20世纪80年代以来，全球经历了一个巨型工程的新时代，超高层建筑、大型集装箱港口、世界性枢纽机场、高速铁路、高速公路等巨型工程项目在全球范围内日益兴起，并且这一现象在亚太地区将继续占据主导地位[7]。

二、巨型工程动力及可能性

在全球化所带来的激烈竞争环境中，发展经济，提升城市竞争力，无疑是巨型工程建设的最大驱动力。（1）20 世纪 80 年代以来，西方国家许多城市经历了深刻的经济结构转型。尤其是去工业化进程不断加深，导致了普遍的经济衰退，失业率增加。地方政府期望通过巨型工程建设，促进经济增长，创造更多的就业机会。（2）作为城市营销的战略工具。通过建设雄伟、标新立异的建筑，改善、塑造城市形象，提高城市知名度，从而在全球资本快速流动的环境中，吸引更多外来投资，捕获到更多的发展机会。（3）通过巨型工程建设、城市更新促进城市功能调整和升级，以应对日趋激烈的城市国际竞争。（4）应对经济危机。如 2008 年下半年开始席卷全球的金融危机以及进而引发的全球经济危机，促使许多国家、城市通过巨型工程建设来拉动投资、扩大内需，作为摆脱全球经济危机的良策妙方。中国中央政府更是以 4 万亿元（各级地方政府则配套跟进了 18 万亿元）投资来拉动国内的经济，这其中大部分资金被投入巨型的基础设施和公共工程建设中[8]。

资本、技术、经验、人才的全球性流动则为世界范围内的城市巨型工程提供了可能性[9]。（1）跨国公司和全球金融资本是城市巨型工程的主要参与者或直接投资者，它们在全球范围内寻找重大基础设施、新区建设、城市更新等工程以实现资本增殖，直接催生了城市巨型工程建设市场的繁荣。（2）现代高科技、先进工程的巨大进步在技术上大力地推动了城市巨型工程的建设。中国近年来更是成为世界先进工程技术的“实验场”，一系列诸如世界最先进的建筑技术、工程结构等都在中国大规模的城市建设过程中得到应用。（3）文化和知识精英活动的全球化。在全球化世界高速信息与要素流动的时空压缩中，过去那些受制于地理界限而难以流动、善变的“地方特色”，已经不得不让步于“全球形式”，因而在世界范围内出现了文化价值观与审美取向的趋同。由政府、投资商和建筑师所组成的“精英意识流”在全球范围流动，为城市巨型工程的繁荣提供了动力和经验。城市空间及其巨型工程的塑造者，正是由那些现代城市领导者、全球知名投资商、世界著名建筑师所组成的共同体。

政治权力、意识形态在巨型工程建设中扮演着重要的角色。在集权体制下，民众往往对于巨型工程有着本能性的喜爱，会投入更大的热情去支持巨型工程建设。如果集权化程度低，有时就会遇到很大困难。日本成田机场就是一个极具代表性的例子。早在 1962 年日本就已决定修建成田机场，但遭到当地农民的强烈反对，双方始终无法达成协议，期间政府与当地民众冲突不断，甚至曾造成多名警察与民众死亡。最终政府没能按照原计划进行修建，三条跑道只修建了一条[10]。另外，一些日渐崛起的发展中国家和地区，在经济发展取得一定成就后，迫切希望提升其在全球范围内的地位和影响力，展示其宏伟的民族志向，往往采取投入巨额资金建设城市巨型工程的策略。快速成长的经济和不断彰显国家形象的强烈愿望，使得中国近年来更是成为巨型工程建设的主战场。

三、巨型工程的运作机制

在全球化竞争和地方发展的压力下，城市政府与开发商、投资商为了通过城市巨型工程建设来实现城市增长和攫取利润的目标，必然倾向于结成庞大而目标明确的短期“城市增长联盟”[11]。也就是由坚持从发展中谋取利益的那些人所组成的联盟。这些联盟不仅包括地方企业家，还包括他们的承包商、银行、建筑设计事务所、工程建筑公司和广告公司，以上这些企业的员工及其所组成的公会、地方媒体、公用事业公司以及认为增长将为其带来更多商机的零售商，还有政客——他们认为以增长为导向的利益集团将是其在地方开展竞选活动的最大赞助者。增长联盟具有无法匹敌的资源或持续不断的动力来影响地方政府决策。公众虽然受到发展计划的威胁，常常会动员起来对此进行抵制，但这种零散的公众参与抵制的运动根本就无法与拥有源源不断、雄厚财力的增长机器相抗衡[12]。不过，由于巨型工程投资规模巨大，建设周期很长，所面临的环境处于不断的变化之中，以及多元参与主体、复杂利益格局、纷繁的政治诉求以及激烈的竞争合作，增长联盟极不稳定且具有易碎性，这也使得巨型工程存在较大的风险。如2012年伦敦奥运会的场馆建设规模就不得不因为私人投资的收缩和退出而大大削减建设计划，原先政府、投资商为此而结成的增长联盟近乎解体[13]。

全球化时代几乎绝大多数建设巨型工程都是由地方政府提出的，并且容易获得地方各种政治力量的大力支持。因为政治家们一些特定的政策目标，例如城市复兴的任务，往往需要借助于通过城市大事件和一系列的巨型工程来带动。在巨型工程建设的过程中，政治家们可以借此来大大增强他们对政治承诺、公众支持、巨额资金、行政裁量、组织能力等方面的影响能力[14]。但随着市民社会的兴起、民权运动、环保运动、历史文物保护运动等的出现，迫使城市政府在提议修建这些巨型项目的过程中，不得不调整选址方案、规划方案、融资计划等，尽量减少损坏，将公众的抗议减少到最少[15]。

四、有关巨型工程的争议

巨型工程对城市发展与开发的影响是巨大而深远的。从积极方面看，主要包括三方面：（1）推动地区经济发展和生活水平提高。如筑波世博会场所被改造成为一系列产业、研究开发、文化娱乐设施，推动了筑波及其周边地区的发展，成为加速日本产业结构调整的催化剂。（2）带动城市开发与空间拓展。许多巨型工程建设地，往往演化成为一个新城或者城市重要的功能区域。此外，诸如高速公路网、轨道交通网等巨型设施的建设，也为城市区域的空间拓展创造了时空条件，促进了多核心巨型城市区域的形成[16]。（3）推动了基础设施建设，提升了城市的品质与形象，为城市带来新的发展机遇。上海为了打造国际金融中心，在浦东建设城市中央商务区，形成一个兼具真实性和象征性的节点，吸引全球经济力量，逐步发展为全球性的指挥和控制中心。而国际枢纽航空港、集装箱枢纽港和与国际光缆网络相连的信息中心的建设推动了上海与全球城市的接轨，并在全球化过程中发挥更重要的作用[17]。

城市巨型工程在促进城市发展的同时，也不可避免地带来了诸多经济与社会问题。虽然倡导者往往强调巨型工程刺激地方经济发展和社会繁荣、提升城市形象、吸引投资、增加就业机会、促进旅游业发展，但事实上耀眼的巨型工程隐藏着巨大的经济风险[18]。例如城市巨型工程对于创造就业和促进所在地区、城市经济增长的作用有时是十分有限的，而且还会给城市留下长久而沉重的财政负担。另外，巨型工程建设还会导致福利性项目和预算缩减，地方物价、房价生活成本攀升，以及公众参与不足对社会公正与和谐的破坏，社会极化与空间分化等一系列社会问题。此外，巨型工程常常是一种外来的强制性空间植入，是一种在短期内巨大改变城市景观的行动，它由于缺少对地域文化构建的认同而倾向于创造通式化的“全球化景观”，因而必然导致人们场所感的缺失和空间二元景观、结构“马赛克”效应的加剧[19]。因此建立有效的管理机制和严格的监管机制、进行周密的补偿计划等将成为巨型工程研究的主要命题[20]。

注释

1 张京祥等《全球化时代的城市大事件营销效应：基于空间生产视角》，《人文地理》2013 年 5 期，5 页。

2 吴志强《重大事件对城市规划学科发展的意义及启示》，《城市规划学刊》2008 年 6 期，17 页。

3 赵玉宗《全球化、城市化与巨型工程》，《城市规划》2006 年 3 期，57 页。

4 张如林《巨型工程与城市发展》，《城市问题》2009 年 2 期，37 页。

5 张如林《巨型工程与城市发展》，《城市问题》2009 年 2 期，38 页。

6 王莉莉、张京祥《全球化语境中的城市巨型工程及其效应透视》，《国际城市规划》2008 年 6 期，53 页。

7 赵玉宗《全球化、城市化与巨型工程》，《城市规划》2006 年 3 期，57 页。

8 张京祥等《全球化环境中城市巨型工程的多维透视》,《人文地理》2009 年 4 期，2 页。

9 张京祥等《全球化环境中城市巨型工程的多维透视》，《人文地理》2009 年 4 期，3 页。

10 杨芳军《对巨型工程社会功能的分析》，《经济论坛》2010 年 10 期，200 页。

11 张京祥等《全球化环境中城市巨型工程的多维透视》，《人文地理》2009 年 4 期，4 页。

12 艾伦·阿特舒勒、大卫·吕贝罗福《巨型项目：城市公共投资变迁政治学》，格致出版社，2013 年，79 页。

13 张京祥等《全球化环境中城市巨型工程的多维透视》，《人文地理》2009 年 4 期，4 页。

14 张京祥等《全球化环境中城市巨型工程的多维透视》，《人文地理》2009 年 4 期，3 页。

15 艾伦·阿特舒勒、大卫·吕贝罗福《巨型项目：城市公共投资变迁政治学》，格致出版社，2013 年，序。

16 张如林《巨型工程与城市发展》，《城市问题》2009 年 2 期，38 页。

17 张成、张晓明《全球化背景下长江三角洲巨型工程建设研究》，《长江流域资源与环境》2006 年 6 期，779 页。

18 张京祥等《全球化环境中城市巨型工程的多维透视》，《人文地理》2009 年 4 期，4 页。

19 张京祥等《全球化环境中城市巨型工程的多维透视》，《人文地理》2009 年 4 期，5 页。

20 王莉莉、张京祥《全球化语境中的城市巨型工程及其效应透视》，《国际城市规划》2008 年 6 期，57 页。

世博会与上海

随着世博会于2010年10月落下帷幕，后世博时代的到来，“世博会给予了上海什么”成为全社会关心和热议的焦点。比照世博会历史可知，世博会对于举办国和举办城市的发展，既有申办时的先发拉动效应，又有筹办时的直接拉动和间接拉动效应，更有结束后较长一段时期的持续后发效应。而后续效应往往是世博会之于主办城市的最深远影响所在。比如，1889年法国巴黎世博会建造的埃菲尔铁塔，如今已成为法国和巴黎的象征；1970年日本大阪世博会后形成了“关西经济带”，如今成为日本重要的经贸中心，促进了日本经济的持续增长；2000年的德国汉诺威世博会，最终确立了汉诺威作为全球会展业龙头城市的地位[1]。那么，2010年世博会，又为上海留下了什么呢？

一、一个新的发展理念

一个新的发展理念集中体现在上海世博会主题“城市，让生活更美好”之中。众所周知，“城市，让生活更美好”这一世博会主题孕育的核心思想是：什么样的城市让生活更美好？什么样的生活观念和实践让城市更美好？什么样的城市发展模式让地球家园更美好？这一主题将“城市”与“生活”并列，将“城市发展”的落脚点放在“更美好的生活”之上，体现的不仅仅是人类追求未来更加美好的生活这一共同愿望，从更深层次上来看可谓发展中国家在应对城市化过程中所提出的一种“生活政治”方略。

“生活政治”范式见诸英国社会学家安东尼·吉登斯的系列著作中。吉登斯所说的生活政治是针对后传统社会中解放政治[2]所面临的种种困境而言的。他把我们现今所处的社会称为后传统社会，在这样的社会中，无论是个体之间的依赖度，还是个体与全球之间的联系，都比以往任何时候关联紧密。由此伴生的社会生活的复杂性和多变性加剧了我们所处时代的风险和不确定性，而这种风险与不确定性又进一步引发了社会生活全面而深刻的变迁。社会生活的高度反思性所引发的制度层面、日常生活层面、乃至个体和自我层面的根本性变迁使得“我们如何生活”这一问题在后传统社会中日渐突显出来，并且成为一个重大的政治议题。在这样的现状与背景之下，传统的解放政治显得力不从心，它非但无法指引人们走出后传统社会的种种困惑，甚至本身还成为“制造自我压迫而不是自我实现的机制”[3]。也正是在现有的解放政治机制无法应对来自后传统社会日益增大的风险和不确定性，无法解决“我们如何生活”这一重大议题，从而无法满足身处这一时代的人们根本需要的前提之下，一种新的政治参与形式与方案——生活政治——应运而生。在吉登斯看来，生活政治就是要避免解放政治的宏大叙事，关注解放政治不曾关注甚至不屑关注的问题，把生态、自我认同、生活方式的选择等微观政治问题与国家权力、制度、阶级等宏观政治问题结合起来，最终将人从现代社会形形色色的压抑下解放出来[4]。

关于何谓生活政治，其实质和关注的对象是什么，吉登斯指出，生活政治以“我们如何生活”作为问题的出发点，以生活方式的选择为手段，以重构我们时代的道德和解决生存问题为目的[5]；相对于解放政治将捍卫人们的生活机会视为根本目标而言，“生活政治不是属于生活机会的政治，而是属于生活方式的政治”[6]。与此同时，吉登斯还强调，虽然生活方式是关于生活的选择与决定，但“这些决定几乎总是政治性的，并具有伦理或价值尺度”[7]。这是因为，后传统社会是一个全球社会，个人活动与全球问题紧密关联。因此，个人的生活方式已然不只是关乎自己的私人问题，个人的生活决策将超越局部的范围，进而直接或间接地影响到他人乃至后代的利益。当“我们如何生活，选择什么样的生活方式，树立什么样的消费观念，培养什么样的消费习惯，拥有什么样的道德情怀，已远远不只是一些个人性的问题，而是一个关涉他人及全球的问题”时[8]，以“我们怎样生活”为主要议题的生活政治更加显现出了无比重要的意义。总之，“生活政治”吸引我们将注意力转向日常生活的实践和个体的内在情感及心灵体验，它为我们提供了一种思考并探索新型生活方式与体验的可能路径。

如果说吉登斯的生活政治范式是着眼于当代西方发达国家进入后传统时代这一高度发达的社会而言的，那么以城市化、城市生活为关切点的上海世博会主题——“城市，让生活更美好”——则可以说是针对目前全球，尤其是对于诸多处于大规模城市化阶段的发展中国家面临的普遍的城市化困境（社会发展困境）而提出的一种政治方略。

相关数据显示，目前世界人口的增长几乎都集中在城市。全球城市人口比重已从1950年的29%上升至2000年的46%。据估计，到2050年，这一比重将增至70%。届时，全球城市人口将达到60亿[9]。其中，亚洲、非洲和拉丁美洲的城市人口增长尤其迅猛。到2030年左右，发展中国家的城市人口将占全球城市总人口的五分之四。在亚洲和非洲，人口增长模式将改变有着千年历史的传统模式，转而向城市化发展。在这个城市化进程成为全球化最为重要的社会、政治和文化产物的时代，思考“城市究竟应该怎样发展，我们究竟追求一种什么样的生活、期待一个怎么样的世界”这些问题迫在眉睫。诚如文化部长孙家正所言：“如果这些带有根本价值取向的发展理念没有搞清楚的话，那么我们的一切努力很可能都会南辕北辙。把这些问题想清楚、解决好，其意义将会远远超出世博会本身。”[10]而“城市，让生活更美好”，则定位于城市化时代，着眼于城市生活这一微观层面，思考城市生活方式这一关键性问题，并从科技、文化、环境、人际关系等各个维度探索城市如何和谐发展、城市如何让生活更加美好这一关切日常生活和平常人的普世性问题，可谓是由发展中国家所提出的另一种生活政治。作为一种生活政治，它至少涵盖了以下三个层面的要义。

1. 以人为本，以生活为中心的发展模式

“城市，让生活更美好”，与古希腊哲学家亚里士多德的名言“人们来到城市是为了生活，人们居住在城市是为了生活得更好”，有异

曲同工之妙。然而，自城市化进程日渐加快以来，伴随各种城市病的爆发，越来越多的人开始怀疑城市和城市生活。有学者曾对发达国家城市中人们的态度进行调查，结果显示：大部分的人认为城市生活是不令人满意的。只有 1/5 的美国人认为城市代表了最好的居住环境，另外 30%的人喜欢郊区的环境，44%的人喜欢小城镇或乡村的环境。欧洲的调查也显示出类似的对城市充满反感的倾向[11]。越来越多的人进入城市，但越来越多的人却表现出对城市生活的厌恶，在这样的悖论下，甚至有人将城市的发展视为一种“必要的罪恶”，而绝非改善人类生活质量的途径。可见，长久以来的城市化都忽视了作为其主体的“城市人”的切身感受，片面的城市经济发展都在某种程度上以牺牲“城市人”的生活质量为代价。而“城市，让生活更美好”，作为一种生活政治，要求摒弃以往“喧宾夺主”的城市化发展模式，着重关注作为城市化主体的“城市人”的内在需求，充分认识到“更美好的城市生活从根本上说必须有利于‘城市人’的自我发展和自我实现”这一最为关键的问题。诚如联合国人居组织 1996 年发布的《伊斯坦布尔宣言》所言：“我们的城市必须成为人类能够过上有尊严的、身体健康、安全、幸福和充满希望的美满生活的地方。”这是城市发展的目标，更是上海世博会主题关注和努力的重点。

2. 低碳、节能、环保的生活方式

在消费取代生产成为社会的中心之后，生活方式的选择对可持续发展显得至关重要。我们如何生活，选择什么样的生活方式，树立什么样的消费观念，培养什么样的消费习惯，都已远远不只是一些个人性的问题，而是一个关涉他人及全球、事关后代与未来的可持续发展议题。一些国家以保持他的高耗能、高物质生活方式作为发动战争的合法化依据就是明证[12]。与此同时，高耗能的生活方式会不可避免地加剧对自然资源的掠夺，使得环境问题日益严峻，生态危机一触即发。

上海世博会不仅从理念层面倡导“低碳、节能、环保”的城市生活方式，更从行动层面践行了“低碳、节能、环保”这一办展理念。

上海世博会的选址，从原来的郊区绿地改为黄浦江两岸的工业地带，通过世博园区的布置将原先受污染并布满工厂、仓库、码头的滨江工业地带转化为城市公共开放空间，就是一个城市可持续发展的范例[13]，也是“低碳、节能、环保”的城市改造典范。此外，无论是场馆的设计、建设和后续利用，还是馆内建材、能源和经营方式，都是对这一理念的生动阐释。落实到“城市人”这一行为主体和具体的日常生活层面，其所倡导的“乐活”理念下的新型现代化生活方式将是未来“城市人”的生活主旋律。“乐活”宣言是对未来个人管理的全新挑战，它拒绝“高消耗”的生活方式，引导人们规避在人均排放上走先上升后下降的原始道路，而是倡导从始至终的“低炭型”个人生活方式。

3. 实现“城市，让生活更美好”的行动方案

上海世博会不仅提高了公众面对“城市时代”中各种挑战的忧患意识，也试图提供可能的解决方案。诚如上海世博局前副局长黄耀诚所言：“‘城市，让生活更美好’将给世人展示一个直观的、具体的、而且可能是并不遥远的未来城市居民生活的样本，简言之，从小处说，是百姓的衣食住行，从大处论，则是人与城市乃至社会的和谐相处。”对此，上海世博会主题更是从各个细微层面做了阐释，通过寻求城市多元文化的融合方式、城市经济的合理发展模式、科技创新对于城市发展以及城市问题解决的推进、城市社区的重塑和城乡关系的协调，勾勒了“城市，如何让生活更美好”的发展蓝图和实践途径。

当一届世博会从单纯的展示和炫耀上升为一种智慧思考的时候，世博会才能真正做到成功、精彩、难忘，因为它拥有了灵魂的力量，而主题则是这种智慧思考的结晶。从这个层面来看，上海世博会成功地以“城市，让生活更美好”这一直接影响着大约2/3世界人民的主题，开创了一次有关人类城市现状和前景的划时代的讨论，提出了一种关涉全球绝大多数国家和人民的生活政治方略。它通过对城市发展与城市人自我实现的思考、对城市生活方式选择的反思、对城市如何让生活更美好的探索，诠释了发展中国家如何应对城市化的生活政治方略，

提出了一种落脚于“城市人和美好城市生活”这一关涉绝大多数人利益的发展理念。它所传达的理念和方略不仅会影响国际层面的活动和我们的日常生活，更会影响到我们的生活方式和看待世界的方式，从而令现实具有昭示未来的潜力。

二、一个新的城市中心

一个新的城市中心寓指随着 2010 年上海世博会的举办和后世博效应的持续延展，上海的城市中心可能再度发生转移，并促成上海都市文化的嬗变，进而不断丰富“上海”的内涵。

上海发生根本性改变始于 19 世纪中叶被迫开埠和设立租界。鸦片战争后清政府的一系列举措在使封建中国走向没落的同时，却使上海得以发展成为一个与传统中国城厢有着截然不同韵味的城市，既被称为“近代中国的钥匙”“近代中国的熔炉”，又有着“东方巴黎”“西方纽约”的美誉。在城市空间上，城区疆域的扩大，大量西式建筑的出现、近代化道路的密布使上海逐渐形成了近代西式的都市风貌。而在城市文化上，则形成了一种中西合璧的“海派”都市文化。

近现代上海的城市变迁过程同样伴生了其较为明显的城市中心转移过程。倘若梳理一下近现代上海的城市发展历程，可以比较明显地发现几个关键的时空节点，它们在很大程度上可以被认为是上海不同时段城市中心的代表：开埠之前（即上海县城）——豫园、城隍庙地段；开埠后（租界发展）——外滩地段；民国上海特别市时期——江湾五角场（“大上海计划”中的新上海市市中心）；新中国成立至 1990 年代——人民广场；改革开放、浦东开发——外滩、陆家嘴中心商务区[14]。可以说这些曾经或当下的城市中心，基本勾画出了近现代上海城市格局的变迁过程和城市中心的转移轨迹。而从更深层次上来看，这种变迁和转移所隐含的则是多种不同文化的竞争和角力过程。

代表传统文化的豫园、城隍庙是开埠前行政统一的上海县城的象征。开埠前的上海社会已经具有五方杂处的特点，并呈现出商业文化的特征。相较于受中国正统文化制约较强的其他城市，当时的上海县城的文化特点可以概括为“边缘性、后起性、宽容性和开放性”[15]。豫园、城隍庙不仅在当时上海县城的地理空间中居于中心位置，而且在县城官民的信仰和社会政治空间中同样占据着极其重要的地位。旧上海的城隍庙是广大民众举行各种习俗仪典活动的庙园节场，在加强民众联系以及他们对城市传统生活和文化的认同方面扮演着重要角色。它最终成为上海县城的城市和社会文化中心，实际上也是开埠前旧上海的传统封建生活和社会文化占据统治地位的集中体现。开埠和西方租界的设立几乎颠覆了上海传统的城市格局和社会秩序，将其发展带向另一个方向，使其由一个传统市镇向近代化大都市迅速转型[16]。租界的兴起和发展，不仅使西方的文化观念伴随着资本主义的物质文明一起而来，也使得外滩、南京路成为经济繁荣的大上海的象征。随着代表封建统治和传统文化的上海县城偏移至体现资本主义都市文明的十里洋场中，受西方物质文明和制度影响而形成的中西兼容的新型都市文化逐渐成为上海文化的主体；传统文化悄悄退至边缘，变成了近代上海都市文明中的一个补充注脚[17]。虽然租界的发展使得上海城市空前繁荣，但它始终是一种丧权辱国的历史象征。随着清政府的覆亡、中华民国的建立，收回租界成为捍卫主权独立和领土完整的有力呼声，在这样的政治和民族形势下，江湾五角场成为当时的上海特别市市政当局试图实现市政空间转移与中国文化复兴的一种尝试。当局一方面希望通过建设新的市政中心以及推行新的上海建设规划，从而树立以国人为主导的上海都市空间新格局；另一方面也希望借机重新书写上海的文化身份。中华人民共和国的成立标志着上海空间和文化中心的第三次转移，作为资本主义腐朽生活象征地的跑马场成为被称作人民广场的城市中心，上海的城市空间被政治主题所主导，城市建设和都市文化的发展也陷入了低迷。直到改革开放重新确立了经济建设的中心地位，上海才重新焕发出昔日的光彩。随着外滩重新成为金融街以及浦东陆家嘴金融贸易区的建设，上海的都市空间重新聚焦在跨黄浦江两岸的中心商务区，城市空间和文化建设重拾旧日辉煌。

上海近现代城市中心的转移、城市空间主导景观的流变，反映的实质上是城市文化主题的变迁，突显的是这样一些问题：究竟是谁主导着上海城市形态的发展？谁的空间形象代表着上海？在特定的历史沉浮中，哪里才是上海城市的重心所在？而在这一过程中，建筑物及相应的城市景观已然成为经济、文化、社会等多种因素在城市空间上的诠释。今天的上海，以经济的快速发展成为全球城市的最大亮点。然而作为不同文化争夺场所的上海，经济的强大是否一定带来文化的繁盛和其文化身份的清晰？究竟什么样的空间景观及其所表征的文化形态，才应该是上海意象的主导？究竟怎样的都市空间和建筑风格呈现方式，才能代表上海崛起的都市经济和相应的都市文化？在走过传统的豫园、城隍庙，走过作为近代上海城市生活与先进市政发祥地、并有“万国建筑博览会”之称的外滩，走过政治色彩浓厚的人民广场和作为经济崛起象征的浦东陆家嘴之后，世博会的召开以及世博园区的后续开发和利用为上海新城市中心的诞生和发展提供了契机。

举办世博会对于上海城市文化的发展具有极大的推动和促进作用。从 1851 年伦敦万国工业博览会至今，世博会已经走过了 150 余年的历史。“世博会从一开始就把自己定位于文化而不是商业博览会，从一开始就确立起有别于其他任何博览会的文化性格”[18]，而这种文化性格无论是之于世博会本身，还是举办国和主办城市，都会形成一种强大的文化推动力。曾如有关专家所言：“不管外形如何，世博会的核没有变……它打动人们内心的是一种极其朴素的价值观：寻找通向未来的方法。所以说，世博会的形式是展会，表现手段是科技，其背后支撑的则是文化。”[19] 从另一个角度来看，现有的具有世界影响力的大城市中，不论是综合型国际大都市还是专业性中心城市，高度繁荣的文化是这些城市极为重要的共同特征，具体表现为城市中有一流的文化机构、文化组织、文化设施，有丰富多样的文化活动，有强大的文化辐射和集聚功能等[20]。作为在不平等条约之上从一个传统市镇迅速发展为远东乃至世界上屈指可数的大都市的上海，曾经是中国本土文化与外来文化、东方文化与西方文化交流的前沿。作为远东的国际金融中心、贸易中心和经济中心，同时作为中国近现代的文化都市，上海形成了其“开放、包容、多元”的文化特质和“精明干练、海纳百川”的城市性格。应该说，现在上海的文化发展已然具备了相当的规模和效益，但与世界文化大都市相比，却还存在较大的差距。而世博会的举办无疑在促进了上海公共文化服务体系、文化产业体系、文化生态环境和文化设施体系建设的前提下，最终促成其文化发展格局的完善和提升。

同样，世博会的举办还为城市文化基础设施的完善提供了机会。上海世博会规划场地，位于黄浦江沿岸，卢浦大桥与南浦大桥之间的滨水区，地处上海城市中心，规划控制范围为5.4平方千米。世博会的主要展览场地、世博村和停车场设在浦东，用地面积为3.4平方千米。黄浦江西岸的2平方千米主要作为文化娱乐设施用地。上海世博会打破了历届世博会在居民稀少的空旷场地兴建园区的惯例，所选择的地区既是中国近代工业的发源地、上海市中心最主要的污染源，也是上海城市总体规划将要进行旧城改造的地区。这样的选址方案无疑是促进污染工厂搬迁和推进新一轮旧城改造的两全方案，也从实践层面呼应了世博会主题，体现了对更美好的城市和更美好的生活的追求。更为重要的是，上海市总体规划将这一地区确定为在世博会结束后向市民提供高质量的公共文化活动设施和活动空间的场所。黄浦江两岸地区将开发大面积的生态绿地，规划建造一批现代化的大型文化展览设施：世博会中国政府馆将作为世博会展览馆向公众常年开放，使之成为上海著名的旅游景点；世博会展区的其他永久性场馆将结合周边的辅助设施，形成上海市的博物馆文化展览中心[21]。据上海世博会园区总规划师吴志强教授介绍，上海世博会落幕之后，围栏一拆，世博园区将融入上海大市政，扮演起上海商贸、展览、文化、会议中心区的角色。部分展馆和其他建筑将被保留并改造成旅馆和商业、文化、娱乐场所，或者改建为海洋博物馆、现代艺术博物馆、工业博物馆、办公楼或高科技孵化区；世博会议大厦和部分展馆将连接起来形成一个国际会展中心；综合体育馆可利用附近的多功能平台组织大型公共文化活动[22]。

不仅如此，世博会的成功举办还在理念和行动层面深化了上海的再城市化发展，一种不同于快速城市化过程中的那种硬质的城市化，而是一种软质的、以文化为主导的城市化[23]。在再城市化过程中，文化将被置于社会、经济及城市发展体系的重要地位，成为城市发展的动力和城市经济的组成部分。城市空间和城市产业将进行全面重组，文化事业将得到长足发展，并以此促进城市增长模式的转变，使城市的发展采取科学的增长方式，步入可持续的发展循环。

总之，世博会不仅仅有助于推动和促进上海城市文化的发展，改善上海城市文化发展的空间布局，催生以文化主导城市化的方式，更会催生一个以曾经的世博园区为基点的新城市中心，进而在上海都市文化建设和转型、重塑上海文化性格和形象上发挥重要的作用。

三、一个国际化的历史机遇

近代上海的崛起始于被迫开放和租界的发展，但这种扭曲的形式却在客观上促进了上海的现代化和国际化。短短几十年间，上海一跃成为国际大都市，并且在与西方物质文明和体制文明碰撞交融的过程中发展成为联结中西方文化的纽带。在各种西方建筑改变着上海的城市空间，使上海呈现出一种“世界主义”的景观之际，一种新型的世界观念也由此伴生，使得上海成为近代中国最西化、最时尚的城市。在全球大都市的网络中，上海既是中国的，也是世界的，既有着古老东方的神韵，又有着近代西方的摩登。如果说一百多年前租界的发展曾是改变上海城市版图和城市意象的契机，那么在上海后来的城市发展历程中，恐怕只有浦江两岸的开发，尤其是浦东的崛起才给上海带来了可与百年前的机遇相媲美的发展。虽然曾经的南京国民政府也致力于将上海建设成为国际性的工商、金融城市和现代国际第一流大都市；虽然改革开放后政府也意欲通过对人民广场的改造和外滩金融中心的复归再度为上海提供一次改变城市版图和城市意象的机会，但这些努力相比于上海曾经的繁华都显得有些苍白。当中国出于一种“自主选择”而非压迫，再次向世界打开国门之际，如何创造性地为上海今天的崛起和成为世界级大都市寻找合适且有力的契机，是一个几代人不懈探寻的问题。

如果说19世纪上海崛起的推力来自被迫开埠和租界的发展，20世纪上海发展的动力来自浦东开发，那么世博会无疑是21世纪上海走向国际化的天赐良机。世博会自其诞生以来，之所以具有如此之大的持续吸引力，显然不仅仅在于它给人们带来的视觉盛宴，更在于它所传达的价值和理念促使人类对自身、对世界、对未来展开持续不断的思考和深层意义上的反思，以及举办世博会对于塑造和传播国家（城市）形象，推动其扩大国际交流与合作的巨大作用。举办过5次世博会的日本正是借这个平台重新融入了世界，1970年的大阪世博会对日本国民素质教育产生了深远影响，伴随奥运和世博诞生的大批优秀企业，成为日本经济复苏的主力军，大批日本品牌借这些盛会走向世界。世博会更成为日本经济的助推器、普及科学的播种机，并造就了影响几代日本人的世博文化，“讲究效率、崇尚创新、追求卓越”的特质深刻地融入其民族精神之中。对当时的日本而言，世博会对内教育了大众，启迪了心智，帮助整个民族重拾自信，对外则重新树立了大国形象，成为日本战后崛起的重要标志[24]。法国巴黎同样是通过多次世博会的举办，成为世界文化传播的中心和时尚之都。而今，法国总人口不过6000万，但每年到法国游览的人次却有7000万，从这个意义上讲，法国每天都在举办世博会，巴黎也因此成为世界城市新潮文化、科技文明的引领者[25]。那么，世博会给上海带来的又是一个怎样的国际化机遇呢？

世博会有力地提升了上海的国际知名度。上海世博会吸引了189个国家、57个国际组织参展，其中还包括22个尚未与中国建交的国家；参加上海世博会的副总统以上政要达102批；有数十位外国国家元首、政府首脑以及重要贵宾出席了开幕式；参与本届世博会报道的中外媒体记者达1.4万人，其中境外媒体人员超过3400人；184天的展期吸引了海内外超过7000万人次前来参观[26]。前所未有的参展规模和国内外政要、媒体有形和无形地宣传都有力地提升了上海的国际知名度和美誉度。

世博会促进了上海与世界的交流，具体表现在贸易、科技、文化等多个方面。在经济贸易方面，世博会这一平台一方面为国外企业了解上海提供了良好机遇，大力宣传了中国的民族品牌，从而有利于扩大出口；另一方面也为国内企业了解国外发展动态提供了渠道，从而有利于吸引更多外商进行经济贸易合作。在科技与文化方面，世博会可谓各国绚烂文化与先进技术的大展示。以各国通过展馆设计对世博主题的演绎为例：俄罗斯展馆以“新俄罗斯：城市与人”为主题，以童话般的构思演绎主题，展馆塔楼的图案与色彩都充满着浓郁的俄罗斯传统文化色彩；印度展馆以“和谐城市”为主题，宫殿、寺庙、佛塔的设计洋溢着印度文化色彩；韩国展馆以“和谐城市，多彩生活”为主题，韩文字母外形的设计、首都首尔微缩景观的陈列、韩国生活场景的展示等，都充满着韩国文化意味；泰国展馆以“泰国特色：可持续的生活方式”为主题，塔状泰国式建筑的外形、泰国早期生活方式的呈现、傍水生息的传统理念等，呈现出鲜明的泰国文化色彩[27]。与此同时，各国场馆在新能源、生态环保、建筑节能、智能化技术、信息网络技术和新材料运用等方面，都有着诸多创新之处。这些有形物质成果、无形文化内涵以及高度创造力的展现，为上海学习世界先进文化、科技和理念提供了极其宝贵的机会。

世博会有利于提升上海乃至中国的国际形象。举办世博会本身就可以说是一种非常有效的城市营销手段。在这个营销过程中，上海的城市建设得以快速展开，城市功能得以迅速完善，并且有利于学习国际先进经验，促进上海熟悉国际惯例，加快与国际接轨的步伐。与此同时，通过举办世博会这样具有重大影响的国际文化交流活动，将有助于进一步提升上海作为国际交流中心城市的形象，加快上海建设成为世界级经济中心、贸易中心、金融中心和航运中心的步伐[28]，从而进一步提升上海的城市品牌和国际地位，推进上海城市现代化和国际化的进程。此外，国际上有关上海世博会的报道也有利于“上海形象”和“中国形象”的传播。上海世博会开幕前后，路透社曾发文称，“世界的目光将再次聚焦中国，上海世博会将为中国带来‘很多积极影响’。因此，对于日益关注其国际形象的中国来说，世博会意义非凡。无论是在经济还是文化领域，中国都已经成为一个举足轻重的世界大国，而世博会也将成为一个让世界改变对中国印象的良机”[29]。

世博会为中国搭建了开展文化外交的极佳平台，提升了中国从事文化外交的能力，对于未来中国与世界更为深入地良性互动奠定了扎实的基础[30]。世博文化外交作为一次史无前例的与国际社会的文化对话实践，不仅极大地促进了中国与世界关系的发展，让国民更为充分地理解到人类文化差异性的存在，更为实现全球化共治提供了宝贵经验。由于世博会的参展主体突破了国家和政府，包括了企业、街道、社团甚至普通公民，因此可谓中国历史上第一次全社会、大规模、全方位、零距离拥抱国际社会的契机。为期半年的世博会运营和管理，则是我国作为组织者与各参展国就世博大业实现“全球共治”的一种尝试。世博会的管理方式和管理文化说明，实现共治就要突破传统外交的博弈论定式，转向各参与主体就最高利益形成协商机制和妥协的氛围[31]。而世博会的成功不仅说明了中国具备运营国际盛会的能力，更展现了一种包容与合理妥协的大国情怀，从而让世界重新认识了中国。

总之，世博会带给上海的将是一个可与历史的曾经相媲美的国际化机遇；这个基于“自主的选择”和几经争取得来机会，铸就的将是一个既属于中国又属于世界的超级大都市。

世博会的历史经验告诉我们，举办世博会的精神遗产大过物质遗产。作为一个预示人类未来发展形态和生活方式的展览，它是人类文明发展方向的指引，是人类关乎未来生活的思考和探讨，而上海世博会则在传统与现代、东方与西方、民族与世界的凝集中，体现了一种“以人为本，创造性开发，让人们的生活更美好”的质朴精神和理念。上海在为举办世博会、演绎好世博主题的过程中所采取的种种措施——市政基础设施和社会公共设施配套、城市功能和环境提升、历史文化风貌保护等——都将在有意与无意之间催生一个新兴的城市中心。与此同时，在经济、社会综合实力得以提升，文化理念和文明得以传播之际，上海作为曾经的远东大都市，迎来的将是又一次国际化的历史契机。

在城市发展的历史上，上海历来就是一个充满传奇色彩与活力的城市。作为一个港埠城市，她曾是最先接触与引进外国文化与技术的地方，是东西方文化交流的窗口。诚如1934年有人撰文所写的那样："上海是中国'外国化'到最极度的地方，一切新兴的东西，物质的、精神的，都由上海发动，然后推到全国去。虽然所谓新文化运动的五四运动发源于'北京'，1926年国民革命发难于广东，可是上海仍是中国工、商、经济、文化、出版界的中心。从物质文化方面看，从非物质文化方面看，上海都是中国的头脑。"[32] 而今，当她再度借着世博之机，以开放、创新的姿态面向世界时，世博会之于她的将是又一次文化理念创新、城市空间发展以及领引国际潮流的传奇。

注释

1 洪浩、肖林《世博会对上海城市的深远影响》，《上海教育》2010年2期，4页。

2 吉登斯所说的解放政治具体可归纳为以下两种情形：一是从传统习俗、宗教和自然中解放出来，二是从人对人的奴役中解放出来，最终使人成为支配自然与社会的主人。解放政治的目的有二：其一，就是要冲破传统、宗教与自然对人的普遍奴役和束缚；其二，就是要减少不平等，消灭剥削与压迫，获得自由、平等与正义，最终把处于阶级和社会不利地位中的个人或群体从他们不幸的社会处境中解脱出来。吉登斯认为，由于受工具理性的思维方式和功利主义的价值态度的左右，解放政治把不平等仅仅指涉为外在物质方面和政治地位的不平等，而没有或较少考虑到个体自我的内在情操、心理体验等精神层面的不平等。因此，在解决不平等问题方面，只注重消除政治、经济、物质层面的不平等，而没有顾及发生在微观层面，尤其是情感领域中的不平等现象。

3 吉登斯、皮尔森《现代性——吉登斯访谈录》，新华出版社，2001 年，6 页。

4 胡颖峰《论吉登斯的生活政治观》，《社会科学辑刊》2009 年 4 期，1 页。

5 许丽萍《吉登斯生活政治范式研究》，人民出版社，2008 年，99 页。

6 吉登斯《超越左与右——激进政治的未来》，社会科学文献出版社，2000 年，14 页。

7 吉登斯《失控的世界》，江西人民出版社，2001 年，115 页。

8 许丽萍《吉登斯生活政治范式研究》，人民出版社，2008 年，153 页。

9 上海市政府新闻办公室《大海的激荡人类的追求——世界百位名人谈上海世博》，上海译文出版社，2010 年，255 页。

10 上海市政府新闻办公室《大海的激荡人类的追求——世界百位名人谈上海世博》，上海译文出版社，2010 年，419 页。

11 保罗·诺克斯、史蒂文·平奇《城市社会地理学导论》，商务印书馆，2005 年，196 页。

12 许丽萍《吉登斯生活政治范式研究》，人民出版社，2008 年，153 页。

13 郑时龄《2010 年上海世博会的启示》，《时代建筑》2011 年 1 期，42 页。

14 张晓春《文化适应与中心转移——近现代上海空间变迁的都市人类学研究》，东南大学出版社，2006 年，前言。

15《上海通史》编委会《上海通史》第九卷，上海人民出版社，1999 年，引言。

16 张晓春《文化适应与中心转移——近现代上海空间变迁的都市人类学研究》，东南大学出版社，2006 年，15 页。

17 张晓春《文化适应与中心转移——近现代上海空间变迁的都市人类学研究》，东南大学出版社，2006 年，41 页。

18 吴建中《世博会主题演绎》，上海科学技术文献出版社，2008 年，5 页。

19 胡劲军《人类的沟通盛会，文化的传播平台——浅析世博会的跨文化传播效应》，《新闻记者》2007 年 11 期，12 页。

20 钱泽红《2010 世博会对上海城市文化发展的影响》，《文化艺术研究》2008 年 2 期，27 页。

21 钱泽红《2010 世博会对上海城市文化发展的影响》，《文化艺术研究》2008 年 2 期，28 页。

22 中国 2010 年上海世博会申办委员会《中国 2010 年上海世博会申办报告》

第 1 卷，2002 年，152 页。

23 郑时龄《2010 年上海世博会的启示》，《时代建筑》2011 年 1 期，42 页。

24 胡劲军《人类的沟通盛会，文化的传播平台——浅析世博会的跨文化传播效应》，《新闻记者》2007 年 11 期，13 页。

25 胡劲军《人类的沟通盛会，文化的传播平台——浅析世博会的跨文化传播效应》，《新闻记者》2007 年 11 期，13 页。

26《上海世博会参展规模创历史记录》，中国新闻网，2010 年 1 月，22 页。

27《世博会效应与上海转型发展——杨剑龙教授在上师大演讲》，《解放日报》2010 年 12 期，12 页。

28 钱泽红《2010 世博会对上海城市文化发展的影响》，《文化艺术研究》2008 年 2 期，27 页。

29《外媒看世博 亮出最友好面孔，开一场“交际派对”》，《人民网》2010 年 4 期，30 页。

30 徐波《上海世博文化外交探析》，《国际展望》2011 年 2 期，73 页。

31 徐波《上海世博文化外交探析》，《国际展望》2011 年 2 期，73 页。

32《世博会效应与上海转型发展——杨剑龙教授在上师大演讲》，《解放日报》2010 年 12 期，12 页。

迪士尼与上海

一、世界第六个迪士尼

从1955年第一座迪士尼乐园开始，美国的主题乐园业便迅速发展起来，到了20世纪70年代美国的主题乐园建设潮达到高峰，国内市场也趋于饱和，迪士尼便开始计划开拓海外市场。

作为20世纪80年代仅次于美国的经济大国，日本成为建设海外迪士尼乐园的首选之地。日本迪士尼乐园的开发方式是特许经营，迪士尼公司负责乐园的设计和培训管理，日本方面则承担建设费用。日本迪士尼乐园一开园便取得了巨大的成功。从1983年建成开始，平均每年有1700万的游客数量，创造了14年3个月接待游客2亿人次的记录，东京迪士尼乐园的游客中，重复游客的比例高达90%以上，而美国两座迪士尼乐园的重复游客也不过80%。很多人认为东京迪士尼乐园的成功是由于日本人对美国文化具有高度的亲和性，“日本人去东京迪士尼是为了圆他们的美国梦，而不是日本梦。东京迪士尼成功地体现了一个没有威胁、富于幻想的日本化的美国，而这正是日本人想要的”。二战之后日本在经济上一直受到美国的大力扶持，从而对美国产生一种推崇感和高度的认同感。尤其是日本的青年一代，深受美国文化的影响，很多日本儿童都是在米老鼠、唐老鸭等迪士尼动画的陪伴中成长起来的。另外，东京迪士尼乐园还吸引了大量的日本成年人游客。

巴黎迪士尼乐园是迪士尼建设的第二家海外乐园。有了东京迪士尼的成功，迪士尼公司对欧洲迪士尼乐园也寄予了厚望。法国迪士尼乐园的建筑设计基本是加州迪士尼乐园的翻版，但是也加入了法国文化特色，如明日世界在巴黎迪士尼乐园被替换成了“发明世界”，设计元素和风格吸收了儒勒·凡尔纳的作品和达·芬奇的绘画作品等。巴黎的迪士尼乐园从开放以来一直难以盈利，很多人分析是因为欧洲人对代表美式的迪士尼文化的抵触情绪导致了巴黎迪士尼在欧洲市场遇冷，迪士尼最初落户巴黎时曾一度被称为“文化的切尔诺贝利”，还引发了当地的示威游行活动。但是即便如此，巴黎迪士尼乐园仍然是整个欧洲吸引游客人数最多的景点。从 1992 年开放以来，截至 2008 年，巴黎迪士尼乐园迎接了超过 2 亿的游客数量。虽然在吸引游客数量上巴黎迪士尼并不比东京迪士尼乐园的能力差多少，但是在开放的 20 年间巴黎迪士尼乐园仅有几个有限的年份是盈利的，大部分年份都亏损严重，并欠下高额债务。起初迪士尼公司对巴黎乐园期望过高，使得预算投入失去控制，建成之后的维护和更新又使乐园成本不断增加。并且欧洲游客的游园消费习惯也与美国和日本不同，东京迪士尼的游客人均消费在 400 欧元左右，而欧洲游客每天在乐园中的平均消费只有 200 欧元左右[1]。总之，巴黎迪士尼乐园在经营上失败的原因很大程度上是由于迪士尼企业对欧洲市场的错误估计而导致的，不但因为初期过分乐观的估计导致乐园建设投入失控难以收回成本，更重要的是对欧洲消费者消费习惯和文化背景认识不足导致乐园的建设、管理和服务与欧洲的消费文化错位。

香港迪士尼乐园是全球第五个迪士尼乐园，以美国加州迪士尼为蓝本，共分四大主题区域，包括美国小镇大街、明日世界、探险世界、幻想世界，于 2005 年开园营业。香港迪士尼乐园的面积是现有 5 个乐园中最小的，只有美国佛罗里达迪士尼世界的 1/10 左右，但是麻雀虽小，五脏俱全，香港迪士尼除主体乐园外，还建设了拥有上千间客房的迪士尼乐园酒店和迪士尼好莱坞酒店，以及在周边建设植物园、迪欣湖等自然景观，并于 2010 年开始新增了三个主题区域“反斗奇兵大本营”“野熊山谷”和“迷离庄园”，其中“野熊山谷”和“迷离庄园”为香港迪士尼乐园的专有项目。香港迪士尼乐园从开园营业以来经营状况一直不温不火，2005 年到 2010 年一直处于亏损状态，到 2011 至 2012 年度才首次盈利（表 4-2）。

表 4-2 世界各地迪士尼乐园度假地项目活动规划

度假地	主题园区		主要项目
加州迪士尼	加州迪士尼乐园		美国大街、探险乐园、边域乐园、新奥尔良广场、动物天地、梦幻乐园、米奇卡通城、明日世界
	迪士尼加州冒险乐园		阳光广场、金州、好莱坞外景拍摄基地、小虫乐园、天堂码头
奥兰多沃尔特·迪士尼	神奇王国		美国大街、探险乐园、边域乐园自由广场、梦幻乐园、米奇卡通城、明日世界
	未来世界		未来世界、世界橱窗
	迪士尼好莱坞影城		好莱坞大道、纽约街、米奇大街、动画庭院、日落大道
	迪士尼动物王国		沙漠绿洲、发现岛、小米奇营地、非洲、瑞菲奇行星观测、亚洲、恐龙大地
	水公园	台风湖	各类水上主题娱乐项目
		碧丽滩	各类水上主题娱乐项目
东京迪士尼	东京迪士尼乐园		世界集市、探险乐园、西部乐园、动物天地、梦幻乐园、卡通城、明日世界
	东京迪士尼海洋世界		地中海海港、美国码头、发现港、神秘岛、美人鱼礁湖、失落河三角洲、阿拉伯海岸
巴黎迪士尼	巴黎迪士尼乐园		美国大街、探险乐园、梦幻乐园、发现乐园、边域乐园
	巴黎斯尼影城公园		前台、动画庭院、拍摄庭院、外景场地
香港迪士尼	香港迪士尼乐园		幻想世界、明日世界、探险世界、美国小镇大街

资料来源：毛润泽、何建民《上海迪士尼乐园对其周边区域产业发展的影响研究》，《华东经济管理》2010年5期，2页。

上海迪士尼乐园于2010年世博会后正式开工建设，总投资达到244.8亿元人民币，占地3.9平方千米。上海迪士尼乐园将建设全球最大的迪士尼城堡，以白雪公主粉红色的城堡为中心，划分为五个主题游区域：维多利亚王朝时代式街景的世界市集，冒险和传奇的探险乐园，西部开拓时代的西部乐园，梦境和童话的梦幻乐园，未来、科学和宇宙的未来乐园。乐园还将建设一个上海风格的迪士尼社区，并规划将迪士尼酒店、交通、人工湖、绿地、商业餐饮等部分整合形成4平方千米的配套设施区。上海迪士尼乐园旨在建设一个以乐园为核心，集主题乐园、主题酒店、餐饮、购物、娱乐休闲为一体的旅游度假区，并于2016年对外正式开放。

二、文化产业与上海迪士尼建设

迪士尼，美国文化最具代表性的符号之一，被公认为国际化商业和大众文化的象征。20 世纪 20 年代卡通形象米老鼠的诞生，开启了迪士尼如其呈现的光怪陆离的奇景般的传奇之旅。从米老鼠开始迪士尼创造出很多家喻户晓的卡通形象。现今动画电影不仅仅是儿童娱乐的一种形式，也开始成为主流的电影形态。迪士尼公司也成为动画电影的龙头老大，引领了动画电影的潮流。迪士尼的经典动画由迪士尼最具代表性的迪士尼动画片厂（Walt Disney Animation Studios）制作，近年来几乎每年都有新片推出，还有不少作品被改编为迪士尼主题公园的游行表演、冰上世界和音乐剧等形式，有些后来还另外发行了电视版节目以及录像带、DVD 等影音产品的续集。如今迪士尼在娱乐节目制作、主题公园、玩具、图书、电子游戏和传媒网络等领域全面发展，旗下有包括皮克斯在内的多家影视公司、制作室，其商业价值不可估量。迪士尼企业的多项业务，包括网络媒体、影视娱乐、消费品以及主题乐园度假区等都已经不同程度地进入中国市场，尤其是迪士尼的消费品像授权商品、图书和英语教育等业务，进入中国的时间已经超过 15 年以上，在中国拥有 5 000 多个销售点，总销售额超过 300 亿元[2]。华特迪士尼国际部总裁 Andy Bird 就明确表示，“在中国市场，除了有香港迪士尼乐园，我们最重要的业务板块其实是消费品”[3]。

上海在文化产业的建设与发展中，走在全国的前面。早在《上海文化发展规划纲要（2004—2010）》中，上海就提出推动文化产业跨越式发展。通过高新技术与文化创意的结合、渗透和改造传统文化产业，重组和调整文化产业结构，创新和开发文化产品和服务，积极拓展对外文化贸易，大力发展具有自主知识产权和竞争力的支柱文化产业，形成文化新业态，提升上海文化产业能级，集聚优秀文化人才，使上海文化产业在现代服务业中迅速壮大。自 2000 年以来，上海文化产业呈现逐年递增的趋势（图 4-1）。

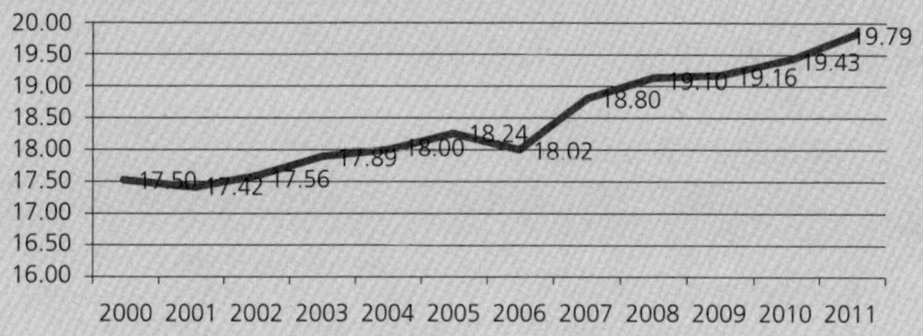

图 4-1 2000—2011 年上海文化产业总产出与上海总值比

资料来源：施国芳《文化产业对上海城市经济转型发展的影响》，《浙江大学学报》2016 年 1 期，118 页。

作为一个国际性大都市，上海文化产业具有高度开放性，努力吸引国外优秀企业、项目落地，更多地引进外国的文化产品，从而刺激本土文化产业和旅游产业加速发展。有预测称上海迪士尼乐园一经开园，每年贡献财政税收将达到 3 亿元人民币，直接创造 1.5 万个工作岗位，并且对上海及周边地区的城市建设有巨大地带动作用，促进浦东地区的产业结构升级，成为上海重要的休闲度假胜地[4]。

三、国际文化大都市与上海迪士尼建设

人们习惯地认为世界城市是全球经济体系的枢纽：它们是金融中心、贸易中心和政治权力的来源。但是，世界城市同样也是文化的发电站[5]。一个世纪之前，也就是 20 世纪二三十年代，上海就曾是中国文化的中心，并形成了中西合璧、多元交融的海派文化。80 年代后，随着改革开放的深入，上海又逐渐融人到全球化的社会进程中。上海城市的发展，也经历了一个从工业中心城市向国际化大都市、再向世界城市不断迈进的历史过程。进入 21 世纪之后，上海愈来愈充分地认识到，要实现创新驱动、转型发展，急需文化建设的支撑、推动和引领。文化建设不仅意味着城市形象、城市精神的整体提升，同时也意味着经济增长方式的转变，产业结构调整，从文化软实力和经济硬

实力两个层次共同支撑起上海建设现代化国际大都市的发展战略。因此上海提出了建设国际文化大都市的宏伟目标（表 4-3）。

表 4-3 上海建设国际大都市重要文件

时间	会议或文件	内容
2000 年 10 月 14 日	中共上海市委七届七次全会	通过了关于制定上海市国民经济和社会发展第十个五年计划的建议，该建议提出：按照建设有种国特色社会主义文化的要求，大力发展面向新世纪的文化事业，努力把上海建设成国际文化交流中心之一
2004 年	上海文化发展纲要（2004—2010 年）	提出上海到 2010 年文化发展的总体目标是：建设文明城市，建设学习型社会，建设国际文化交流中心，努力走在发展社会主义先进文化的前列。建构与国际经济、金融、贸易和航运中心相匹配的城市文化新格局，建设与社会主义市场经济体制相衔接的城市文化新体制，形成与服务市民、服务全国的任务要求相适应的城市文化新特色，达到与上海率先全面建成小康社会和率先基本实现现代化、建设现代化国际大都市的奋斗目标相协调的城市文化水平
2007 年 5 月	习近平在中国共产党上海市第九次代表大会上的报告	明确提出：努力把上海建设成为文化要素集聚、文化事业繁荣、文化产业发达、文化创新的文化大都市，不断满足人民群众多层次、多方面、多样性的精神文化需求，不断增强城市软实力
2011 年	1 月 21 日上海市第十三届人民代表大会第四次会议批准《上海市国民经济和社会发展第十二个五年规划纲要》	明确提出要“加快建设更具活力、富有效率、更加开放、充满魅力的国际文化大都市”的奋斗目标

资料来源：根据相关资料整理。

然而，倾力聚焦国际文化大都市建设在国际上既无先例，在国内也基本处于探索阶段。因此，上海“国际文化大都市”的建设，需要充分借鉴国际经验[6]。作为文化产业的代表性符号，迪士尼在世界范围内都具有重要影响力。借助上海迪士尼建设，一方面树立上海国际文化大都市的城市形象，另一方面，通过学习、消化、吸收和再提升，发展上海文化产业，提升城市文化软实力。

四、文化殖民与文化自信

迪士尼在上海的建设曾引起许多争议。在经济上，反对声音不绝于耳，甚至认为上海迪士尼工程是一个“不平等条约”，因为迪士尼公司不投入一分钱，仅凭其品牌价值与影响力就得到了43%的股份和管理权。在文化和社会领域讨论更多的则是对“文化殖民”的担忧。因为文化商品和服务，被认为承载着价值观念和意识形态，会潜移默化地影响消费者。迪士尼作为美国文化的象征，代表了美国社会的主流文化与价值观，其在上海落户是否预示着后殖民主义所说的文化侵略呢？其实，类似的担心并非只有上海。以巴黎迪士尼的建设为例，巴黎作为欧洲文化的中心之一，最初迪士尼的兴建引发了法国各界尤其是一些知识界人士的反对，并称其为美国的“文化核泄露”。1989年10月，迪士尼股票在欧洲上市，在典礼上，一些年轻人举着反美标语牌，向迪士尼的行政主管们投掷臭鸡蛋和西红柿。1992年欧洲迪士尼乐园开业之后更是连年亏损，仅1995年获利2 300万美元。

事实上全球化是一个复杂交织而非单向的过程。全球化作用的发挥是与在地化的过程紧密交织在一起的，全球化的影响也要经过本地的具体的实践过程发挥作用。人们对全世界流行的文化消费方式并非不加判断地被动吸收和接受。文化殖民的观点看到了西方文化对本地的冲击，而忽视了跨国企业为了适应本地市场，将自身改造为更符合当地条件的企业所做出的在地化努力。也就是说，它既会改变本土文化，也被本土文化所改变。

巴黎迪士尼乐园的建筑设计基本是加州迪士尼乐园的翻版，但是也加入了法国文化特色。中国元素的运用在香港迪士尼乐园中更是体现得淋漓尽致，使得香港迪士尼乐园呈现出一种“中美文化混血”的特质。即便是对美国文化最具亲和性的日本迪士尼乐园也并非完全照搬美国模式，而是做出很多在地化的改变。如在日本迪士尼乐园中，“美国小镇大街”主题区被改为“世界市集”，并为迎合日本游客喜欢购买纪念品馈赠亲友的习惯，开设了品种丰富的纪念品店。由于日本气候多雨的原因，以往露天的“世界市集”（小镇大街）上方加装了透明屋顶。灰姑娘城堡中的神秘之旅也被改造成了使用日本本土故事来进行讲述。改变最大的是乐园中的餐饮设置。为维持迪士尼的原汁原味，乐园最初的设计是没有日本餐厅的。但是应日本消费者的需要，加设了各式日本餐厅，提供日本料理。为迎合日本人喜欢野餐的习惯，乐园中史无前例地开设大面积的野餐区。东京迪士尼乐园的服务也带有两种文化结合的特色，如美式微笑加上日本式的鞠躬。纵观海外迪士尼乐园的发展，无论在何地建设，都相应做出了在地化的改变。而且迪士尼擅长将本地的文化元素运用在乐园的推广和主题化景观制造之中，从而拉近与本地消费者的距离，也为消费者带来别样的文化体验，这成为迪士尼寻求海外消费者认同的一个文化策略。

上海在历史上曾被认为是东方的巴黎、西方的纽约。上海是国际化的城市，可以消化、吸收任何外来的文化、事物，并将其转化为本土文化。同时在国际舞台上又可以展示属于东方的、中国的气质。上海迪士尼乐园尤其注重对中国文化原素的运用。迪士尼亚太区负责人安明智就强调上海迪士尼会加入更多的中国元素，“是原汁原味的迪士尼，又极具中国风情”[7]。华特·迪士尼公司总裁兼首席执行官罗伯特·艾格则在开建之初表示“上海迪士尼乐园目前正处于设计阶段，除了迪士尼标志性体验，还将会有专门为中国游客量身设计的独有元素，上海迪士尼将融合鲜明的迪士尼特色和中国特色”[8]。参与上海迪士尼设计的工程师们，为了寻求将中国元素和上海元素表现在乐园中，走遍中国各地去体验中国风、中国味，走访北京胡同、观看四川传统变脸表演、游览具有中国特色的文化自然景观等，试图捕捉本土的文化元素融入到主题化景观的设计之中。在上海迪士尼乐园，以往的“小镇大街”主题区被改造成了一个占地 4 万平方米的花园，将设计加入绿色景观和水体景观，未来将在这里举办各种中国文化庆典和节日活动[9]。

注释

1《巴黎迪士尼乐园为什么不赚钱？》，《第一财经周刊》2012 年 25 期。

2《乐园未建影视先行，迪士尼三驾马车上路》，《每日经济新闻》2009 年 11 月 25 日。

3 乐琰《迪士尼全球扩张》，《第一财经日报（上海）》2009 年 9 月 14 日。

4 毛润泽、何建民《上海迪士尼乐园对其周边区域产业发展的影响研究——基于国际经验借鉴》，《华东经济管理》2010 年 5 期，5 页。

5 罗伯特 · 保罗 · 欧文斯等著，黄昌勇等译《世界城市文化报告》，同济大学出版社，2012 年，15 页。

6 张来春《借鉴国际经验的上海国际文化大都市建设思路》，《南通职业大学学报》2015 年 3 期，32 页。

7《米老鼠加速入“沪籍”》，《人民日报》2012 年 5 月 2 日。

8《入门处：花园取代“小镇大街”》，《东方早报》2011 年 4 月 9 日。

9《入门处：花园取代“小镇大街”》，《东方早报》2011 年 4 月 9 日。

世博工程社会影响评价

一、社会影响评价及其发展

社会影响评价是指应用社会学、人类学和项目评估学的理论和方法，通过分析项目所涉及的一系列社会性因素，评价项目的社会影响、社会互适性、社会风险，保证项目顺利实施和效果持续发挥的一种方法。

国外对工程项目社会影响评价的研究始于20世纪60年代，以美国国会1969年通过的《国家环境政策法案》（*National Environmental Policy Act*）为标志。该法案规定美国联邦政府投资或实施的所有项目和规划必须进行环境影响评价，提供环境影响报告书。这里的环境包括自然环境，也包括人文社会环境，即对地方社区的社会生活、社会构成的影响。因此，初期的社会影响评价被包含在环境影响评价之中。在美国，社会影响评价最先被应用于水资源开发项目，以后推广到城市建设、土地资源管理等项目中[1]。

从20世纪70年代起，世界上一些重要的国际机构和组织开始要求开展项目社会评价。1977年联合国工发组织与阿拉伯国家工业发展中心联合编制了《工业项目评价手册》，其中设置了社会评价指标，如就业效果、分配效果、国际竞争力等。随后，世界银行在向发展中国家投资时也要求进行社会评价。在20世纪80年代、90年代初，加勒比海发展银行、泛美开发银行、亚洲发展银行（ADB）等建立了社会发展部门，负责项目的社会影响评价[2]。

20世纪90年代，在美国一部分政策研究学者和社会学家组织成立了“社会影响评价指导原则跨组织委员会”，对社会影响评价领域进行专门研究。在该委员会1994年发布的报告中，将社会影响评价定义为“依据美国国家环境政策法，对某些政策（包括计划、采纳的新政策）或某些政府行动（包括建筑、大型项目和出租大片土地进行资源开采）所产生的社会后果进行预先评估的行为”[3]。世界银行1997年成立社会发展部门，于2002年拥有了社会分析范例手册，强化了项目社会评价的作用。总之，社会影响评价发展到20世纪末本世纪初，已成为政策评价的一种形式，与环境影响评价、技术评价、经济与财政影响评价一起，成为政府、非营利组织甚至一些大公司决策的标准程序之一[4]。

我国对工程项目社会影响评价的研究起步较晚。根据文献资料检索，在中国介绍社会影响评价始于20世纪80年代末，系统进行项目社会影响评价研究始于90年代初，且集中在农业及交通等基础设施等方面[5]。进入21世纪后，受世界银行、亚洲开发银行等国际组织影响，以及中国转向可持续发展与和谐社会建设，社会影响评价越来越引起重视。2002年原国家计委出台《投资项目可行性研究指南》，建议在重大投资项目可行性论证中引入社会影响评价。2004年受亚洲开发银行技术援助，由国内咨询专家编写完成了《投资项目社会评价指南》。近年来我国在一些大型项目中先后开展过一些社会影响评价的实践，但总体上看，我国的社会影响评价还处于起步阶段。目前，除少数世界银行、亚洲开发银行贷款项目外，国内还未有对投资项目进行社会评估的强制性法律制度或行业规范，社会评估在大多数项目中处于边缘地位，甚至根本没有顾及[6]。开展社会影响评价仍存在一些困难，表现在难以获得评价所需要教育、卫生、就业、社区、社会福利等第一手的数据资料；对于评价所要消耗的大量人力、物力难以有经费上的保证；缺乏专业评价人才。更主要的是，从当前理论基础和技术水平来看，关于社会影响评价的主要内容、基本方法、指标体系及指标体系的设置等虽然已经取得了一些研究成果，但理论并不成熟，实践方面也很欠缺，与国外的项目评价水平相比，差距较大[7]。

二、上海世博会：大事件与巨型工程

世博会被誉为经济、技术、科技领域的“奥林匹克运动会”，旨在促进世界经济、文化、科学技术的交流和发展。第一届世博会是1851

年由英国伦敦举办的万国工业产品大博览会。当代世博会一般每五年举办一次，并从 1933 年芝加哥万国博览会起设置世博会主题（表 4-4）。

表 4-4 历届世博会基本信息一览

年份	举办国 / 城市	名称	主题
1851	英国 / 伦敦	伦敦万国工业产品大博览会	
1853	美国 / 纽约	纽约世界博览会	
1855	法国 / 巴黎	巴黎世界工农业和艺术博览会	
1862	英国 / 伦敦	伦敦世界博览会	
1867	法国 / 巴黎	第 2 届巴黎世界博览会	
1873	奥地利 / 维也纳	维也纳万国博览会	
1876	美国 / 费城	美国独立百年博览会	
1878	法国 / 巴黎	第 3 届巴黎世界博览会	
1883	荷兰 / 阿姆斯特丹	阿姆斯特丹国际博览会	
1889	法国 / 巴黎	世界博览会（1889）	
1893	美国 / 芝加哥	芝加哥哥伦布纪念博览会	
1900	法国 / 巴黎	第 5 届巴黎世界博览会	
1904	美国 / 圣路易斯	圣路易斯百周年纪念博览会	
1908	英国 / 伦敦	伦敦世界博览会	
1915	美国 / 旧金山	旧金山巴拿马太平洋博览会	
1925	法国 / 巴黎	巴黎国际装饰美术博览会	
1926	美国 / 费城	费城建国 150 周年世界博览会	
1933	美国 / 芝加哥	芝加哥万国博览会	进步的世纪
1935	比利时 / 布鲁塞尔	布鲁塞尔世界博览会	通过竞争获取和平
1937	法国 / 巴黎	巴黎艺术世界博览会	现代世界艺术和技术
1939	美国 / 纽约	纽约世界博览会	建设明天的世界
1958	比利时 / 布鲁塞尔	布鲁塞尔世界博览会	科学、文明和人性
1962	美国 / 西雅图	西雅图世界博览会	太空时代的人类
1964	美国 / 纽约	纽约世界博览会	通过理解走向和平
1967	加拿大 / 蒙特利尔	加拿大世界博览会	人类与世界
1970	日本 / 大坂	日本万国博览会	人类的进步与和谐
1971	匈牙利 / 布达佩斯	世界狩猎博览会	狩猎对人与艺术的影响
1974	美国 / 斯波坎	世界博览会 1974	庆祝明日的清新环境
1975	日本 / 冲绳	冲绳世界海洋博览会	海——充满希望的未来
1982	美国 / 诺克斯维尔	诺克斯维尔世界能源博览会	能源推动世界
1984	美国 / 新奥尔良	路易西安纳世界博览	河流的世界，水乃生命之源
1985	日本 / 筑波	筑波世界博览会	居住与环境，人类居家科技
1986	加拿大 / 温哥华	温哥华世界运输博览会	世界通联，世界脉动
1988	澳大利亚 / 布里斯本	布里斯本世界博览会	科技时代的休闲生活
1992	意大利 / 热那亚	热那亚世界博览会	哥伦布，船舶与海洋
1992	西班牙 / 塞维利亚	塞维利亚世界博览会	发现的时代
1993	韩国 / 大田	大田世界博览会	新的发展之路
1998	葡萄牙 / 里斯本	里斯本博览会	海洋，未来的资产
2000	德国 / 汉诺威	汉诺威世界博览会	人类、自然、科技

续表 4-4

年份	举办国 / 城市	名称	主题
2005	日本 / 爱知	爱 · 地球博	自然的睿智
2008	西班 / 牙萨拉戈萨	萨拉戈萨世博会	水和持续发展
2010	中国 / 上海	上海世博会	城市，让生活更美好
2012	韩国 / 丽水	丽水海洋世博会	活着的大海，呼吸的沿岸
2015	意大利 / 米兰	米兰世界博览会	滋养地球，生命之源

资料来源：根据相关资料整理。

2010 年 5 月至 10 月在上海隆重举行的世界博览会，是第一次在发展中国家举办的世博会，也是第一次以城市为主题的世博会，打破了世博会从 1851 年在伦敦首度举办以来的多项记录：参展国最多，有 240 多个国家和国际组织参加；参观人数最多，达到 7 000 万；展馆最多、面积最大，为 5.28 平方千米。

上海世博会无论从事件的独特性来看，还是从对国内外游客和媒体的吸引力度等方面来看，都符合城市重大事件的标准。而与之相应的世博工程，园区规划用地范围为 5.28 平方千米，总建筑面积达到 240 万平方米，涉及工程单体项目 300 多个，包括场馆建筑、市政工程、水工项目、园林绿地、公建配套等多种类型，以及穿越园区的越江隧道、轨道交通等大型市政配套项目，仅工程项目投资总额就达 1 111.92 亿元。这些规划建筑将直接显著地影响上海城市区域的功能结构和空间形态。因此，从投资规模及其对上海产生的广泛而深远的影响角度来看，属于典型的巨型工程（表 4-5）。

表 4-5 世博工程投资经费一览表（单位：亿元）

大类	小类	金额
主体工程项目费用	动迁费用	140.92
	工程建设费用	150
	其他建设费用	9
	预备费（不可预见费）	9
	建设期利息	12
配套设施费用	市政设施费用	446
	交通运输投资	345
总计		1 111.92

资料来源：根据相关资料整理。

三、世博工程社会影响评价的指导思想

社会影响评价作为评价巨型工程项目的一种新模式，不但要满足工程项目社会影响的复杂性要求，还要适应项目类型多样化的需要，更重要的是它必须能够有效地消除作为项目对象的社会系统的某种缺损，从而促进系统的良性运行和长期发展，并确保对社会系统产生正面影响[8]。因此，对巨型工程进行社会影响评价应遵循以下原则。

第一，综合评价原则。我国传统的工程项目评价长期以来均以财务和经济评价为主，很少关注社会层面的影响。即使可能出现整个邻里社区的迁移、传统社会网络的摧毁等对当地居民的生活和工作方式造成严重影响的问题，普遍观点也认为，项目带来的巨大经济效益可以弥补这些影响，而不论这些经济效益中有多少是真正为受损群体所享有。或者即使开展了对工程项目的社会影响评价也往往是以技术经济范式下的社会效益分析为主，更多地体现为经济评价的"伴生品"。因此，对巨型工程展开社会影响评价时，必须坚持综合性评价的原则，对项目的经济效益、社会效益、环境效益等进行系统的分析、研究和评估。

第二，长期利益原则。任何工程项目的效益均可划分为短期效益和长期效益。相对于短期效益的立竿见影，长期效益往往容易被忽视，从而导致"为最大化短期利益而危及长期利益"的问题。巨型工程作为"营销型"城市发展策略的代表，往往注重一时的轰动效应，极易出现为了短期利益而牺牲长期利益的行为。因此，对巨型工程社会影响的评价应充分注重长远的效益（如对社会、生态的影响），避免将评估目标仅仅锁定在短期利益(通常表现为经济目标)之上的短视行为。

第三，整体性原则。重大事件和巨型工程对城市的影响既有正面的，也有负面的；既有长效的，也有短期的；既有全局的，也有局部的；既有对某一行业或地区的，也有对经济发展和城市建设的。因此，在对巨型工程的社会影响进行评价时需要将其与城市环境、社会、经济等各个方面结合起来，关注其对城市可持续发展的长远、综合的效益。那些把短期事件整合进城市长远的、可持续发展的生态环境、经济环

境和社会环境框架中，将具体的、为重大事件所建设的工程项目运用到城市长远的发展战略之中，并成为城市全面可持续发展之催化剂的事件和工程[9]，是可持续发展原则的有力保证。

第四，以人为本的原则。由于巨型工程建设和运营需要投入大量公共财政，必然会压缩公共福利性开支；城市巨型工程也不一定能成功促进所在地区城市经济增长，进而创造就业机会，甚至还会给城市留下长久沉重的财政负担，而这些负担往往从少数经济受益者身上转嫁到普通大众和公共纳税人身上；巨型工程建设导致房地产市场发展，地方物价、房价、生活成本攀升，会进一步加剧社会极化与空间分化。因此，巨型工程如何满足城市大多数人的生活和生产需求，是巨型工程社会评价必须坚持的原则。

四、世博工程社会影响评价的主要内容

巨型工程社会影响评价中的综合评价原则、长期利益原则、整体性原则和以人为本原则意味着社会影响评价，具体可概括为四个层次（国家、地区、城市、项目社区）、三个方面（社会影响、社会互适性、社会风险）。而最关键的是巨型工程对所在城市的影响。就世博工程对上海的影响，可从以下方面做具体评价（表 4-6）。

总之，随着全球化时代巨型工程建设热潮的风起云涌，它们对城市和人类生活的影响也越来越广泛和深入。但项目影响评价向来以项目的经济影响评价为主，项目的社会影响评价常常被忽视。实际上，由于社会影响评价因素复杂且不能具体化，不同行业和不同的项目对社会各方面的影响在程度上和范围上也都是不同的，到目前为止，还没有制定出类似于建设项目经济评价那样完整的社会评价方法和标准，甚至社会评价概念也会因为出发点不同或注重的方面不同而存在不同的理解。

表 4-6 世博工程对上海社会影响评价

层面＼内容	具体内容
社会影响	1. 一个可持续的城市发展理念。 （1）经过广泛讨论、展示、活动、论坛，以新的理念引领城市改造和建设实践。 （2）社会价值观、生活方式、行为准则的转变和文化变迁，特别是商业主义和消费主义观念的转变。 （3）通过体验技术和文化奇迹，增进市民智慧和自豪感，在市民和城市记忆中留下难以磨灭的印象。 2. 土地利用、区域发展与城市格局和城市功能调整。 （1）对自然资源的开发利用起到了促进作用，使所在地区土地规划利用更加合理，有效地减少了当地自然资源的浪费，提高了资源的利用程度。 （2）将受污染并布满工厂、仓库、码头的滨江老工业区转化成为集商业、办公、娱乐、服务、主体公园于一体的新的城市发展空间。 （3）借举办世博会之机筹集资金，完成诸多能够直接、显著地影响城市乃至其区域功能变化的重大城市建设或重建，形成新的城市中心。 3. 对所在地区投资、就业环境的影响。 （1）交通、通讯、旅游和娱乐设施，有效改善当地的投资环境，吸引更多投资者的关注，特别是在建筑行业和服务业领域。 （2）经常举办一些大型活动，例如重大体育赛事、歌剧演出、芭蕾演出、摇滚音乐会和其他各种社会与休闲聚会，对当地的旅游发展起到极大推动作用。 （3）增加当地的就业机会和就业岗位，缓解当地的就业压力。 4. 对城市居民生活质量、健康水平及文教事业的影响。 城市生态环境质量提升，充满活力的城市公共空间，以及留下新的公众娱乐休闲设施，比如河边公园、歌剧院、会议中心等，提升城市文化品位，促进文教事业发展，极大地改善区域内居民生活质量。 5. 城市形象和知名度。因世博会城市魅力大增。 （1）促进城市拓展或改造，推动基础设施和公共设施建设。 （2）改善城市空间环境和建筑品质，为市民提供大量舒适的、人性化的活动场所，提升城市的形象。 （3）塑造城市的国际形象和提升其全球知名度。从而在全球化捕获到更多的发展机会。 （4）通过城市与世界互动，产生国际社会归属感。 6. 科技创新和技术开发。 （1）工程建设中的新技术、新材料、新工艺和先进的建筑设计理念，在城市未来的发展中起到重要作用。 （2）催生新的科研机构、企业研究与开发活动中心，进而使得该城市成为区域或国家新技术的传播和应用中心。 （3）在建筑、城市规划和节能等领域中的科学研究与技术创新。 7. 减少地区不平衡，实现均衡的发展。 当地居民收入分配更加公平，缩小贫富差距。
社会互适性	项目与当地经济、社会、环境互适性。 项目与当地技术、组织和文化的相互适应性。 相关利益群体对项目建设和运营的认可度以及参与度。
社会风险	由于社会性项目和预算缩减，土地价值提升的泡沫而导致各种生活成本的增加，给城市的普通大众带来沉重负担。 由于成本过高或收益不足，经济风险从少数经济受益者身上转嫁到普通大众和公共纳税人身上，引发社会矛盾。 社会极化与空间分化，引发新的社会不平等、破坏社会公正与和谐。 工程建设带来的强制性空间植入，造成对地域文化认同、场所感缺失。

巨型工程作为城市建设和区域经济可持续发展的支撑，作为城市或区域可持续发展复杂共生系统中的构成要素，不仅是城市的骨骼和

经脉，更是社会、经济和环境大系统中的重要组成部分。巨型工程因其投资大、工期长、影响面广，其建设必然会引起项目所在区域社会、经济、资源、环境、文化等方面的剧烈变化。因此，对其社会影响进行评价，特别是跳出传统的相对狭隘的经济影响评价，已经迫在眉睫。

注释

1 杨华均等《工程项目社会影响评价的回顾和展望》，《中国农学通报》2007 年 8 期，589 页。

2 杨华均等《工程项目社会影响评价的回顾和展望》，《中国农学通报》2007 年 8 期，589 页。

3 唐勇、徐玉红《国外社会影响评价研究综述》，《城市规划学刊》2007 年 5 期，73 页。

4 唐勇、徐玉红《国外社会影响评价研究综述》，《城市规划学刊》2007 年 5 期，73 页。

5 杨华均等《工程项目社会影响评价的回顾和展望》，《中国农学通报》2007 年 8 期，589 页。

6 刘军伟《和谐社会背景下政府公共投资项目社会影响评价研究》，《广西社会科学》2012 年 1 期，122 页。

7 姜华、丁凯《开展社会影响评价日显紧迫》，《浙江经济》2007 年 7 期，27 页。

8 韦惠兰、刘若雨《工程技术项目社会影响评价研究》，《兰州大学学报（社会科学版）》2002 年 3 期，118 页。

9 吴志强《重大事件对城市规划学科发展的意义及启示》，《城市规划学刊》2008 年 6 期，16 页。

智慧城市的社会学研究

一、智慧城市的社会学先驱

智慧城市可溯源到20世纪80年代起有关信息与通讯技术研究、以及对城市规划和城市体系影响的探讨。在这方面最有影响的学者无疑是曼纽尔·卡斯特尔（Manuel Castels）。卡斯特尔，1942年生于西班牙，青年时期热衷社会运动，曾在法国学习和研究社会学，并在世界各地做田野调查和讲学。1979年起担任加州大学伯克利校区社会学与城市和区域规划系教授。卡斯特尔是世界闻名的都市社会学家、信息社会学家和网络社会学家，也被英国著名《经济学家》杂志称为“虚拟世界第一位重要的哲学家”。他利用社会、技术、经济、政治等各个层面的数据和材料，通过理论分析与综合，提炼出信息时代的网络社会理论，使人们明白了信息和网络在多大程度上渗透并影响人类的现实社会和生活[1]。他在《信息城市：信息技术、经济重构与城市区域化过程》（1989），《世界技术城市》（1994）以及针对全球信息化资本主义之建构、网络社会的兴起以及认同的运动出版的信息时代三部曲，即《网络社会的兴起》（1996）、《认同的力量》（1997）、《千年的终结》（1998）中，详尽探讨了信息技术的发展给城市生活带来的影响。在《信息城市》一书中，他引入了流动空间的概念。所谓流动空间，不仅仅有电子和电信和电路，还有通过这些电路及其辅助系统，围绕某种共同的、同时性的社会实践，从而建立起来的各个地点的网络联结[2]。他认为流动空间作为虚拟空间，将逐步成为人类生活的一部分，并改变世界以及重建人们与现实的联系。在《网络社会的崛起》一书中，卡斯特尔进一步阐述了信息网络技术对城市社会的影响。他认为，网络时代的城市空间，将逐步从社区空间向电缆网络空间转变。这种社会空间的转型，取决于现代信息技术和新型能源技术的发展。在信息网络时代，有关经济、政治、社会、文化、教育、医疗、科技、娱乐以及社交的传统运作，将发生根本性的转变。

威廉·J·米切尔（William J Mitchell），麻省理工学院建筑和规划学院院长。在1995年出版的《比特之城：空间，场所，信息高速公路》中，他指出21世纪的城市是“比特城市”，这将是一个不依赖于地球上任一确定地点而存在的城市，其格局不取决于交通的便利性和土地的有用性，而受互联性与宽带程度的制约。它的运作在很大程度上是异步的，居民由脱离现实的、分裂的主体组成，它们以化名和代理人的集合形出现。域中的场所将由软件以虚拟方式组建，而不是用石头和木材以物理的方式造就，它们通过逻辑关系而不是门、走廊和大街、彼此相连[3]。因为“数字化时代新兴的城市结构和空间组合将会深刻地影响我们享受经济机会和公共服务的权利、公共对话的性质和内容、文化活动的形式、权利的实施以及由表及里的日常生活体验，大规模的、难以阻止的变化正在发生。但我们并不是被动的个体，无力支配自己的命运。如果我们了解现实，如果我们能够揭示和探索不同的未来，我们将能够找到干预——有时是抵制——变化的机会，进行组织、立法、部署和设计”[4]。

二、智慧城市及其发展

随着互联网时代的来临，人类和人类城市迈进了信息化时代。移动智能设备的普及，大数据的开放，为城市的变革创造了新的动力。人们期望用虚拟信息空间来影响、改造和驱动由混凝土、玻璃和钢材建成的物理城市，重新布局物质世界，解决城市中复杂的社会问题、经济问题和环境问题，并满足不断增长的城市居民的日常生活需求，乃至创造新的生活方式。

智慧城市脱胎于智慧地球。智慧地球这一概念最早于2008年年底由IBM公司提出，当时称之为“smarter planet”。2009年IBM商业价值研究院发布了《智慧地球》一书，智慧的城市成为优先推荐的六大领域之一。智慧城市的概念开始正式形成，并风靡一时，迅速席卷全球[5]。IBM公司所关注的重点问题是信息技术的应用，更敏捷的感知、更迅速的传输、更广泛的互联以及更智慧的服务，从而使处于孤立状态的应用系统能够实现全面的互联互通和信息共享，以便能够高效处理城市经济发展和社会治理所面临的各种挑战[6]。智慧城市不仅可以使城市发展中所面临的紧迫问题得到有效化解，而且可以使广泛的利益相关者直接参与到城市治理体系建设之中[7]。具体来说，“智慧城市”具备四大特征：（1）全面感测——遍布各处的传感器和智能设备组成“物联网”，对城市运行的核心系统进行测量、监控和分析。（2）充分整合——“物联网”与互联网系统完全连接和融合，将数据整合为城市核心系统的运行全图，提供智慧的基础设施。（3）激励创新——鼓励政府、企业和个人在智慧基础设施之上进行科技和业务的创新应用，为城市提供源源不断的发展动力。（4）协同运作——基于智慧的基础设施，城市的各个关键系统和参与者进行和谐高效的协作，形成城市运行的最佳状态[8]。

目前，智慧城市建设已经成为全球城市发展的共识。美国、欧盟、韩国、日本、新加坡、澳大利亚等先进国家和地区普遍加快了智慧城市建设的步伐，并形成了美国的奥克兰和迪比克、西班牙的巴宰罗那、瑞典的斯德哥尔摩、英国的曼彻斯特、韩国的首尔、日本青森、中国台湾桃园县等一批智慧城市典型[9]。发展中国家也在努力通过智慧城市建设，来应对城市化进程中所面临的诸多挑战和难题（表4-8）。

表4-8 2013年全球智慧城市21强

城市	国家和地区	城市	国家和地区
Ballarat，Victoria	澳大利亚	Rio de Janeiro	巴西
Castelo de Vide	葡萄牙	Stratford，Ontario	加拿大
Columbus，Ohio	美国	台中	中国台湾
Heraklion，Crete	希腊	Tallinn	爱沙尼亚
新竹	中国台湾	桃园县	中国台湾
上海嘉定新城	中国	Tallinn	爱沙尼亚
Tirana	阿尔巴尼亚	桃园县	中国台湾
Kingston，Ontaria	加拿大	Toronto，Ontario	加拿大

续表 4-8

城市	国家和地区	城市	国家和地区
Mitchell，South Dakota	美国	Wanganui	新西兰
Philadelphia，Pennsylvania	美国	Winnipeg，Manitoba	加拿大
Prospect，So. Australia	澳大利亚		

资料来源：《走向智慧城市》，科学出版社，2014 年，33 页。

三、社会学意义上的智慧城市

智慧城市建设在全世界如火如荼。种种迹象表明，我们生活的世界已变得越来越有感知力。我们每天都在经历着地理位置与网络空间的合作共生。没有互联设备的城市生活几乎是无法想象的[10]。智慧城市将渗透到城市的方方面面，成为维系城市发展，改变城市生活的强大力量。但如同历史上每一次技术革命在促进人类进步的同时，也会产生负面的影响一样，智慧城市建设要发挥最大的效应造福人类，也不得不面临一些至关重要的挑战。

1. 生产与生活

在发达国家，智慧城市建设是作为新的技术增长点和技术制高点，在发展中国家，则是作为扩大内需、启动投资、促进产业转型升级，拉动经济增长的强大引擎。而对企业来说，智慧城市意味着一次巨大的商业机遇。在这个超过上千亿美元的潜在市场中占有一席之地，可以给企业带来持续的利润增长。

如果说政府关注技术发展、经济增长，企业大多关注成本效益，城市民众则希望避免强调效率，而是放大和提升城市生活的社交属性。他们并不储存大数据，而是建立与人分享这些数据的机制。他们并不在幕后优化政府运作，而是创造数字界面让人们以全新的方式去观察、触摸、感受城市。他们建立协作网络，而不是把网络控制在自己手中。

这些草根自下而上的努力在他们的小圈子内蓬勃发展，拥有在网络迅速传播的潜力，促使城市领导者更多地考虑长期生存问题，而不是短期收益[11]。例如：韩国的 U-Care 服务，通过构建“健康及生活化的老人福利网络”，实现银发族网站安养中心建设，让社区老人享受休闲、教育、健康及就业服务；同时通过“child care”项目实现幼儿保育、教育等方面的服务；u-fun 服务项目通过 u–sports、u-tour、u-leisure、u-library 等子项目实现文化多元共享和市民的文化提升，从而成功地实现城市的智慧服务提升层次与水平[12]。

2. 集中与民主

智慧城市不是一场工业革命，而是一场信息革命，人们不再仅仅是巨大机器上的一个齿轮，而是智慧城市本身的核心组成部分[13]。从理论上讲，信息获得渠道的民主化，使人们重新对政府进行思考并将其重塑得更加开放、透明、民主和反应迅速。但实际结果却是，当我们急着打造基于高科技的智慧城市来监测和控制我们的世界时，却发现我们其实都被这一切所控制。随着政府与企业对市民和消费者监控的加剧，智慧城市是否会成为数字化的圆形监狱[14]。智慧城市是否更容易引发社会冲突？是否会制造更大的社会分裂？使有权的人更有权，有钱的人更有钱，而贫困的人群则更加贫困？特别是低收入的个人、教育程度低的群体、老年人以及其他没有智能设备和不知道如何使用智能设备的人的需求是否将被排除在外，从而永远失去改善生活的机会。

3. 全球与地方

每一个城市都拥有其特殊的历史背景、地理环境、人文风情，有其硬件基础、技术基础和人才基础。合适的智慧城市，需要考虑当地的特性和条件，并让当地居民参与设计过程。只有在与市民的接触互动中发现问题，解决方案才更容易立竿见影[15]。但是技术专家总想找到杀手级应用并垄断市场。技术公司推广的千篇一律的智能城市的规划，缺乏对本地规范、风俗和法规了解，也不清楚技术的解决方案与其他可能的非技术解决方案如何相互补充或相互竞争，以及选择该种技术后政治和体制方面的反应[16]。它们在对技术、商业及其治理方式的择过程中，很少或者就没有考虑到来自更广泛的社区技术人员、公民领袖以及市民自身的想法。

不过，事实上不同国家智慧城市发展模式是存在差异的。目前，世界上形成了三大国家层面的智慧城市发展模式，如以民生偏向、智慧应用发展为主要特征的英国、法国、德国、芬兰、意大利等国为代表的欧盟模式；以均衡发展为主要特征的美国、巴西代表的美洲模式；以增长偏向、基础设施建设为主要特征的韩国、马来西亚、日本等代表的亚洲模式[17]。

4. 进步与风险

近代以来，人类经历了 18 世纪蒸汽时代工业化城市的兴起，19 世纪以电力、汽车和飞机等的广泛应用为特征的电气时代城市的发展，以及 20 世纪中叶到 21 世纪初期以电子计算机、互联网、移动通信等应用为代表的数字化城市的演化历程[18]。如今以物联网、云计算、大数据等技术为代表的智慧化浪潮蓬勃兴起，方兴未艾。新兴的技术革命将从根本上重新改变和塑造这个世界，其在城市中的应用，也将为解决城市可持续发展中的挑战和问题(交通拥挤、环境污染、住房紧张、健康危害、安全弱化等），以及提升城市城市生活品质提供一种全新的“智慧化”的解决方案[19]。

新技术的潜力是巨大的，但是新技术潜在的安全风险以及可能造成的那些意外后果也是可怕的。甚至有人指出，用科学和技术来重塑城市往往悲大于喜[20]。因为匆忙拼凑起来的智慧城市将由于设计者和建造者的简化操作而存在技术缺陷[21]。智慧城市的内部结构也是非常复杂的，以至于常规事故仍然不可避免。智慧城市何时失灵，以及系统崩溃所带来的破坏性后果究竟有多严重？以脆弱的电网为基础的分层通信网络在危机到来时很容易面临超负荷的问题，且无法防范其他的阴谋破坏，最终导致支撑整个智慧城市运转的通信网络本身就象我们已有的基础设施一样不堪一击[22]。

智慧城市还会带来数据隐私、安全等方面的法律问题和道德问题。更令人忧思的是，智慧城市将城市生活简化成一个方程式、近似值和数据的集合体，呈现出一个千篇一律的自动化都市生活场景，以至于未来是明确的，什么都知道，却什么都感觉不到。这提醒我们从根本上反思如何建设并生活在未来的智慧城市中[23]。

四、中国智慧城市建设

在中国智慧城市受到很高的关注，一是因为中国正处在城镇化发展的高潮之中，如何利用先进的技术和先进的理念来规划中国的城市，这是我们面临的挑战和机遇。二是中国城市的快速增长带给城市很大的压力，人口过快聚集使得像环境污染、交通拥堵、看病难、住房短缺这些城市化进程中产生的问题集中爆发。虽然智慧城市不是解决这些问题的万能钥匙，但至少通过以新一代信息技术作支撑的智慧城市建设过程，可以大大提高全社会的信息化水平。三是现代信息技术（特别是互联网、物联网）应用提高了政府的社会管理和公共服务能力[24]。2013 年 8 月，国务院发布《关于促进信息消费扩大内需的若干意见》，提出在有条件的城市开展智慧城市试点示范建设。2014 年 3 月，党中央、国务院印发《国家新型城镇化规划（2014—2020）》，明确提出推进智慧城市建设。规划内容包括：统筹城市发展的物质资源、信息资源和智力资源利用，推动物联网、云计算、大数据等新一代信息技术创新应用，实现与城市经济社会发展深度融合；强化信息网络、数据中心等信息基础设施建设；促进跨部门、跨行业、跨地区的政务信息共享和业务协同，强化公共资源社会化开发利用，推广智慧化信息应用和新型信息服务，促进城市规划管理信息化、基础设施智能化、公共服务便捷化、产业发展现代化，社会治理精细化；增强城市要害信息系统和关键信息资源的安全保障能力（表 4-9）。

表 4-9 我国智慧城市的发展历程

时间	发展历程
2012 年 11 月	住建部下发了《关于开展国家智慧城市试点工作的通知》
2013 年 1 月	住建部公布首批国家智慧城市试点，覆盖 90 个城市
2013 年 8 月	住建部公布新增的第二批国家智慧城市试点 103 个
2013 年 8 月	国务院出台了《关于促进信息消费扩大内需的若干意见》，意见中特别指出要“加快智慧城市建设”
2013 年 9 月	科技部与国家标准委公布了 20 个试点示范城市的政策，其重心是技术与标准，涉及云计算、大数据、物联网等
2014 年 8 月	住建部公布了第三批智慧城市试点，智慧社区作为一个必选项，试点城市申请试点必须要建智慧社区
2015 年 4 月	住建部和科技部公布了第三批国家智慧城市试点名单，确定 84 个城市（区、县、镇）为国家智慧城市，国家智慧城市试点已达 300 个
2016 年 6 月	我国 95%的副省级城市、76% 的地级城市，总计超过 500 座城市，明确提出构建智慧城市的相关方案
2016 年 12 月	全国智慧城市试点近 600 个，提出智慧城市规划的城市超过 300 个
2017 年 3 月	我国 95%的副省级城市、83% 的地级城市，总计超过 500 座城市，均明确提出或正在建设智慧城市
2017 年 7 月	全国 338 个地级以上城市中有 249 个城市启动新型智慧城市指标数据的填报，启动率 73.67%；220 个城市完成填报，填报率 65.09%
2018 年 6 月	全国信息技术标准化技术委员会发布《智慧城市顶层设计指南》（GB/T 36333—2018），推动智慧城市建设

资料来源：李立望、黄德海《智慧城市的中国化历程和发展方向》，《新经济导刊》2019 年 3 期，47 页。

2013 年 1 月，住房和城乡建设部确立了首批 90 个国家试点智慧城市，同年 8 月，又确立了第二批 103 个试点城市。这些试点智慧城市主要目标在于促进城市的高度网络化和信息化，提出的诸如“三网融合”（电信网、广电网、互联网）、“四化融合”（信息化、工业化、城市化、国际化）等具体目标，更多的还是属于偏技术的数字城市或智能城市的范畴[25]。但是智慧城市不仅包含了物联网、云计算、移动互联网、大数据等新一代智慧型信息技术的应用，也包括了技术应用所带来的政治、经济、文化、社会、生活方式等方面的变革，以及由此而来的城市运营模式和管理模式的深层次转型升级[26]。那么，应该如何在理解智慧城市深刻内涵基础上建设真正意义上的中国智慧城市呢？

1. 以人为本的建设理念

智慧城市，不应该是经济主宰的城市，也不是高科技主宰的城市，更不是领导、专家或其他利益集团主宰的城市，而是每一个作为独立个体存在的人的城市[27]。智慧城市建设要以人为中心，重视人的需要，体现人的价值。要从交通、教育、医疗、卫生等老百姓生活中所遇到的问题入手，将为市民提供便捷高效的社会公共服务作为智慧城市建设的重点内容，致力于市民的生活质量和生活品质提升。比如，智能健康保障系统，让市民可享受到远程医疗、电子病历等更高效便利的服务；数字化教学平台将使居民足不出户就可以学习；智能家居发展将使居民的居家生活更加安全、舒适、低碳；依靠城市一卡通系统，居民的日常消费更加安全方便等[28]。

以人为本的智慧城市不仅意味着城市居民是主要受益者，还包含城市居民是主动参与者。为此要加强对智慧城市知识的宣传普及，提高城市居民信息技术应用能力和水平。要创造均等机会，缩小不同社会群体之间信息应用能力的差别，促进智慧城市更广泛的公众参与。要尽可能地将城市数据公开化，实现城市信息资源共享。要通过智慧城市建设，创造一个开放、民主的交流和互动平台，让市民成为城市真正的主人，对城市发展具有更多的知情权、参与权和责任感。

2. 智慧城市建设要因地制宜

有学者指出，我国城市化进程中适时导入的智慧城市理念主要是IBM 战略性输入的结果，并基本遵循了 IBM 所提供的特征描述与架构设计，存在城市理念的外部输入性风险[29]。同时在智慧城市建设中，跟风模仿缺乏特色现象较为明显，没有充分考虑落地的可行性，存在发展模式的趋同性风险。

实际上我国智慧城市建设的前提与西方发达国家相比，有很多不同：西方发达国家是在工业化、城镇化基本完成后推动信息化，而我国则是工业化、城镇化和信息化同时推进[30]。照搬发达国家所谓先进智慧城市建设模式，“能上天但不能落地”，未必能够有效应对我国城市化进程中的深层次困境。中国智慧城市建设，一定要注意适合我国国情，强调基础设施性能和城市管理水平的整体提升。

另外，在智慧城市建设上，应提倡创新，结合每个城市的历史背景、地理差异、人文风情，以及资源禀赋、产业基础和城市发展战略的具体情况来规划设计，不能简单复制，一哄而上。而是注重体现城市特色，选择适合自己的智慧城市发展道路。

3. 创造一种可持续发展的模式

中国智慧城市的规划和建设，是以政府为主导的。政府主导型发展模式的成功之处在于政府的合理引导与积极扶持，因而效率较高。但是当政府不适度干预而导致政策失灵时，智慧城市的建设和发展就会陷入混乱、停滞的状态。因而增强城市市场化水平和自生能力是这种模式实现可持续发展的关键[31]。智慧城市不能只靠政府投资，这样也不会长久。要充分发挥市场、社会力量，创新商业运营模式。也可借鉴美国经验，分不同阶段采用不同模式加以推进，如在建设初期，采用政府主导的发展模式，而在建设中后期，采用政府与市场协同发展的混合推动型发展模式。

注释

1 王保臣、杨艳萍《曼纽尔·卡斯特研究述评》，《北京邮电大学学报》2008 年 6 期，10 页。

2 曼纽尔·卡斯特、马汀·殷斯《对话卡斯特》，社会科学文献出版社，2015 年，84 页。

3《中欧智慧城市比较研究报告（2014）》，商务印书馆，2015 年，33 页。

4 威廉·J·米切尔《比特之城：空间，场所，信息高速公路》，三联书店，1996 年，序。

5《中欧智慧城市比较研究报告（2014）》，商务印书馆，2015 年，1 页。

6《中欧智慧城市比较研究报告（2014）》，商务印书馆，2015 年，9 页。

7《中欧智慧城市比较研究报告（2014）》，商务印书馆，2015 年，11 页。
8 吴淼《智慧城市的内涵及外延浅析》，《电子政务》2013 年 12 期，42 页。
9 课题组《走向智慧城市》，科学出版社，2014 年，前言。
10 安东尼 · 汤森《智慧城市》，中信出版社，2015 年，6 页。
11 安东尼 · 汤森《智慧城市》，中信出版社，2015 年，9 页。
12 课题组《走向智慧城市》，科学出版社，2014 年，64 页。
13 安东尼 · 汤森《智慧城市》，中信出版社，2015 年，序。
14 安东尼 · 汤森《智慧城市》，中信出版社，2015 年，13 页。
15 安东尼 · 汤森《智慧城市》，中信出版社，2015 年，10 页。
16 安东尼 · 汤森《智慧城市》，中信出版社，2015 年，314 页。
17 课题组《走向智慧城市》，科学出版社，2014 年，127 页。
18 课题组《走向智慧城市》，科学出版社，2014 年，前言。
19 课题组《走向智慧城市》，科学出版社，2014 年，3 页。
20 安东尼 · 汤森《智慧城市》，中信出版社，2015 年，93 页。
21 安东尼 · 汤森《智慧城市》，中信出版社，2015 年，268 页。
22 安东尼 · 汤森《智慧城市》，中信出版社，2015 年，13 页。
23 安东尼 · 汤森《智慧城市》，中信出版社，2015 年，72 页。
24 邬贺铨《智慧城市要以人为本》，《高科技与产业化》2013 年 6 期，37 页。
25 严涛《国外智慧城市启示》，《北京规划建设》2015 年 2 期，91 页。
26 课题组《走向智慧城市》，科学出版社，2014 年，前言。
27 严涛《国外智慧城市的启示》，《北京规划建设》2015 年 2 期，93 页。
28 课题组《走向智慧城市》，科学出版社，2014 年，26 页。
29 陈友福《我国智慧城市建设风险分析》，《中国科技论坛》2013 年 3 期，46 页。
30 课题组《走向智慧城市》，科学出版社，2014 年，26 页。
31 课题组《走向智慧城市》，科学出版社，2014 年，137 页。

风险社会与城市风险

一、风险社会与高风险社会

1. 风险社会

1986 年德国著名社会学家乌尔里希 · 贝克（Ulrich Beck）出版《风险社会》一书。他认为现代性正从古典工业社会的轮廓中脱颖而出，形成一种崭新的形式—工业的“风险社会”。风险社会指的是“一组特定的社会、经济、政治和文化的情景，其特点是不断增长的人为制造的不确定性的普遍逻辑，它要求当前的社会结构、制度和联系向一种包含更多复杂性、偶然性和断裂性的形态转变”[1]。风险社会理论一经提出，便借着频频发生的世界灾难性事件，如 1986 年苏联切尔诺贝利的核泄露事件，1996 年英国的疯牛病，2001 年美国的“9 · 11”事件，2003 年中国的 SARS 病毒以及各种危机如全球气候变暖、绵延不绝的恐怖主义、大规模杀伤性武器扩散、金融危机而流行起来，成为解释当今世界各种灾难和危机的炙手可热的概念与理论。

在风险社会理论家看来，风险是与人类共存的，但只是在近代之后随着人类成为风险的主要生产者，风险的结构和特征才发生了根本性的变化，产生了现代意义上的风险。近代以来的三个变化与现代意义上的风险有着最直接而且密切的联系。首先，人的主体性凸现出来，人类对自己的思考能力和创造力充满了信心。其次，现代制度的构建及其全球扩展。起源于西欧的市场经济和民族国家是现代制度的核心，集中体现了风险的制度化与制度化的风险这个现代风险特征，并且随着资本扩张、殖民地占领以及制度示范扩展到其他文明和社会中。最后是科学和技术的发展[2]。贝克指出，当代风险实质上是一种“文明的风险”，当代人类“生活在文明的火山上”。现代化在给人们带来高度的文明与便捷的同时，也给人类社会带来了高度的脆弱与风险。

由于风险是一个时代和社会的特征，所以才可以说出现了风险社会[3]。对于风险社会的出现，风险社会理论家们并不悲观，而是认为这些新的风险，促使我们反思现代性存在的许多危险或缺陷，从而更清楚地意识和认识到我们所处的环境，更关注我们的生存质量和发展的可能[4]。在他们看来，风险概念表明人们创造了一种文明，以便使自己的决定将会造成的不可预见的后果具备可预见性，从而控制不可控制的事情，通过有意采取的预防性行动以及相应的制度化的措施战胜种种（发展带来的）副作用[5]。事实上，面对风险的全球化，人类在应对风险上有了整体认同，已经结成一个“非自愿的风险共同体”。

2. 高风险社会

相对于发达国家来说，中国面对的风险更加具有复合性。从现代性的角度讲，如果说发达国家处于第二次现代化或反思的现代化阶段，那么中国则处于第一次现代化与第二次现代化的交叉点上。既需要从整体上完成第一次现代化的任务，也要进行第二次现代化[6]。因此，正如许多学者所分析的，当前中国社会正面临着由追求现代性和社会转型所带来的“双重风险社会”的挑战。工业化社会和快速城市化进程中的风险依然存留并扩张，后现代意义上的新型风险又开始显现，叠加的或曰共生的风险交互影响，使中国社会内部孕育的风险无论从种类或数量来说，还是从风险爆发时的能量来说都是史无前例的，由此所导致的后果也将是极其严重和危险的。这是不曾为西方社会所遭遇到的挑战。最适当的描述与解释不是“风险社会”，而是“高风险社会”。

作为一个发展中国家，中国当前最主要的任务依然是在整体上实现现代化。为此中国正以史无前例的速度，经历从农业社会向工业社会、从计划经济到市场经济、从总体性社会到多元性社会、从封闭性社会向开放性社会的社会转型，并不得不承受社会转型所带来的各种风险：民众普遍对发达国家生活水平的渴望，但广大地区依旧比较落后的社会经济条件；不惜一切代价地外延式经济增长方式，造成大规模资源浪费和环境污染；盲目追求经济增长和发展速度，漠视生产安全和公共安全，导致灾难事故大量增加；产业结构调整带来失业、贫富分化；改革开放以来城乡、内地沿海差距加大；随生活方式急剧变化产生社会不适应；不断涌现和加剧的人口老龄化问题；全面而迫切地参与经济全球化，对于无国界风险缺乏预警与应对策略等。尤其是社会经济转轨产生了一些制度真空地带，造成了制度性风险。在这些领域，传统的治理结构或者没有涉足，或者难以适应，或者新建立的治理方式无法有效地运行起来。从根本上说，中国面临的最大风险是制度风险（缺乏制度的风险及制度能力不足的风险）[7]。

二、城市化与城市现代化：中国城市风险的双重性

1. 城市化与城市风险

1949—1978 年，中国城市化经历了艰难曲折的发展历程，长期徘徊在一个较低水平上。在新中国成立后的最初 8 年，国家出于推进工业化的需要，鼓励或允许农民进入厂矿企业和城市，城市化发展迅速，由 10.6%提高到 15.4%。其后在经历了 1958—1965 年间的大起大落后，中国城市化便进入长达十几年的停滞阶段，城市化水平一直停留在 17.1%～17.9%之间。1979 年以后，城市化进程明显加快，到 2000 年中国城市化率已超过 36%[8]。进入 21 世纪，中国城市化进入一个更快的发展时期。2011 年，城镇化率达到 51.27%。2014 年，城镇化率达到 54.77%（表 4-7）。

表 4-7 历次人口普查中国城乡人口和城镇化水平变动

年份	城镇人口（万人）	乡村人口（万人）	城镇化率
1953	7 726	50 534	13.26%
1964	12 710	56 748	18.30%
1982	21 082	79 736	20.91%
1990	29 971	83 397	26.44%
2000	45 844	80 739	36.22%
2010	66 557	67 415	49.68%

资料来源：李通屏《未来的城市化道路：基于中国城市社会的思考》，《城市观察》2015 年 6 期，5 页。

中国城市化是高度压缩的，用几十年的时间走完了发达国家几百年的城市化进程。这也使当今中国城市社会面临着技术性、制度性和结构性的缺陷，存在着诱发群体事件和威胁社会秩序，妨碍社会良性运行的多种社会风险[9]。这些风险大致可以归为以下几类：第一，基础设施风险。快速推进的基础设施与对基础设施的系统设计规划，完善的质量保障体系，熟练的操作管理系统以及社会成员必要的意识与行为习惯之间，缺乏匹配和协调，从而导致基础设施建设混乱，质量低下，管理不善，运行混乱等问题。第二，人口结构风险。一是快速城市化过程中大量新增人口与原有城市人口的结构问题，二是城市人口的年龄结构问题，特别是老龄化问题。第三，公共卫生风险。城市实际上是传染病更易发生并更易造成重大危害及至社会混乱的场所。第四，利益冲突风险。利益冲突风险无所不在，但是在当今城市更为突出。这是因为城市居民利益主体意识更为突出，利益诉求更为多样化，更强的利益表达和维护能力，以及城市化与城市体制改革同步推进，城市环境的特殊性。快速城市化过程中对居民利益的种种明显侵害，则直接加剧了利益冲突。第五，能源资源风险。城市化明显加剧了中国能源资源的供求紧张关系。第六，环境污染风险。高密度的城市人口和高强度的城市经济社会活动，工业化及生活方式的现代化，容易导致环境污染，从而对居民的生命健康和财产安全造成威胁。特别是大规模突发性环境污染事件，已经成为危及城市社会良性运行的重要因素。第七，价值观冲突风险。城市本身往往意味着异质性和多元化价值信仰，如果缺乏必要的平等的沟通心态和客观条件，缺乏能够包容多样性的社会制度安排，会导致社会冲突。第八，城乡分化风险。城乡分化格局下的城市化，不仅会继续增加城市社会内部的各种风险隐患，而且会使城市面临更加不利的外部环境，从而将城市社会置于中国社会分化乃至分割的风险之中。

2. 城市现代化与城市风险

持续的工业化和经济增长的西方社会，在进入物质富饶时代的同时，也出现了事故和灾难频发的现象。在发达的工业社会里，安全事故和灾害的不断增多有很多原因，但风险因素的根源可以说是现代工业社会的高度技术文明[10]。例如无止境地追求生产和效率的提高，几乎毫无例外地带来严重的风险因素。在能源的使用方面，煤气、原子能等可集约使用的能源提高了生产效率，让生产更为便利，但是使用、管理上的稍微疏忽就会导致大灾难的发生。在交通工具使用方面，大型飞机、高速铁路、地铁等在提高交通运输效率方面作用十分突出，但是管理者或使用者的瞬间不注意就可能导致夺取众多生命的交通事故。包括超高层建筑物在内的大型建筑物，虽然大大提高了人类的空间利用率，但因为管理者或使用者的不注意而成为大型灾难现场的情况并不少见。医疗界研发出能够治疗以前难以治愈的疾病的特效药品或者能杀灭从前难以消灭的害虫特效农药，但是在将它们大范围使用后，这些药品和农药本身所引发的危害却并不次于原先的疾病和害虫所造成的危害。

从局部意义上讲，中国开始进入城市发展的后现代化阶段。随着城市现代化和城市功能的提升，新型风险威胁在一定程度上显现出来，并不断积聚加大。例如由于城市规模不断扩张，人口愈加聚集，试图充分利用新一代信息技术去更好地理解和控制城市运营，优化城市有限资源配置。当前我国智慧城市建设还处于初期的起步和探索阶段，不仅仅是普通百姓，许多智慧城市的建设者和管理者对智慧城市的认识和理解尚停留在比较粗浅的层面上，智慧城市的发展愿景、建设目标与建设路径不够清晰，缺乏对智慧城市高屋建瓴的宏观把握。这样很可能造成诸如“资源共享困难、智慧应用滞后；评价体系不灵，整体效率不高；商业模式缺乏，持续能力不强；核心技术薄弱，信息安全脆弱”等一系列突出问题，从而有可能使智慧城市建设陷入一个高投入、高成本、高风险和低水平、低效益、低可靠性的困境当中[11]。

今天，即便在一个地方社会里，一项拥有美好初衷的现代化工程也可能带来人们无从预知的风险。G 市是一个凭借丰富的自然资源发展起来的东北城市。近些年来，因当地经济的迅速发展，居民购买私家车的风气兴起，原本作为全市枢纽的城市干线愈加难以满足当地居民的交通需求。1998 年以拓宽道路、满足车主行车需求和提高居民生活质量为目的的城市主干道被列为全市重点工程并投入建设。2001 年，包括两座立交桥在内的整条大道修建完成并投入使用，该主干道被命名为“世纪大道”，成为贯穿整个 G 市的一条“城市巨龙”。然而，道路拓宽了，司机开车的时速提高了，发生在这条大道上的灾难性事件却也相应增加了。G 市的居民不再为道路拓宽所带来的交通便利而喜，而是更多地为发生在大道上的交通事故所带来的风险而担忧[12]。

中国在城市现代化进程中，正在努力追赶世界先进水平，却忽视了现代化在给城市带来舒适便捷的同时，也给城市埋下了种种隐患和风险的种子。可以预见中国将长期处于城市建设的高风险之中。“就中国城市飞速发展的现实和未来前景而言，首要的和突出的，则是其模糊性和风险性”[13]。

三、城市风险的防范与治理

1. 在风险社会框架内认识中国城市风险

城市是一定地区范围内的经济、政治、文化、科技、信息的中心，它以人口和建筑、物质和精神财富的高度集中为基本特征。而中国城市更是属于高密度的城市，一旦遭遇重大灾害，势必造成巨大的人员伤亡和财产损失，而且殃及城市所在的区域。

作为人工规划和设计的复杂系统，城市风险正是英国社会学大师吉登斯所说的“被制造出来的风险”。在城市现代化过程中，随着城市规模越来越大，功能越来越综合，使用技术愈益精细，风险的内容和结构日益复杂，远远超出工具理性主义的治理能力。城市发展所面临的风险已不仅仅是从前人们所理解的灾害或风险那样简单，它已成为复杂的充满着诸多不确定性的现代风险社会的一个重要后果。人类要成功规避城市风险，就必须将其置于风险社会这个更加广阔的背景中加以理解，从思想上深化对城市风险的认识，从组织、技术等方面采取更加强有力的措施给予必要的应对。

2. 贯彻以人为本的城市理念

多年来，中国城市建设在“发展是硬道理”“以经济建设为中心”思想主导下，抵御或减轻灾害的基础设施和管理是不可能被放在生命攸关的高度的，更谈不上像对经济建设和维护社会稳定那样的重视和投入。因此，看似美轮美奂、光彩夺目的城市，实则隐藏着巨大危机。如由于选址不当和土地使用规划不符合安全规定，违章施工，设施老化，建筑物倒塌、化学品爆炸等重特大事故频繁发生，并造成了严重的灾害后果。公共聚集场所安全设施不达标，缺乏必要的疏散通道与避灾场所，应急救援器材不全以及公共安全管理混乱，导致发生在城市公众聚集场所的群死群伤事件日渐增多。2015 年 8 月 21 日的天津滨海新区大爆炸和 2014 年 12 月 31 日的上海外滩踩踏事故可以说是其中的典型案例。

从根本上说，确保城市安全在于贯彻以人为本的发展理念，实现城市社会经济结构性、体制性本质安全。我们不能只把城市看做是刺激经济增长的工具，而要转变发展理念，调整发展方式，追求城市经济和社会协调发展。须知再美再大再富的城市，如果不能抵御或减轻自然和人为灾害的袭击，或如学者们所言，庞然之城脆弱得经不起一场雨水，几脚踩踏，那么这样的“美好”也称不上“美好”。城市中的弱势群体，由于在社会经济上自我保护能力差，更容易成为城市安全事故的受害者、牺牲品，因此对他们理应给予更多的关照，以避免雪上加霜，遭到更大的伤害。

3. 加强体制机制建设

在现代社会，风险与城市发展总是如影随形。有效预防和治理城市风险，须将风险管理置于长期的、综合的城市大政方针之内，提高全社会风险意识。城市安全风险治理应建立长效机制，而不应是运动式的，在事故之后作为临时补救措施被制定出来。

现在许多中国城市风险预警和救援机制不完善，危机应对能力不足，存在着分散建设、多头指挥、功能单一、缺乏统筹的弊端。为此，首先要完善相关法律和制度，强化行政管理，建立有效的协调组织体制与机制。其次，构建政府、市场、社会多元参与的风险治理体系，促进政府、企业、社区、居民以及志愿者团体携手合作，形成风险防范和治理的强大合力。在风险治理中最大限度地动员公众积极参与，使社会动员机制制度化。第三，居民防范意识的提高是风险治理的前提和基础。我国各大中城市，防灾减灾宣传教育缺乏，城市居民安全观念落后，普遍缺乏城市风险意识及其自救知识。因此，要以灵活多样的方式，加强城市灾害风险预防与控制宣传教育，提高风险认知水平。开展经常性的教育培训和演练活动，向广大居民普及自救互救知识与技能，提高公众的灾害应对能力，降低民众的生命和财产损失。

4. 借鉴国际经验，提高城市风险管理的科学化水平

一些发达国家的城市经过长时期的发展，在风险治理方面积累了不少经验。如世界性大都市东京，由于所处的地理位置，常年面临着台风、大城市直下型地震和海沟型大地震等自然灾害的威胁，战后积累了 50 多年的防灾减灾和风险治理经验。无论防灾组织体系，防灾基础设施建设，还是政府的危机管理体制和风险治理能力，直至市民的防灾应急能力和风险意识，都发展到相当高的水平[14]。中国城市应积极向国外先进城市学习，提高城市风险管理的科学化水平。

注释

1 张文辉《转型期城市区域重大火灾风险认知、评估和防范》，中国建筑工业出版社，2009 年，28 页。

2 杨雪冬等《风险社会与秩序重建》，社会科学文献出版社，2006 年，23- 27 页。

3 杨雪冬等《风险社会与秩序重建》，社会科学文献出版社，2006 年，30 页。

4 杨雪冬等《风险社会与秩序重建》，社会科学文献出版社，2006 年，2 页。

5 乌尔里希 · 贝克等《自由与资本主义》，浙江人民出版社，2001 年，119 页。

6 杨雪冬等《风险社会与秩序重建》，社会科学文献出版社，2006 年，6 页。

7 杨雪冬等《风险社会与秩序重建》，社会科学文献出版社，2006 年，264 页。

8 高寿仙《1949 年以来的中国城市化进程：回顾与反思》，《湖南科技学院学报》2005 年 3 期，131 页。

9 洪大用《快速城市化与城市社会风险的应对》，《学习与探索》2013 年 2 期，29-30 页。

10 谢立中、郑根植《社会转型：中韩两国的考察》，社会科学文献出版社，2012 年，298 页。

11 课题组《走向智慧城市》，科学出版社，2014 年，前言。

12 赵旭东《文明的风险——以 G 市的现代交通风险为例》，《南京农业大学学报》2010 年 4 期，107 页。

13 宋俊岭《城市风险性评价指征》，《北京城市学院学报》2006 年 3 期，40-43 页。

14 杨典《特大城市风险治理的国际经验》，《探索与争鸣》2015 年 3 期，33 页。

第 5 章
遗产保护：从商业主义到公共性

文化商业主义的遗产保护，在发掘遗产经济价值、发展城市经济的同时，通常会带来原真性与社会公平的争论。

基于公共空间的历史建筑再利用，拓展了历史文化遗产的保护范围，强化了遗产与市民和城市间的关系，丰富了市民的城市生活。

遗产保护要与社区发展相结合，重视社区参与，发挥非营利组织的作用。

人类学是研究人性、族群与文化的学问，具有“进行深层内涵解读和始源意义阐释”的强大功能，应发挥人类学知识在遗产研究与保护实践中的作用。

文化遗产与文化创意产业

很长时期以来，在遗产保护活动中，人们特别强调建筑遗产的历史文化价值，认为要保护就必须原封不动地保护。从 20 世纪 90 年代初外滩建筑功能置换开始，上海开始意识到历史建筑作为“一部具体的真实的人类文化记录簿”，除了向人们传递着丰厚的历史文化内涵之外，还蕴含着巨大的商业发展机遇，因而城市遗产的“经济价值”逐渐成为人们关注的焦点。进入 21 世纪，文化创意产业成为全球文化产业发展潮流的重要组成部分，世界上的主要城市如纽约、伦敦、东京等纷纷通过活化历史建筑，大力发展文化创意产业。上海作为中国最具国际性和现代性的城市，迫切期望跟上世界步伐，也迅速加入这个时代的大潮中来。在彰显城市历史与文化特征的同时，结合老旧空间与建筑改造，发展文化创意产业，努力建设一个文化商业主义的世界城市。

一、上海的若干案例

1. 上海新天地

新天地所在的太平桥地区，原是一片拥有近一个世纪历史的石库门里弄建筑。石库门源于 19 世纪 60 年代，当时太平天国运动兴起，江浙大批有产人家为躲避战乱纷纷涌入上海。外国商人把握这次房地产开发机遇，设计外墙为欧式联排房，内部保留天井、客厢房等江南民居特色的中西合璧住宅，出售给蜂拥而来的移民。为满足买家追求家居安全的心理需求，特别在住宅门上大做文章，选用花岗岩石料为门框，黑色厚重木料为门扉，于是建筑得名“石库（箍）门”。石库门里弄是旧上海这个独特的半封建半殖民地城市，中西文化汇合和中国传统生活方式与现代商业文明相结合的产物。由于这种住宅占地少、设计合理、坚固耐用，适合市井居民的消费水平，很快在上海风靡一时，每年以数万计递增。在20世纪六七十年代，上海由石库门建筑形成的里弄达到9千多处，占上海市区全部面积的四成以上[1]。不过，在20世纪90年代上海大规模的城市开发建设中，大片大片的石库门里弄由于居住条件较差而被拆除。

在20世纪90年代，太平桥地区大部分房屋破旧不堪，许多房屋已近危房，因此被划为旧城改造区。新天地广场北里作为改造计划的一期项目，在太平桥地区控制性详细规划中被界定为历史文化保护区，开发目标是从完善和提升上海城市功能，增强上海城市竞争力和改善城市品质出发，把百年石库门旧城区改造成集餐饮、商业、娱乐、文化于一体，拥有一种人文和历史底蕴、具备综合服务功能的国际化、世界级的商业社区。该项目总投资约1.5亿美元。自1999年开工建设，2001年大体建成。

新天地被认为创造了上海旧城改造的一个奇迹。不但成为上海著名的休闲游览胜地，还带动片区房价大幅飙升，无论对来自国外的游客还是对来自其他城市的国人来说，似乎不到新天地就不算到过上海。新天地也成为中国其他各地推动文化创意产业，促进城市更新争相模仿的标杆。在中国许多城市里，涌现出了各种各样的“新天地”。

2. 思南公馆

思南路最早叫马斯南路，1913—1914年间修筑，路名是为纪念1912年8月在巴黎去世的法国作曲家马斯南。1943年汪伪政府在接收了法租界和公共租界后，马斯南路被改以陕西省蓝田县名命名。1946年又改以贵州省思南县名命名，沿用至今[2]。

1909年比利时商人奥尼尔等人创办了上海著名的义品地产公司。1920年始，义品地产公司购进了复兴中路以南、马思南路东侧的三十余亩土地，开始逐年兴建富有欧洲乡村别墅风格的独立式花园洋房。新中国成立后，思南路保留了原有历史风貌。“文化大革命”期间，原来只住一户的小洋房挤入了“72家房客”，独立式花园洋房变成了大杂院。2003年上海市确定了12个历史文化风貌保护区，思南路47、48街坊成为衡山路—复兴路历史文化风貌保护区的重要部分。该风貌区以花园住宅为特色，主要由数十幢2至4层的独幢和联幢近代西式乡村别墅组成。

思南路改造计划主要是指现在的思南公馆区域。项目对整个街坊进行成片的形态保护，对地块环境、建筑物进行全面的整治和修缮，以恢复别墅原有风貌和小区环境。项目总建筑面积约为7.88万平方米，其中保留保护老建筑近3万平方米，新建建筑2.7万平方米及2.2万平方米的地下空间。思南公馆这一历史街区形成时，正值上海城市转型，中产阶层兴起壮大，消费主义方兴未艾之际，加之国际风云激荡，大量外侨涌入，造就了一种“世界性”和“本土性”“传统性”和“现代性”相融汇的特殊的文化氛围。在20世纪三四十年代许多有名的文化人、政治家、商人都曾在此居住。因应历史痕迹，思南路改造计划的目标，是使其成为具有上海近代独特文化和历史特点的、高品质的生活居住及商业休闲社区。

3. 莫干山路50号

在人类进入后工业化社会之后，产业建筑成为很多艺术家特别钟情的对象。一方面，就要成为人类历史遗产的工业元素，是当代艺术家灵感的重要来源；另一方面，产业建筑空间规模大，可以灵活、自由使用，且租金低廉。于是一些艺术设计师，对城市旧工厂区中废弃的工厂、仓库进行改造，将其发展成为文化创意产业场所，从而赋予这些旧建筑以新的生命。这成为当今许多城市更新中一道靓丽的风景。

莫干山路50号位于上海市静安区澳门路以北、昌化路以东的苏州河中段南畔，是莫干山路历史工业区的一部分。莫干山路历史工业区，是上海乃至中国民族工业发展兴盛的代表和标志，拥有20世纪30年代以来各个历史时期的工业建筑，包括阜丰面粉厂、福新面粉厂、信和纱厂与信孚印染厂等在内的重要工业厂房都位于此地。其中，M50最原始的前身——始创于近代徽商代表人物之一周氏的家庭企业——信和纱厂（后更名春明毛纺厂），1949年后几经变革和扩建，60余年累计建造4万平方米的厂房，形成了完整的聚落风貌。

20 世纪 90 年代，上海实行退二进三的产业政策，开始进行大规模的产业结构调整。在产业结构转型及房地产业的冲击下，莫干山大部分工业产房被拆迁改建。另外一些厂家由于经济效益下滑，停产歇业，借由出租厂房收取租金解决下岗工人生活问题。1999 年春明毛纺厂资产重组，厂房 4 万余平方米调整出租，与此同时出租的还有著名的西苏州路 1131 号仓库和其他几个厂房。在 1998 年亚洲金融危机时期，这块土地的开发商将厂房租赁给艺术家作为工作室，结果聚集了大批自由艺术家，一个文化创意产业集聚区逐渐自发形成。

从 2000 年起，在上海市经济信息化委员会和纺织控股集团公司的支持下，春明毛纺厂逐步将 M50 定位为以视觉艺术和创意设计为主体的艺术家工作室、文化艺术机构和设计企业集聚区。经过十几年发展，从最初十几个画家的工作室和三家国内外画廊开始，渐渐吸引了来自 20 多个国家和地区的 130 余户艺术家工作室、画廊、高等艺术教育以及各类文化创意机构，已经成为苏州河乃至上海最大的文化创意产业基地之一。今天的 M50 已经不仅仅具有艺术品的创作、展示和销售功能，它还在文化创意功能定位的基础上发展出艺术交流、食宿、会议、演出等功能，俨然形成了一条文化产业链。由于文化产业的集聚辐射功能，M50 带动了苏州河沿岸其他工业仓库建筑的再利用，实现了苏州河历史厂区由工业功能向文化功能的转型。M50 也是到访上海的许多国内外游客必去的地方。上海世博会期间被选为“最美上海”的重要旅游目的地之一。持有 M50 运营权的上海 M50 文化创意产业发展有限公司利用 M50 的知名度，将 M50 的运营模式加以复制，在上海各区创立了 M50 品牌创意园的分基地，这样 M50 的文化、艺术及经济效应就辐射到了全上海，同时也成为上海现代艺术产业的标杆。

4. 田子坊

田子坊原名志成坊，位于上海市黄浦区泰康路 210 弄，前身为上世纪初开始在街区内逐渐聚集起来的各式里弄住宅、花园住宅和里弄工厂，建筑风格具有浓郁的海派文化、老城厢风情。1930 年始建时，画家汪亚云夫妇入住泰康路志成坊的隐云楼，创办上海新华艺术专科学校和艺术家协会“力社”，成为这个街坊历史文化积淀的源头。2001年泰康路210弄择名时，画家黄永玉根据《史记》记载的我国古时最年长的画家“田子方”之谐音，将之取名为田子坊，意寓此坊必将是艺术人才和成果荟萃之地[3]。今天的田子坊已经远远超出了最初的里弄范围，其概念早已扩展到了整个街坊和周边，大体包括今天上海黄浦区打浦桥西北部，东临思南路、西至瑞金二路、南临泰康路、北抵建国中路的区域。

在20世纪90年代改革开放后，由于产业结构调整，工厂效益逐年下滑导致泰康路若干厂房闲置。1998年12月，一路发文化发展公司首先进驻泰康路，揭开了泰康路上海艺术街的序幕。不久又有著名画家陈逸飞、尔冬强、王劼音、王家俊等艺术家和一些工艺品商店先后入驻泰康路，使原来默默无闻的里弄小街渐渐吹起艺术之风。此后在政府支持下，通过租赁、转让、置换等方式，逐步把旧厂房、旧民宅改建成为画家工作室、艺术家设计室、画廊、摄影室、陶艺馆、时装展示厅等，渐渐形成以室内设计、视觉艺术、工艺美术为主的产业特色，吸引了包括来自韩国、澳大利亚、新西兰、法国、英国、新加坡、日本、中国香港等在内的26个国家和地区以及国内20个省市的179家中外创意企业入驻[4]。2005年田子坊成为上海市第一批授牌的创意产业聚集区，并且获得2006中国最佳创意产业园区奖。

二、多元化的开发模式

在对历史建筑再利用、城市历史街区发展更新模式的研究中，人们经常停留在自上而下或自下而上的分析框架中，或者简单地归之于政经合作、权力与资本的结盟而大加鞭伐。其实这样的分析未免过于粗浅和笼统了。在上海的实践中，我们可以发现实际上存在政府与市场、政府与公众、民众与市场等多元化的合作开发模式。

新天地是典型的由上而下的开发模式。卢湾区政府将新天地地块定位为历史文化保护区，从规划层面对开发商进行引导和调控。为了鼓励开发商参与旧城改造，出台减免、缓缴土地使用费等优惠政策，并作为投资主体参与项目开发和拆迁安置等工作。开发商投入资金，完成空间改造从规划设计到建设的全过程，获取空间增值利益。为满足对地块的历史文化保护要求，开发商投入13亿元对新天地建筑进行修整，同时为了实现资本增值，采用容积率外推方法将新天地的容积率损失转移到周边地块，实现总体巨额赢利[5]。

在思南路改造项目中，上海市提出建立“政府扶持、企业运作、市民参与”的运作机制，政府不直接介入更新改造项目，而只是提供政策上的支持和公共设施建设。企业在保护规划的指导下，对城市遗产区进行保护更新和再开发利用。通过历史文化遗产本身所具有的市场价值，以及新的合适的功能定位，来得到长期的利益[6]。期间由于多方利益博弈，思南路的改造至少经历了10个年头才彻底完成。

M50是以专业自重、以市场自立的艺术家和企业联盟，利用艺术产业激活城市遗产，带动历史建筑的功能置换，具有民间性和顽强的自发生命力。也就是说，从启动关键的角度来说，是由于工厂管理方与艺术创作者群聚的力量所促成的。正是在企业与艺术家的激荡之下，艺术工作者群聚在老旧工业厂房进行艺术创作，并且自发地将莫干山50号这块工业空间塑造为艺术工作场所，在此营造出浓厚的艺术气息，也因此使上海政府对此的规划发生转变，同意保留老旧工业厂房作为文化创意产业空间，从拆迁转为支持的角色[7]。

当前，M50管理及运营权属于上海M50文化创意产业发展有限公司。上海M50文化创意产业发展有限公司搭建“M50创意者之家”，作为M50园区的创意互动平台。在功能定位上，“M50创意者之家”有五个功能：开展党建活动的组织平台、园区内外交流的互动载体、助推园区形象的重要窗口、社区与园区创意者沟通的桥梁以及社区服务园区创意者的温馨家园。但很多艺术家都表示这个平台实现的功能不过是自上而下的管理，对于一些交流、互动及诉求却很难通过这个平台来实现。

田子坊起初并非政府规划项目，几度面临被拆迁命运。按 2004 年官方方案，田子坊石库门旧里弄的商业街坊都要被拆除来做台湾日月光地产。田子坊之所以保存下来，发展起来，从宏观上来说，上海从工业城市向后工业城市转型，为其更新改造提供了广阔的社会经济基础。从根本上来说是田子坊发展出一种有效的地方精英与草根市民合作开发模式。在上海改革开放中实行的行政权下放，赋予了街道办事处独特的地位和作用，使其能够在田子坊地区更新的过程中调动各类社会资源，不断扩大利益团体，争取到广大居民、艺术家、商户和消费者以及城市学者、建筑师、历史保护者、各类媒体以及不同层级的政府部门的支持，从而推进了田子坊地区更新的不断发展[8]。正如有学者所指出的，他们凭借对卢湾事业的执着，对社会转型时期大气候变迁趋势的捕捉能力，以及对我国传统体制逆向可利用价值的洞察力，经过对社会人脉的广泛梳理和整合，构建起一支跨越条块体制、突破隶属边界、志同道合的团队。这个团队有三个特点[9]：（1）善于寻找新旧体制转换时期的“夹缝”，利用时间差打政策“擦边球”，为田子坊获取先发性效应奠定基础。（2）决策过程能广开言路，不计私利，胸无宿物，言必信，信必果，一旦看准方向锲而不舍，义无反顾。（3）善于将社会资源为我所用。例如艺术大家陈逸飞、尔冬强、黄永玉，建筑大师郑时龄和阮仪三，创意产业开拓者历无畏，以城市区域改造运筹策略高手张建君和商业运作巧匠吴梅森为代表的市场力量，先后成为田子坊发展的编外团队。居改非则使居民直接参与到城市发展项目中来，为居民带来了实际的利益，从而赢得了社区居民的广泛支持。

三、原真性与绅士化

1. 原真性问题

原真性，它的英文是 Authenticity，本义是表示真的而非假的，原本的而非复制的，忠实的而非虚伪的，神圣的而非亵渎的。20 世纪 60

年代原真性概念引入遗产保护领域。1964年《威尼斯宪章》奠定了原真性对国际现代遗产保护的意义，提出"将文化遗产真实地、完整地传下去是我们的责任"。1994年12月在日本古都奈良通过的《关于原真性的奈良文件》，肯定了原真性是定义、评估和监控文化遗产的一项基本因素。

在上海通过活化历史建筑，发展文化创意产业，已经出现了许多"成功"的开发案例，如被视之为自上而下改造经典的上海新天地、思南路公馆，以及自下而上的上海田子坊、M50等。只不过这其中许多具有明显特征性的历史性建筑，虽然免于被拆迁的境地，但已"面目全非"，丧失了原真性，成为新一代的旅游产品符号。有批评者认为，新天地的"老上海"是在一个被清了场的旧址上人为制造的，它有石库门的外形，却没有原真石库门的生活痕迹。它徒有历史的外壳，却未能保留住其精神内涵。人们在消费这一历史空间时却没有感受到这一空间的历史。相反，让人们记忆犹新的是一种人工的"做旧"。因此，新天地的成功，只是建筑美学、商业招徕或还可加上赝品的成功，而非遗产保护的成功[10]。也有学者认为，新天地在旧建筑的更新和利用方面走出了非常成功的一步，揭开了一层城市遗产保护的面纱，使得它变得时尚，变成社会生活中重要的一部分，同时也让人们反思城市遗产所蕴含的更广泛的意义，去思考更多样化的保护途径和模式[11]。建筑学家罗小未则指出，从国外经验来看，不同的保护对象可以有不同的保护要求。有的要求原封不动的保护，如"preservation"；有的在保护中予以适当改造，能使之适当地再使用，如"conservation"；有的为了给旧建筑以新生命，划出保护外壳，里面完全更新—适应新用途，如"recycling"。新天地虽然只保存了建筑外墙，但事实上已经做到了保护。或许开发商利用保护来为其开发增值与抬高身价，但起码它认认真真地、热情地把保护做到家。相比之下，很多更好的旧房子在城市建设的大潮中由于找不到保护与开发的结合点而被推倒，新天地这种利用里弄建筑的魅力为广场开发带来商机的方式何乐而不为呢[12]。

有关遗产原真性的争论，显然在上海遗产保护实践中得到了真实地回应。如思南路公馆项目，目标是定在还原到其最辉煌的20世纪三四十年代的记忆中去。这片建筑采用边置换、边修复的方式小心推进，尽量做到修旧如旧，使思南路别墅群的整体建筑风格“原汁原味”地保存下来。今日思南路47—48号街坊的保护与复兴已经初见成效。从物质形态上说，不仅仅是23幢优秀历史建筑得到了保护，甚至其他非登录建筑也基本保存了下来。田子坊则被认为是在真实的民居里发展出来的，从真实的地方中创造了世界主义的场所。在这个世界主义的新城市空间里，上海的普通市民是在场的，居民的社会结构、社会文化网络是被保留的，他们不是这个空间的背景，而是如同其他的创业者、打工者、消费者、中外游客一样是行动者[13]，这似乎更符合遗产保护的原真性原则。M50是在保留仓库原貌的基础上，对厂房硬设备进行部分修缮和维护。承租户在装修工作上必须通过厂方的审查，不得破坏建筑物原貌。

2. 绅士化与社会公平

在历史街区保护整治的过程中，伴随传统风貌维修和和居住环境改善，往往会出现地区的绅士化现象。1963年英国学者胡斯·格拉斯(Ruth Glass)在描述发生在伦敦内城街区变化时首先使用了“绅士化”(Gentrification)一词，揭示了绅士化“双重存在过程，一方面，一些位于城市中心历史街区的社会结构的变化—原有的较贫穷的居民为中产阶级取代；另一方面，大量中产阶级的投资改善了街区的基础设施，修复了历史建筑，美化了居住环境，使街区得以复兴”[14]。绅士化现象虽有利于街区物质形态的保存和历史风貌的延续，但不利于街区社会网络结构的维系和无形文化遗产的继承。历史街区往往是城市工薪阶层甚至贫困人群的聚居区，街区的绅士化会加剧社会分层和空间隔离，引发各种社会矛盾，不利于和谐社会的建设[15]。

作为一个不断发展演进的概念，绅士化在不同时期有着不同的涵义和机制。Hackworth和Smith总结了20世纪60年代以来绅士化的三次浪潮，并检验了政府在其中所扮演的不同角色。第一次浪潮从50

年代开始，以零星的绅士化和政府主导的绅士化为特征；第二次浪潮发生在20世纪七八十年代，是绅士化不断扩张和对绅士化的抵抗并存的阶段；第三次浪潮开始于20世纪90年代初期，经济衰退之后，绅士化受到强烈的政府干预。在第三次浪潮中，权力下放促使地方政府积极参与当地经济发展。同时，中央政府对地方补贴减少也迫使地方政府和私营资本建立合作关系来吸引和留住中产阶级。目前的绅士化现象是和政府尤其是地方政府的参与密切相关的。随着全球化的加剧，学者们提出绅士化的"第四次浪潮"之说，亦即新的绅士化现象的出现与全球资本流紧密相联，并得到政府政策的明确支持和鼓励[16]。

就上海历史文化遗产的保护和开发来说，绅士化也是人们所诟病的地方。如上海新天地的服务对象锁定在上海小资一族、居住在上海的外籍人士以及到上海旅游的外地游客，其经营内容主要有酒吧餐馆、咖啡馆、画廊、时装专门店、时尚饰品店、电影院及极具规模的一站式健身中心等。由此新天地从一个平民的象征转化成了一个奢侈的商业社区中心。思南路将规划区内的居民全部外迁，代之以高档餐馆、商店和酒店等，这样的消费品结构和消费等级把大多数的普通市民拒之门外。总之，商业化的历史建筑活化、旧区改造是在市场经济利益最大化的驱使下产生的，它往往违背历史遗产保护公平性的原则，使得占绝大多数的普通市民无法行使其享有和接近历史遗产的权利，也无法让商业开发所带来的发展成果惠及到他们身上。

四、以艺术始，商业终

从世界范围来看，许多文化创意园区都经历了一个由艺术始而由商业终的过程。似乎一旦进入艺术市场，任何人、任何机构都无法躲避资本支配的力量，这就像一个多米诺骨牌所引起的连锁反应。先是废弃厂区、街区通过艺术家们的自发聚集而成为闻名的文化创意基地。继之因艺术家的聚集效应，导致一个区域的商业价值提升，从而带动该区域地价上涨，并由此吸引大量商业机构进驻，从而进一步推高房租和土地价格。无论是房租上涨还是商业机构进驻，都会造成聚集区域整体环境和气氛的改变，同时也加大艺术家的生活成本。结果是园区内的许多艺术家，因不堪忍受日见高涨的房租以及越来越商业化的氛围而不断撤出，去寻觅新的艺术创作空间，并再次进入历史的循环往复。

从产业建筑发展而来的上海 M50，高额的租金是艺术家们在此生存的一个难题。据了解，M50 厂房的平均租金为每月 120 元 / 平方米，一间面积较小的厂房面积在 300～400 平方米，则每月租金可达到 4 万元以上。对于一些有名气的的艺术家及老牌的画廊经营者来说租金是完全可以承担的，但对于一些年轻的入行不久的艺术家来说，在这里生存发展就成为一件极其困难的事。

田子坊虽然特色相对鲜明，但是现在已经出现了过度商业化现象。大约 2005 年以后，田子坊地区的功能和人口结构发生变化。由于商家的竟相入驻，加之其便利的区位优势和品牌知名度给商家带来了较丰厚的利润回报，使得田子坊的租金不断攀升，远远超过了创意文化产业生产者的承受能力，许多艺术家不得不外迁，商业氛围开始取代艺术氛围。有资料表明，现如今田子坊的商铺已经有 300 多家。这说明仅仅基于市场的自发行为，如果没有严格的业态和租金管控，没有促进创新的产业政策和制度引导，无论起初多么“成功”，最终也可能走入一去不返的迷途。

以艺术始，商业终，这不仅仅是 M50、田子坊所面对的，也是国内大多数艺术产业园区所共同面临的困境，在艺术和商业化的十字路口，文化创意园区应当何去何从？这是需要认真思考和对待问题。

注释

1 桦子《上海石库门》，《上海房地》2011 年 3 期，55 页。

2 尤莼洁《思南公馆的“寻根”与“再造”——历史街区保护的“上海样本”》，《解放日报》，2012 年 9 月 26 日。

3 朱荣林《解读田子坊》，文汇出版社，2009 年，9 页。

4 朱荣林《解读田子坊》，文汇出版社，2009 年，35 页。

5 姜文锦等《我国旧城改造的空间生产研究——以上海新天地为例》，《城市发展研究》2011 年 10 期，87 页。

6 阮仪三《城市遗产保护论》，上海科学技术出版社，2005 年，133 页。

7 洪启东、童千慈《从上海 M50 创意园看城市转型中的创意产业崛起》，《城市观察》2009 年 3 期，102 页。

8 孙施文、周宇《上海田子坊地区更新机制研究》，《城市规划学刊》2005 年 1 期，39 页。

9 朱荣林《解读田子坊》，文汇出版社，2009 年，22 页。

10 于海《田子坊实验：超越全球—地方二元对立的城市更新模式》，《中国名城》2009 年 2 期，29 页。

11 阮仪三《城市遗产保护论》，上海科学技术出版社，2005 年，137 页。

12 罗小未《上海新天地——旧城改造的建筑历史、人文历史与开发模式的研究》，东南大学出版社，92 页。

13 于海《田子坊实验：超越全球——地方二元对立的城市更新模式》，《中国名城》，2009 年 7 月，30 页。

14 张松、赵明《历史保护过程中的绅士化现象及其对策探讨》，《中国名城》2010 年 9 期，5 页。

15 张松、赵明《历史保护过程中的绅士化现象及其对策探讨》，《中国名城》2010 年 9 期，4 页。

16 何深静、刘玉亭《市场转轨时期中国城市绅士化现象的机制与效应研究》，《地理科学》2010 年 4 期，497 页。

上海历史性建筑再利用与公共空间的生产

一、国内外研究及实践

人们一般认为，历史建筑适应性再利用是指在保持历史建筑历史特征不动的同时，改变建筑用途以使其符合新的功能的过程。再利用的本质是再次开发利用既存建筑内含的建筑遗产资源，不管这种遗产资源是实体的物理资源，还是抽象的社会资源。一般来说，历史建筑再利用具有如下特点：(1) 建立在对建筑遗产文化价值的认识和充分尊重基础之上。(2) 在新的利用过程中，历史建筑的特征是保持不动的。(3) 建筑物的用途被改变，异于建筑物最初设定的功能。(4) 改变的用途符合新的功能需求，并且有利于历史建筑生命力的延续[1]。

在 20 世纪 60 年代之前，历史性建筑再利用的实践并不少见，但真正以再利用引导整合历史性建筑的保护是 20 世纪 60 年代之后的事。回顾其发生、发展的过程，可以说贯穿了艺术创新与社会生命复兴两个主题。也就是说，历史性建筑再利用实践，更多地被整合进当代建筑艺术而非文物修复领地，并从艺术手法探索扩展到复兴建筑遗产社会生命，促进旧区复兴与更新，参与活跃社会生活等更广阔的社会发展领域[2]（表 5-1）。

上海的历史建筑大多是近代的产物，大量的住宅和商业大楼能和现代生活相适应，对于这些建筑物如能进行适当的开发，不但可以保存它们，也可以从中获得大量资金[3]。事实上上海历史建筑的诸多再利用项目，如上海的新天地、思南路改造项目，上海田子坊以及 M50 等都是因其“经济价值”而获得青睐的。问题是那些遍布城市各处，在城市夹缝空间顽强地存活下来，无直接或巨大经济价值的历史建筑再利用又该如何进行呢？

表 5-1 历史性建筑再利用 20 世纪重要实践年表

年代	建筑名称	原建筑时间	再利用时间	再利用设计者	其他
1932	巴黎“玻璃屋”	18 世纪	1928—1932	皮埃尔·查理奥 Pierre Chareau	“阁楼”式建筑再利用先驱，1965 年被指定为登录建筑
1937	哥德堡法院改扩建	1672	1934—1937	G·阿斯普隆德 Gunnar Asplund	第一个将现代手法应用于历史性建筑公共性再利用
1951	热那亚白宫美术馆改建	1530—1540	1950—1951	福兰寇·阿尔比尼 Franco Albini	以现代理念、材料、造型与手法对历史性建筑再利用的探索
1961	热那亚红宫美术馆改建	1671—1677	1952—1961		
1963	威尼斯奎瑞尼艺术馆改建	1869	1961—1963	卡洛·斯卡帕 Carlo Scarpa	
1964	维罗纳城堡博物馆改建	1354—1356	1958—1964		
	旧金山吉拉德里广场	19 世纪中叶	1962—1964	劳伦斯·哈普林 Lawrence Halprin	第一个产业建筑遗产商业性再利用
1967	英国斯内普麦芽音乐厅	1894—1996	1965—1967	Arup Associates	厂房在利用为音乐厅
1978	波士顿昆西市场改建	1824—1826	1976—1978	Benjamin Thompson	
	美国罗维尔国家历史公园	18—19 世纪	1978 年成立		产业建筑遗产大规模再利用
1980	伦敦女修道院花园市场改建	1829—1830	1975—1980	GLC Architects	菜市场改扩建
	艾希施泰特宗教大学图书馆	17 世纪	1878—1880	Karljosef Schattner	内院改扩建为中庭
1984	贝尔福市立剧院改扩建	19 世纪	1980—1984	让·努维尔	带朋克及解构色彩
	法兰克福德国建筑博物馆	19 世纪	1982—1984	O.M.Ungers	现代与后现代融合
1985	圣路易斯联合车站改扩建	1891—1894	1981—1985	HOK 事务所	火车站综合再利用
	伦敦新肯考迪亚码头改扩建	19 世纪	1981—1985	Pollad Thomas & Edwards	仓库再利用为公寓楼，道克兰第一个历史性建筑再利用
1986	帕尔马皮罗塔宫改扩建	1583—1622	1970—1986	Guido Canali	纯净现代主义、高技、极少
	巴黎奥赛艺术馆	1898—1900	1983—1986	G.Aulenti	温和后现代与现代主义融合
1987	德国艾希施泰特新闻学院	17 世纪	1985—1987	KarljosefSchattner	中庭及外廊改建
	格拉斯哥王子广场商业中心	1845 年建成	1985—1987	Hugh Martin	带高技色彩的商业化后现代

续表 5-1

年代	建筑名称	原建筑时间	再利用时间	再利用设计者	其他
1988	泰特美术馆利物浦分馆	1846—1848	1984—1988	詹姆斯 · 斯特林	后现代、高技、浓烈色彩
	伦敦鱼类批发市场改扩建	1874—1877	1985—1988	理查德 · 罗杰斯	高技、夹层
1989	维也纳 Falkestrasse 大街 6 号楼屋顶改扩建办公室	19 世纪	1988—1989	Coop Himmelblau	解构主义第一次应用于历史性建筑再利用外部改建
	伦敦想象力总部大楼	1905—1916	1988—1989	Herron Associates	膜结构的第一次应用
	德国萨布肯城堡改建		1982—1989	G · 博姆	带高技色彩的后现代
1990	热那亚卡罗 · 菲利斯剧场改扩建	1826—1831	1983—1990	阿尔多 · 罗西	温和后现代、大部分重建
	阿姆斯特丹玻璃音乐厅	1896—1903	1988—1990	Mick Eekhout\Pieter Zaanen	
	伦敦烟草码头改扩建	1811—1814	1985—1990	特瑞 · 法雷布	温和后现代、色彩丰富
1991	伦敦利物浦街头火车站改建	1874 年建成	1985—1991	建筑设计集团	高技、后现代的完美融合
	英国皇家美术学院萨克勒美术馆	1666 年建成	1985—1991	福斯特	纯净的现代主义
1992	汉堡媒体中心	19 世纪末	1983—1992	ME DI UM Architects	
	哥伦布国际博览会仓库改建		1988—1992	皮阿诺	现代主义、高技
	卢卡大教堂博物馆改扩建	13—16 世纪	1989—1992	Pietro Carlo Pellegrini	
1993	丹麦考灵市古堡改建	13 世纪晚期	1972—1993	Inger and JohnannesExner	
	洛杉矶中心图书馆改扩建	1926 年建成	1983—1993	HHP 事务所	温和后现代与现代主义融合
	卢浮宫改扩建	1190 年始建	1983—1993	贝聿铭	纯净的现代主义、高技、极少主义
	里昂歌剧院改扩建	1831 年建成	1986—1993	让 · 努维尔	
	新加坡克拉码头改扩建	1880—1930	1988—1993	ELS/Elbasani&Logan Architects\ RSP Architects Planners&Engineers	
1994	里摩曰大学法律与经济学院	20 世纪初	1989—1994	MassimilianoFuksas	高技、解构、有机形态
1995	剑桥大学法学院	1766	1991—1995	John Outram	典型的后现代、装饰主义

续表 5-1

年代	建筑名称	原建筑时间	再利用时间	再利用设计者	其他
1996	伦敦布特勒码头改扩建	1871—1873	1985—1996	Sir Terence Conran. Conran Roche	
	耶拿卡尔 · 蔡司光学工厂改扩建	1890	1991—1996	DEGW plc Architects &Consultants	
	诺伊斯尔雀巢法国总部	19 世纪中后	1993-1996	Reichen&Robert Architects	
1997	林果多菲亚特汽车厂改建	1917—1920	1988—1997	罗伦佐 · 皮阿诺	纯净的现代主义、高技
	法国里尔工艺美术博物馆改扩建	1892 年始建	1990—1997	Jean.Marclbos\ MirtoVitart	
	布达佩斯荷兰国际银行	1883 年建成	1992—1997	Erick van Egeraat	解构、高技、有机形态
	弗雷斯诺当代艺术学校	1905—1920	1994—1997	伯纳德 · 屈米	解构、“In-between”
1999	卡尔斯鲁厄艺术及媒体技术中心	1915—1918	1993—1999	P. Schweger	纯净的现代主义、高技
	德国国会大厦改建	1882—1894	1995—1999	福斯特	高技、生态技术、有机形态
	苏格兰建筑、艺术与城市中心	1893—1895	1997—1999	Page&Park Architects	
2000	德国柏林奥斯拉姆灯泡厂改建	1906—1914	1993—2000	Schweger & Partner Architects	
	伦敦泰特现代艺术画廊	1947—1963	1994—2000	Herzog & deMeron Architects	
	大英博物馆改扩建	1823—1848	1994—2000	福斯特	内院改为中庭、有机形态
	纽约中央火车站修复与改建	1913	1996—2000	Beyer Blinder Belle Architects	
2001	都柏林禁庙区复兴开发		1991—2001	Group 91 Architects	
	柏林舒特海斯啤酒厂改扩建	1890	1996—2001	Frederick Fischer	工厂再利用为居住区
2002	上海“新天地”	1920—1930	1997—2002	WOOD & ZAPATA INC.\NIKKEN SEKKEI International Ltd.\ 同济大学建筑设计院	
2003	纽约宾州火车站改扩建	1910	2000—2003	David Childs（SOM）	高技、有机形态、美国最大的历史性建筑再利用项目

资料来源：陆地《历史性建筑再利用在 20 世纪的发展足迹》，《时代建筑》2001 年 4 期，80 页。

西班牙的文化遗产保护在世界内享有盛誉，仅世界文化遗产就有 37 处。在联合国教科文组织的《世界遗产名录》中位列第二。建筑遗产保护的公共意识一方面表现在其历史延续价值已成为普遍的社会文化共识，另一方面又突出地表现为在保护的前提下，建筑遗产的公共性正在成为遗产利用理念的重要价值取向。正是这种共识催化了规划和设计领域以公共空间为纽带将历史建筑与当代城市生活连接起来的方法[4]。在西班牙城市中，类似例子比比皆是。

近年来，历经单一的商业化开发之后，在上海文化遗产保护中，融入城市公共空间体系的新观念与新策略，探索基于公共空间的历史性建筑再利用的实践也开始出现。

二、上海的若干案例

1. 张爱玲故居

张爱玲故居，一座位于苏州河南侧的红砖老洋房，建于辛亥革命前，乃李鸿章之女，张爱玲的祖母李菊耦的陪嫁之一，这笔丰厚的嫁妆荫及张爱玲的童年和少年。李菊耦去世之后，先被出租，后则空置。自 1956 年起，更是几经易主。在漫长的 50 多年中，位于康定东路 87 弄 3 号的这栋清末建筑历经多次改建，却一直秉承着基本的改建原则：改造不得采用槽钢、梁柱等，必须采用现浇钢筋混泥土工艺加固，不得开窗与开门。不过各时期的职能却有不同（表 5-2）。

表 5-2 张爱玲故居改建内容与用途

年代	所有人	改造内容与用途
1962—1966	郭敛芳	搭建危险房屋
1982	上海制药厂	搭建弄口建筑 9.9 平方米，造成污染
1984	上海职工大学	搭建砖木房两间 85 平方米，作为学校的实验室
1989	上海职工大学	搭建面积为 38 平方米的阁房，存放物品
1997	上海医药职工大学	将地层前间（沿街）（含办公室、厕所）等 325 平方米租赁出去，与上海华联超市康定商店单位联营作为营业用途，自 1997 年 10 月 29 日签订，租期 12 年，以缓解学校经济压力
1997	华联超市	上海华联超市是由上海城市建设学院设计研究院设计，由华联超市招标、投标、开标确定由上海室内装饰集团公司承建

图 5-1 张爱玲故居改建为石门二路社区文化中心

张爱玲故居在改建为石门二路社区文化中心之前，承租权已经归属一家企业。2008 年上海医药职工大学将承租权转让给石门二路社区文化中心，由此从原初的一个商业项目转变为一项惠及民生的计划。2008 年 5 月，石门二路街道划拨 4500 万元用于张爱玲故居的修缮工作，设计方案由上海静安置业设计有限公司提供。本着“修旧如旧”的历史建筑保护原则，修缮过程尽量保持着其原有风貌。现在这栋建筑已被列为文物保护单位（图 5-1）。

被改建为石门二路社区文化中心的张爱玲故居，整片建筑群被分为四栋。其中 A 楼所在地是曾在张爱玲的作品中多次提到的园子，由于是粗糙简陋的加建建筑，因此进行了原地重建，装饰格调为现代建筑装饰风格。上海医药职工大学曾经将一楼部分租给联华超市使用，期间曾经对这一部分的空间做了相应的更改，变成超市的门面部分。在这次改造过程中，进行了彻底修缮。目前一层为大厅及阅览室，二层为大会议室，三层为中型会议室。B 楼为社区文化中心活动的主体建筑，属于老式砖木结构。目前主要用途包括：阅览室、展览用房、合唱室、教室、小会议室等主要社区活动用房和地下车库、藏书室和仓库。在修缮过程中并未更改建筑主体，仅在墙面以及内部装饰方面做了一些调整。C、D 楼主要进行建筑外立面的改造。C 楼为老式砖混结构，曾经是张爱玲家族时代佣人所住的地方，面积大约在 50 平方米。目前主要用途：一层东方信息苑用房，二层健身房，三层舞蹈房等。D 楼是 C 楼旁边搭建的一个面积在 20 平方米左右的依附建筑，主要作为社教办和社区文化中心的办公场所。由于室内年久失修，因此进行了一番改造，并尽力恢复其原貌。总体而言，在这次改造工作中，修缮的部分主要包括外墙、连接两栋房子的楼梯、建筑内部装饰的变化（图 5-2）。

石门二路社区文化中心由非营利机构华爱社区服务管理中心（以下简称华爱）托管运营，统筹各社区组织开展丰富多彩的文化活动。地方政府之所以选择华爱，一是因为华爱交流平台广阔，注重资源共享，尤其是海外资源丰富，对于提升中心的国际化水平，扩大中心的知名度和影响力具有积极意义。二是作为有着悠久历史的社会服务机构，华爱服务理念很明确，服务经验非常丰富。

目前，石门二路社区文化中心的日常服务项目主要包括汉未央[5]、东方信息苑、体育健身、武定书场、图书馆、社区学校、文体表演等。此外，社区中心每年都有一些特色服务项目。根据 2012 年资料，特色品牌项目主要包括：文化之旅——长者与志愿者交流共进、Sunny 营暑托班——社区儿童的乐园、夕阳红姐妹驿站、文体小广场等。

（1）武定书场。武定书场是评弹专场演出，在 1985 年左右创办，最早在石门二路上，2001 年由于社区文化活动中心动迁，书场便搬去了西海电影院的一间多功能厅。由于早上有人跳舞，所以说书的时间大多在下午。最初武定书场的听众席都是工作人员用木桌子、木凳子拼出来的，条件非常简陋。2009 年武定书场随社区中心搬到了康定东路 85 号二楼的 300 人会议室，条件有了很大改善。

（2）图书馆和东方信息苑。石门二路社区中心的图书馆藏书室 230 平方米，藏书 19 000 多册，报纸杂志 120 种。虽然空间非常小，但是社区中心配备了非常人性化的阅读方式，走道两边有座椅，放置了空调，且常年提供张爱玲的相关著作借阅。图书馆借阅的方式也非常简单，可用本人的身份证外加 100 元办理一张一年的借阅证。居民还可以登录社区中心网站进行图书订阅。东方信息苑提供日常计算机查阅服务、定期安排放映电影以及计算机技术的学习课程。居民可以凭身份证办卡，收取一定费用。同时官方网站会定期对居民想看的电影做调查，及时调整电影播放的顺序和时间。

图 5-2 张爱玲故居改造

(3) 文体活动。配合上海文化节以及静安区十分钟文化圈活动，社区中心定期有一些摄影艺术展，每个月的 20 日，活动中心都有免费的文艺演出，大部分是专业演出团队，部分节目是由社区居民自编自演。在社区中心的官方网站以及社区宣传告示上都会及时发布相关信息。以2013年12月为例，共有两场专场演出：“美好生活、携手共创——石门二路专场文艺演出”“唱响中国梦——石门二路社区文化团队元旦专场文艺演出”。

(4)体育健身。石门二路社区文化中心针对年轻人推出健身活动，委托石二青年健身俱乐部负责主要工作，吸引了很多青年白领。除此之外，健身中心还承担一些公益健身项目，例如青少年健身项目，阳光之家康复训练、敬老院健康宣传等。

(5)张爱玲书屋。在社区中心一楼阅览室旁边有一间张爱玲书屋，以此纪念张爱玲。房屋内摆放了一些简单的旧式家具，旁边的书架上放着《张爱玲典藏全集》《色戒》《重读张爱玲》，以及张爱玲遗稿《重访边城》等书籍供读者借阅。

(6)社区学校。社区学校定期开课，每次开课前都要做系统的课程调查，根据调查结果了解居民希望排哪些课程。目前课程主要针对老年人，包括太极拳、沪剧班、钢琴班、越剧、民族舞等。且时间多集中在周末，一周一节课。另外寒暑假也特别针对小朋友开办寒暑托班，参加的多数是附近小学的学生。

对于社区文化中心的服务项目，总体而言，主要有以下特点：第一。自助型为主，辅之以文化特色。例如书场的宣传单都是书场票友们手绘的，沙龙活动是票友们自己组织的，定期演出的都是自己拿手的选段。第二，价格亲民。一般一场评弹，上下半场共计两个小时，讲一回全本，要连续讲上半个月。听一场评弹的票子很便宜，只要5元，套票则每场4元。参加社区学校费用也很低。第三，没有门槛。例如健身中心与图书馆，只需要出具身份证就可以办理相关证件。第四，公益性。石门二路社区文化活动中心各项活动，由不同的社会组织进行运营管理，公益性的特征非常明显。

2. 丰子恺旧居纪念馆

丰子恺（1898—1975年），中国现代著名画家、文学家、美术和音乐教育家。浙江桐乡人。早年曾师从李叔同学习绘画、音乐。1921

年去日本，回国后先后在上海、浙江、重庆等地从事音乐和美术教学活动。五四运动以后，即进行漫画创作，画作造型简括，画风朴实。擅散文和诗词，隽永疏朗，别有一体。新中国成立后，曾任上海中国画院院长、中国美术协会上海分会主席等。

淮海中路与陕西南路交会处不远，有几幢西班牙式联排别墅，名为长乐邨。这是租界时期的建筑，七排洋房，129 个单元，每个单元都是两到三层的坡屋顶房子。1954 年，丰子恺和家人搬到长乐邨 39 弄 93 号的小楼里，他为之取名为"日月楼"，在这里一直住到 1975 年去世。"文化大革命"期间，一楼被房管所造反派强占，全家十几口人挤在二楼和三楼。1975 年，在丰子恺于"日月楼"去世之后，丰子恺后人以置换方式搬离此处。2008 年，丰子恺家属购回了日月楼二层和三层共 65 平方米，经整修复原为"丰子恺旧居"，并于 2010 年免费对外开放，展出丰子恺生平、绘画、文学、艺术、译作和书法作品，以及其代表性漫画、书法复制品。现已成为上海颇具影响的人文景点。

丰子恺旧居纪念馆由丰家后人自发自费举办，属于非经营性的公益行为。现在丰子恺旧居由丰子恺的家属（主要是退休人员）负责日常管理工作，周三到周日为固定开放时间，家属轮流值班，也有志愿者协助管理。此外，还成立了丰子恺研究会。丰子恺旧居日常维护费用的主要来源，是对丰子恺漫画作品进行开发、销售，以及丰子恺研究会的会费，但都相当有限。地方政府"可能考虑到旧居开放所引起的社会影响力"（丰子恺家属语）而拨给一些资金作为旧居的维护费用，但目前尚未落实。

3. 邬达克文化发展中心

邬达克（1893—1958 年），匈牙利建筑师，1918 年来到上海，是 20 世纪初上海最有名望、最活跃的建筑师之一，共设计了包括国际饭店、武康大楼、大光明电影院等在内的近百幢建筑，其中相当一部分如今被评为优秀历史保护建筑。

邬达克旧居，位于今上海市长宁区番禺路 129 号，由邬达克亲自设计，带有英国乡村风格。邬达克一家在其中居住了近7年时间（1932—1938年）。在历史风云变幻中，这幢建筑的主人与用途不断变化，先后作为德国领事、商人居所以及中学校舍等，到2008年已经闲置荒废多年。2011年，民营企业家刘素华与其友人投资修缮邬达克旧居，2013年完成，作为邬达克纪念室正式对外开放。此外，依托邬达克旧居成立了邬达克文化发展中心，不定期举办艺术展、文化沙龙、建筑设计论坛、文化交流等活动，激发人们对历史建筑的热爱和保护，推动上海历史文化遗产保护事业的发展。

2018年，值建筑师邬达克来到上海的百年纪念，邬达克纪念馆举办了规模宏大的“邬达克年”系列活动。

4. 上海当代艺术中心

1897年，清政府上海马路工程善后局在十六铺老太平码头建立南市电灯厂，1918年又成立上海华商电力股份有限公司，1955年定名为南市发电厂。南市发电厂见证了上海工业近代化的百年历程。

2006年，南市发电厂面临存续困境。2010年世博会的召开为其发展带来转机，因为这次世博会将对园区范围内老建筑尤其是近现代工业遗产，进行大规模保护与再利用。原南市电厂主厂房拥有长128米、宽70米、高50米的庞大体量，165米高的烟筒也具有明显的区域标志特征，其内部空间和外部形态相对完整并拥有强烈的工业文明气息，被定位为展示城市发展与未来走向的城市未来馆。世博会结束以后，又被改建成为上海第一座公立当代艺术馆。这期间经历了6年艰辛的建筑改造历程。上海当代艺术博物馆对原有南市电厂进行了有限的干预，目的在于最大限度地让厂房的原有秩序和工业遗迹特征得以体现（高耸的烟筒、平台之上的发电机、巨型行车以及屋顶上的4个巨大的煤粉分离器），同时使这些历史遗存的特征性元素成为现实语境中的真实参与者，并对当代艺术产生真正的现实动力[6]。现在当代艺术博物馆除了定期举办双年展之外，还不定期举办各种城市空间展、书画展、现代装置展等，周末还会定期举办儿童艺术训练营。因此，上海当代艺术博物馆并不仅仅是扮演着文化传播者的角色，还在一定程度上促进城市居民广泛参与城市文化与艺术实践。

三、发展模式分析

1. 建筑功能转换

在上海，通过将历史建筑改造为文化中心、老年活动中心、博物馆或纪念馆，越来越多的历史建筑重获新生，开始走进公众的社会生活，从而开辟了历史建筑再利用的新途径。

建筑遗产资源，包括“实体物理资源”与“抽象社会资源”。在上海基于公共空间再利用的实践中，建筑遗产的“实体物理资源”得到充分利用，“抽象社会资源”似乎没有得到彻底的开发。例如石门二路社区文化中心举行的许多项目活动都把重点放在发展社区公共文化上，而很少对其历史价值进行挖掘。当然这中间并非不存在争论。就张爱玲本人而言，虽然她是上海本土的海派文人代表，但是她个人生活也成为争议的焦点。因此，在张爱玲故居改造过程中，是存在反对声音的。需要记取的是，对那些平凡的、具有特定意义和价值的多种类型遗产的保护，是保存多元化的城市记忆，维护城市文化多样性的具体体现，其间所引发的文化和社会层面的问题是必然的。

2. 建筑保护

在前面提到的若干案例中，都谨慎地遵守了遗产保护的原真性和修复设计的可识别原则，强调“修旧如旧”以及对历史建筑的“绝对保护”。但对于未列入保护建筑名单的历史建筑遗产，对非优秀近代历史建筑，也就是普遍层次上的历史建筑，保护该如何进行，尚需进一步思考。因为这些历史建筑本身价值往往并不那么突出，在建筑发展史上并没有什么特殊地位。保护的目标是发挥历史建筑在现代社会生活中的作用，以及在现代社会生活中能够重新延续他的生命。所以再利用在城市设计和建筑设计方面往往采取一种较为开放的态度。即注重历史建筑和新的设计理念的良好匹配关系，采用某些新的建筑设计方法、建筑材料等结合到历史建筑中，形成一种大胆的、新旧结合的城市景观，而并非传统的修旧如旧方式[7]。

3. 经营运作

如果说基于商业化的历史建筑、历史街区的开发，大都采取政经合作、权力与资本结盟的形式，而基于公共空间的历史建筑再利用，则由政府承担费用，非营利组织负责运营。如石门二路社区文化中心采取政府购买服务的形式，日常运作由上海基督教青年会华爱社区文化中心负责。华爱工作的开展虽然受到政府的制约，但已从传统意义上的“边缘人”转变为执行者，或者说有了一定的自主权。

就丰子恺旧居与邬达克文化发展中心而言，属于民间自发的旧建筑改造与利用。从调查了解的情况来看，丰子恺旧居现在主要是由丰子恺的家属负责经营，管理队伍几乎完全是已退休的人员，管理队伍老化的问题严重。除家属外，也有志愿者参与管理，但在管理团队中处于相当边缘的位置。邬达克文化发展中心的经营运作与丰子恺旧居纪念馆类似。

四、社会影响评价

1. 再造城市公共空间

建筑遗产自身是不可移动的物质存在，但遗产利用及其关联环境却是可以甚至应当公共化的。通过建筑遗产与城市公共空间的联结，遗产的影响域由小众转向大众，城市的历史文化得以彰显，城市空间的地域特色得以强固[8]。在中国城市化进程中，过去多年以经济建设为中心的城市发展战略，片面强调经济效益，忽略了城市社会需求的满足和城市生活空间的营造，公共空间的缺乏已经成为当代中国城市的通病。基于公共空间的历史性建筑再利用，为城市发展带来更多具有地方性和日常生活特征的公共空间，在一定程度上化解了这种困境。如石门二路社区文化活动中心，其对外开放，没有任何身份的限制。中心设在居民区，从9:00一直开到20:30，在开放时间与空间距离上极大地方便了社区居民，而且有关中心信息获取渠道也是开放的。

2. 推动城市公共文化发展

历史文化遗产作为一种文化资源，有别于一般的物质财富，它根植于特定的人文和自然环境，与当地居民有着天然的历史、文化和情感联系。由此，历史性建筑的再利用，更易吸引居民参与社区文化活动，推动城市公共文化的发展，形成积极、充满活力的城市生活。在静安文化服务网站上，我们可以发现，对于石门二路社区文化中心的定位是“中心坚持以人为本、惠及群众的服务理念，以‘倡导文化、融入文化、享受文化’为宗旨，把中心打造成‘文体休闲的乐园、终身教育的校园、艺术熏陶的花园、精神文明的家园’，使各个年龄层次的市民都能共享这片文化天空”。另外，丰富多彩的社区活动项目，在丰富了社区日常生活的同时，也为社区居民搭建了一个交流交友的平台。增进了城市中不同阶层或群体的相互理解和社会交往，累积了社会资本，促进了社会安定和谐。上海作为中国老龄化最严重的城市，养老问题成了各个社区的现实难题。文化中心作为一个公共活动的场所，为老年人提供了休闲娱乐的空间，在丰富老年人精神文化的同时也缓解了一些养老压力。

3. 建立身份认同

人是有感情的动物，是有历史、有文化的生物。文化遗产可以提供、或者参与营造一种宜人的生存和发展的人文环境。而这对于生活在钢筋混凝土森林中的现代人来讲，意义非常重要[9]。早在1975年，欧洲通过的《建筑遗产欧洲宪章》指出：“建筑遗产中所包含的历史，为形成稳定、完整的生活提供了一种不可忽视的环境品质。”随着大规模的城市更新步伐，人们逐渐失去了对原有环境的记忆以及传统历史文化的认知。历史感退化，邻里之间关系淡漠。历史性建筑的再利用，可以让人们在这些古老的环境中体验千百年来城市变迁，发现与城市、与社区的历史关联，建立个人身份认同、归属感与安全感。

五、对遗产保护的意义及挑战

1. 保护更多文化遗产

在英国，历史建筑保护分为三个等级。第一级是具有杰出的或者是卓越的价值，以及具有非同寻常的代表性的建筑物（如圣保罗大教堂），占建筑遗产清单总数的 2%。第二级是具有极其重要地位但不能列人第一类建筑清单中的（如乡村别墅和教堂），占建筑遗产清单总数的 4%。第三级是遗产清单上剩余的具有特殊的价值，但不足以成为最精华部分的建筑物，占建筑遗产清单总数的 94% [10]。

在中国，文化遗产保护主要集中在优秀历史建筑方面。但是除了人们公认的古典的、杰出的历史建筑，还有大量建筑遗产被遗忘在社会的各个角落。由于它们不具备受保护的身份，或在争议中被拆除，或空置多年，疏于维护，处于破败和闲置状态。也有相当一部分被不合理使用。随着历史遗产保护的深入，保护范围需要从在历史或文化艺术上具有有重要地位的历史遗产拓展到一般历史建筑以及非物质文化遗产。

基于公共空间的历史建筑再利用，使那些数量众多、分布广泛、原本处于边缘地位、不被关注的普通历史建筑，避免了被夷为平地的命运。更重要的是，让更多历史性建筑进入大众的日常生活，增进了人们对历史文化遗产的认同感，增强了公众参与意识，为遗产保护奠定了更广泛的社会基础，使更多的个人投身历史文化遗产保护。

2. 对公共政策及建筑教育的挑战

历史建筑再利用大多涉及使用性质、建筑功能的改变。在中国由于缺少法律支持和政策引导，缺少专业技术支持，时常发生各种纠纷和冲突。

西班牙的遗产保护政策是“有约束的包容性和灵活性”，比如：遗产的拥有者不只是国家，也可以是机构或个人，而无论其所有者的性质如何，都必须确保遗产及其环境的安全，并须根据法律所规定的标准向公众开放。这种权属关系的包容性和面向大众的开放性代表了一种遗产保护与利用的先进理念，使其在保护与利用的辨证统一关系、突出公益性质、注重社会效益等方面形成鲜明特色。严格的规则和灵活的政策积极引导了西班牙建筑遗产保护与再利用面向公众、融入社会生活的多元策略，既避免了粗暴的的除旧迎新，也警示了静止、僵化、封闭的弊端。通过社会的共识，遗产的内涵和外延不断走向延展和开放，也促进了对城市中一般历史建筑或旧建筑有效保护与合理改造的持续风尚，并由此催生出城市建筑续旧纳新，新旧交融的璀璨成果[11]。中国政府部门应借鉴国外经验，完善有关旧建筑改造利用的政策、法规、税收政策。同时高等教育应培养具有专业知识和技能的社区建筑师，对旧建筑改造和再利用提供技术指导和帮助。

注释

1 张艳华《在文化价值和经济价值之间：上海城市建筑遗产保护与再利用》，中国电力出版社，2007 年，86 页。

2 陆地《历史性建筑再利用在 20 世纪的发展足迹》，《时代建筑》2001 年 4 期，80 页。

3 阮仪三《城市遗产保护论》，上海科学技术处版社，2005 年，179 页。

4 欧阳之曦、韩冬青《在城市公共空间的关联中激活遗产：西班牙历史建筑遗产保护与利用的三个设计案例解读》，《城市建筑》2013 年 7 期，67 页。

5 汉未央，全称“上海汉未央传统文化促进中心”，挂牌成立于 2011 年，是受政府领导、管理和扶持的民办非企业机构。其前身汉未央社团作为民间自组织建立于 2005 年。多年来，汉未央以不断提升的专业能力、持续规范的组织运作和始终保持的群众态度，致力于华夏民族服饰文化、礼乐文明、岁时节日、生活方式的传承与弘扬，成为上海汉服汉文化领军组织，是中国青年传统文化复兴运动中具有相当影响力和号召力的旗帜性组织。

6 章明《新博览建筑的文化策略：以上海当代艺术博物馆为例》，《建筑学报》2012 年 12 期，69 页。

7 张艳华《在文化价值和经济价值之间：上海城市建筑遗产保护与再利用》，中国电力出版社，2007 年，89 页。

8 欧阳之曦、韩冬青《在城市公共空间的关联中激活遗产：西班牙历史建筑遗产保护与利用的三个设计案例解读》，《城市建筑》2013 年 7 期，67 页。

9 张松《为谁保护城市》，三联书店，2010 年，145 页。

10 张艳华《在文化价值和经济价值之间：上海城市建筑遗产保护与再利用》，中国电力出版社，2007 年，2 页。

11 欧阳之曦、韩冬青《在城市公共空间的关联中激活遗产：西班牙历史建筑遗产保护与利用的三个设计案例解读》，《城市建筑》2013 年 7 期，69 页。

社区参与与遗产保护

一、对中国遗产保护的反思

1950 年建国伊始，中央人民政府很快发布政令，做出了《关于保护古建筑的批示》，并颁布了《古文化遗址及古墓葬之调查发掘暂行办法》《关于地方文物名胜古迹保护管理办法》和《关于征集革命文物的命令》。1956 年国务院着手组织第一次全国文物普查，1958 年将“国家保护名胜古迹、珍贵文物和其他重要历史文化遗产”的法律规定正式写进了《中华人民共和国宪法》。1961 年国务院依据宪法颁布了《文物保护管理暂行条例》，从此为建立中国文物保护法规体系奠定了基础。同年国务院公布了第一批全国重点文物保护单位名单，开始实行以核定公布“文物保护单位”来保护历史文化遗产的制度[1]。1982 年，国务院批转了国家基本建设委员会、国家文物事业管理局、国家城市建设总局关于保护中国历史文化名城的请示，公布了第一批国家历史文化名城。同年第五届全国人大常委会第二十五次会议通过了《中华人民共和国文物保护法》，这是中国第一部关于历史文化遗产保护的法律。

中国自始至终坚持依靠广大人民群众保护文物[2]。1956 年《国务院关于在农业生产建设中保护文物的通知》指出，必须发挥广大群众所固有的爱护乡土革命遗址和历史文物的积极性，加强领导和宣传，使保护文物成为广泛的群众性工作。1987 年国务院《关于进一步加强文物工作的通知》，要求贯彻执行《中华人民共和国文物保护法》，必须依靠广大人民群众，在全社会提倡保护文物，人人有责的新风尚，把执行党和国家保护文物的政策变为广大群众的自觉行动。1992 全国文物工作会议提出，只有动员广大人民群众关心和参与文物保护工作，实行文物单位、执法部门与广大人民群众相结合，文物保护工作才有广泛的基础，才能真正落到实处。1997 年《关于加强和改善文物工作的通知》，强调国家保护为主并动员全社会参与的文物保护体制。

改革开放以来，随着城市化进程的加速，城乡建设与文物保护的矛盾日益凸显。面对一些地方大拆大建，对城市遗产造成的严重破坏，以及公众遗产意识的日渐觉醒，愈发高涨的参与热忱，在党中央、国务院的重视下，文物法制建设进一步发展和完善，为公众参与保护提供了更多的机制保障[3]。2006 年《国务院关于加强文化遗产保护的通知》，强调相关重大建设项目，必须建立公示制度，广泛征求社会各界意见。2008 年《历史文化名城名镇名村保护条例》提出，历史文化街区保护范围内的相关建设，应当经过专家论证、举行公示或听证的程序，征求公众意见。2009 年《文物认定管理暂行办法》，首次赋予了公民申请认定文物的权利，并通过行政复议、申请仲裁、召开听证会等一系列机制，保障这一权利的有效行使。

不过，长期以来由于中国对保护对象价值的认识，停留在国家、民族历史的见证层面，因此文化遗产保护实际上一直被当作一项政府事业，由政府负责和承担。这不仅影响了文化遗产的使用（利用）方式，同时也在很大程度上影响了社会和民众对保护工作的参与[4]。20 世纪八九十年代，在普遍存在的以经济为发展目标的导向下，遗产保护是由行政和市场力量主导的。这样的保护模式体现的往往是掌权者的思想主旨，而非当地居民的益和需求；寻求的也往往只是短期经济利益的最大化，而不是长期综合效益的最优化；更有甚者，原住民作为遗产所在社区的主体，非但没有得到合理的安排，反而成了利益受损和权利不保的牺牲品。

由于缺乏广泛的社会参与，导致行政力量和市场机制“为所欲为”。在急功近利和经济利益的驱使下，在政府部门鲁莽决策和开发商的轻率开发下，大量积淀着丰富人文信息的历史文化街区被夷为平地，具有地域文化特色的传统民居被无情摧毁，文物保护单位被拆迁和破坏[5]。据第三次全国文物普查（2011）统计，近 30 年来，全国消失了 4 万多处不可移动文物，其中有一半以上毁于各类建设活动[6]。而留存下来的，要么陷于贫困乃至导致遗产衰败，要么进行过度的商业化开发导致街区绅士化。总之，遗产保护中社区参与缺位，导致地方缺乏热情，民众缺乏认同，民间保护的潜力未能有效发挥，使一些文化遗产在政府资源不足时得不到有效维护和管理。而且还容易造成地方民众、社区与政府的紧张关系，普遍的民怨加重和对保护工作的不支持、不配合，出现遗产社区居民放弃维修、搬迁、故意违反保护规划规定等现象。另外还往往面临遗产保护和利用的丰富性和多样性的消失，从而不可避免地陷入同质化危机。

二、遗产保护中的社区参与

历史文化遗产根植于特定的人文和自然环境，是地方民众的文化创造物。与当地居民有着天然的历史、文化和情感联系，这种联系已经成为遗产本身不可分割的组成部分。因此，历史文化遗产的保护必须尊重和维护当地居民与遗产之间固有的关联和情感，取得广大民众、特别是当地居民的理解和参与。任何忽视和割断遗产与居民之间历史渊源和联系的行为，不仅会损害历史文化遗产本身的价值，甚至可能危及其存在的基础，更谈不上有效保护[7]。

在欧美国家，尽管各国政治体制和民主发展道路不同，遗产保护体系也各具特色，但公众的普遍参与是历史文化遗产保护的重要特征。民众强烈的参与意识推动了遗产保护的发展，并走过了“从早期先锋人物的英雄式行为，带动民间保护慈善团体的兴起，进而促成了以国家立法为核心的政府干预，继而形成‘公—私’结合、公众广泛参与的保护体系”[8]的历程。美国是公众参与历史文化遗产保护的最早发源地，对乔治·华盛顿故居沃农山住宅的保护成为普通市民参与遗产保护的源头。1850年后，华盛顿的后人因无力维持沃农山住宅，又无法从政府获得整修费用而不得不变卖该房产。安妮·坎宁安女士得知这一情况后，开始了号召妇女们保护沃农山住宅的行动，并成为美国普通民众参与遗产保护的最早发起人。她于1853年成立了名为“保护沃农山住宅妇女联合会”的妇女志愿团体，该联合会通过游说募集资金，最后成功买下沃农山住宅及其周围地产，并对其进行修缮和维护，从而使得乔治·华盛顿这一早年的居住地得到了保护。如今参与遗产保护的公众，以各种具体的形式加以介入，实现了社会动员、资金筹措、技术保障、管理监督在历史文化遗产保护这个公共事业领域的汇集[9]。

在近邻日本，20世纪60年代妻笼宿保护运动，促成了日本全国市民保护运动的发展。之后成立的“历史街区保护联盟”“全国历史街区保护联盟”[10]成为那些关心社区快速变化的居民表达意见的有效渠道，也为普通民众参与历史文化遗产保护提供了重要媒介。例如在因独特的合掌屋传统建筑而被列入《世界文化遗产名录》的白川乡和五屹山历史村落的保护中，由居民自发组成的保护组织制定了对历史建筑“不卖、不借、不破坏”的章程。另外，还限制外来人口在当地进行旅游开发，鼓励和支持当地人开展对保护有利的经济活动。这样就鼓励了当地居民不转让历史建筑的所有权并继续使用这些老建筑，从而确保了历史建筑不再被遗弃[11]。

近年来，在中国的一些城市，如北京、南京、福州、天津、哈尔滨、武汉、常州、定海等地，从专家学者到志愿者，从记者到普通市民，在古城命运的历史关头，许多人怀着对乡土的热爱，对祖国文化的热爱，一次又一次地沿着梁思成等前辈的足迹，以实际行动捍卫古城的尊严。在很多历史街区的保护中，既有当地居民团结一心、守护家园的努力，也有许多市民拍摄记录，并通过市长信箱、BBS、博客等方式表达古城的期待[12]。

社区参与对遗产保护有着重要的意义：（1）社区有自己的组织形式，遗产保护获得公众的理解和支持，扭转以往遗产保护中居民被动、抵抗或淡漠的情形，可在一定程度上分担政府部门的遗产保护重任，降低管理部门用于遗产保护的成本，化解政府顾此失彼的困境。(2)社区参与在一定程度上避免一些不符合当地实情的决策，并推动一些有利于地方发展的制度和措施的建立，使更多利益相关者（尤其是普通居民和弱势群体）的权益得到保护，避免发生大规模的社会矛盾。(3)社区参与对于遗产地社区保持独具特色的传统文化具有积极的作用。

当地居民的参与，能够有效缓解遗产地因遗产开发而普遍面临的地方文化和风情民俗的同质化、商业化、庸俗化以及文化价值观的退化与遗失等问题，实现最原生态的保护。（4）社区参与遗产保护是地方的社会活力与自我组织能力的直接表现。随着信息时代和民主社会发展的日益成熟，公众越来越难以接受将其拒之门外的封闭式公共决策，当决策涉及其自身利益时尤其如此。而历史文化遗产保护作为一种与公众生产生活越来越密切相关的公共决策，亦难逃这一趋势。因此，在历史文化遗产保护中保障民众（特别是当地居民）的知情权、参与权和受益权，不仅是对遗产本身特性的尊重，更是对时代发展的回应。

总之，跳出现行的以政府和市场为主导的运作模式，让社区这一与遗产本身密切相关的力量和利益群体参与其中，维护民众参与和分享历史文化遗产保护和利用的权利，重建民众与遗产之间的情感联系，让社区价值和力量得到最大限度发挥，从而让遗产保护面临的诸多问题在某种程度上得到缓解，甚至根本解决，应成为新时期遗产保护的重要选择。

三、地方精英与遗产保护

对于“地方精英”的关注可追溯至有关“士绅”和“乡绅”的研究。早在 20 世纪三四十年代，以费孝通为代表的国内学者就开始研究中国传统社会的士绅阶层。关于士绅的身份与权力，费孝通认为，士绅与官僚的身份不同，士绅的存在与中国社会结构中不得不存在的“双轨制”密切相关。中国幅员辽阔，国家主权很难通过直接派遣官吏的方式进行统一管理，正式的官僚行政机构只到县一级为止，而县以下的广阔空间则存在着一些自治性组织，士绅正是民间政治的操纵者。但这些自治性组织是根据当地人民的具体需要产生的，因而士绅享受的是地方人民所授予的权力，而不受中央干涉[13]。从 20 世纪 80 年代开始，学术界开始大量使用比“士绅”“乡绅”含义更为宽泛的“地方精英”（local elite）或“精英”的概念。所谓地方精英，指的是在地方舞台上（指县级以下）施加支配的任何个人或家族，这些精英往往比士绅的范围广泛得多，既包括持有功名的士绅，也包括韦伯论述过的地方长老，此外还包括各种“职能性精英”，以及民国时代的教育家、军事精英、资本家等[14]。

在中国传统社会，由于对财富、知识以及社会关系等资源的占有与整合，士绅成为一个具有独特的社会地位和功能的社会群体，实际上扮演着地方领袖的角色。影响所及，上至朝政下至民间，起到了填补政府权力空白、整合民间资源，充当政府和民间桥梁的作用。

士绅或地方精英作为中国传统社会不可或缺的重要组成部分，在近代中国内外交困及社会大变动中逐渐衰弱，并在革命成功、新中国建立后最终消失。改革开放后，随着市场经济的发展，国家对基层社会直接控制的减少，新的地方精英开始崛起。遗产保护运动为复活的地方精英发挥自己的影响力、实现自己更大的人生价值追求提供了平台。因为他们对地方乡土文化发自内心的热爱以及他们的社会地位，在对本地文化古迹的保护传承方面发挥了重要作用。许多地方名人积极参与地方文化遗产的调查、资料整理工作，倡导或出资对历史建筑进行保护和修缮，使之恢复原貌、焕发生机，并挖掘其文化内涵，服务经济的发展。

在中国历史文化名镇江苏同里，有一批地方人士，他们从事旅游产业的经营、投资活动，比如开客栈、宾馆、酒吧等，成为当地的商业和文化产业精英。他们因自身能力过人而得到当地政府部门的赏识，进而得以参与同里遗产保护与旅游业整体发展的策划与规划活动。他们对于同里的发展有自己的理解，并且将这种见解融入自己所经营的旅游产业中，从而使得遗产地能够在开发过程中彰显出其应有的和独有的文化品位与地方个性。如LX筹建恩泽堂文化会所，希望通过这个非营利性的会所，搭建起一个文化交流的平台，通过它来弘扬中国的传统文化和同里的地方文化。而LYF先生则在商业经营中融入了自己的文化理念。他认为他经营的同里正福草堂，所彰显的主要是中国传统的吴文化，希望通过宣扬古代文人的文化（书道、茶道、香道、花道），让更多人明白中国的传统文化与生活方式是如此健康、舒适、高雅，并且能够与现代都市生活交融得如此和谐。也希望借此改变人们对中国传统文化、家俱和生活方式的理解，进而让这种精致的中国古典生活得到弘扬。另外，还有一些当地文化精英，在得知遗产保护与开发的某项政策或决策，或者觉察到与同里遗产保护和开发任何相关的问题时，会主动找到居委会或镇政府等相关管理部门，反映意见，提出看法。GFY 就是这一群体的典型代表。年近古稀的他，从小生长在同里，对很多老建筑多年前的形貌相当熟悉，非常关心这些建筑的修复和维护。比如同里决定修复退思园时，他就主动找相关部门反映退思园原貌，希望能按原样修复。修复完成后他也积极反映那些他认为修复不够到位的地方。日常生活中只要发现同里河滩、古树的任何问题，他都会主动去反映情况。虽然他坦言参与的成效并不大，很多时候相关部门出于各种考虑只会表面上应承他，而不会采取实质性行动，但他依然坚持通过这样的方式参与同里的遗产保护与开发过程。GFH 坦言，只要是事关同里遗产保护的问题，不管是受相关部门的邀请参加，还是自己主动参与，投入的时间和精力都是不少的，但从来没想过付出时间和精力后应该得到点什么。他认为，生在这里，长在这里，对这个地方有感情是肯定的，但同时也是希望通过这些事情来体现自己的人生价值，特别是退休后，参与这些事情也让自己感到生活更加满足和充实了

四、从地方精英走向社区参与

伴随着遗产保护实践的深入，全社会越来越清楚地意识到，文化遗产保护作为一项牵扯广泛、头绪繁杂的公共事业，决不是政府能够独立承担的。无论是解决现行遗产保护所面临的问题和困境，还是让历史文化遗产重新焕发生机所需要的各种支持，都呼唤更多的主体，

尤其是普通民众参与其中。城市遗产保护的重要力量在民间。

2014年《中国文物古迹保护准则》修订版突出了民众及社会参与文化遗产保护的内容，强调“文物古迹的保护是一项社会事业，需要全社会的共同参与，全社会应当共享文物古迹保护的成果”，并规定公众的关注是全社会文物古迹保护意识提高的反映，是文物古迹社会价值的体现。文物古迹是社会的公共财富，公众有权利和义务对文物古迹的保护状况进行监督。文物行政管理部门应鼓励公众监督文物保护规划的落实情况，并及时回应公众质疑，说明文物保护规划的实施情况，从而为公众参与遗产保护提供了坚实的制度保障。

在具体措施方面，借鉴国外社区参与历史文化遗产保护的经验，可在以下几个方面做进一步推动。

第一，将遗产的保护利用与社区发展联系起来，使遗产的命运与社区各个主体的切身利益相关，从而吸引他们参与其中。英国的《社区发展计划》、美国的《住房和社区发展法》、法国的《改善居住计划》等，都将居民的切身利益与历史建筑的保护修缮、历史地段的更新联系在了一起，并将保障居民的应有权益和改善其生活环境作为遗产重生的目标之一，从而广泛吸引了民众对遗产保护的关注和参与。

第二，建立合理的利益分享与分配机制。一是让普通居民切实分享到遗产保护和开发所带来的收益，将部分遗产旅游利润用于民生工程。二是在从事旅游经营的居民与不从事旅游业的居民之间建立相应的利益再分配机制。三是建立私产文物保护的经济补偿机制等。

第三，由于参与制度不够完善，参与渠道有限，一般居民较少有实质性的机会参与历史文化遗产保护与开发的相关事务，因此需提供“制度供给”：一是进一步完善遗产保护与开发相关事项的预告制度和公示制度。与居民利益关系的重大事项必须告知居民，为居民提供及时、准确的信息，满足居民的知情权，为其广泛而有序的参与提供前提条件。二是建立公开听证制度。在原有座谈会的基础上增加听证会，通过形式更加多样的参与途径，进一步激发居民的参与热情，满足其参与需求，从而确保政府决策的科学化、民主化。三是建立民意反映制度，比如群众接待日等。这一制度有利于及时了解居民的意见和愿望，让居民感觉到自己的意愿是被尊重和重视的，从而更加积极主动地投入遗产保护与开发的相关事务。四是建立反馈制度。这一制度旨在对收集到的居民意见作出及时有效的反馈，并且这种反馈回应不是一次完成的，而是通过反复的沟通、协调，从而保证居民的意见和愿望在最大限度上得到吸纳和尊重。需要强调的是，这些措施必须都纳入制度化和规范化的体系，只有这样，才能有效确保措施的持续性和稳定性，也才能够得到民众的信任和支持。

第四，加强居民教育、提升居民参与的能力。日本在这方面做得尤为出色，以犬山市为例，首先在小学和初中的教育课程中囊括大量与犬山传统文化、历史、自然资源相关的内容；其次由相关行政机关和本地居民组织，定期召开城市建设演讲会和学习会；此外还发行大量宣传手册等出版物[15]。这些教育形式不仅有效地提升了居民的社区认同意识和自豪感，深化了居民对参与社区建设和改造之重要性的认识，也有效地提高了居民的参与热情和能力，进而推动了文化遗产保护和古城发展中的社区参与。

第五，要充分发挥社区组织的作用。在江苏吴江同里的调查表明，社区组织有很大一部分工作是和遗产保护有关联的。“作为古镇的核心景区，我们的日常工作与一般的社区肯定还是有差别的，其中不可避免地会包含一些与遗产保护和开发相关的事件。比如，同里的遗产保护与开发使得旅游业越来越兴盛，不少当地人开起了农家菜馆，而有些邻里之间就因为餐馆的占地、客源等问题闹矛盾，这时我们就需要去调节；有的时候上面来调查遗产状况，比如遗产普查之类的，那我们就要安排居民代表领路；平时还要注意居民对老房子的装修问题，监督他们按照相关部门的规定装修，防止装修过于现代化而破坏了老房子的整体风貌；当有古建筑年久失修、出各种问题时，我们也要及时跟相关部门反映……”因此，要进一步向社区组织授权，发挥它们在遗产保护中的基础作用。

注释

1 曹昌智《中国历史文化遗产的保护历程》，《中国名城》2009 年 6 期，5 页。

2 姚远《城市的自觉》，北京大学出版社，2015 年，5 页。

3 姚远《城市的自觉》，北京大学出版社，2015 年，6 页。

4 吕舟《面对挑战的中国文化遗产保护》，《世界建筑》2014 年 12 期，27 页。

5 单霁翔《留住城市文化的“根”与“魂”》，北京科学出版社，2010 年，48 页。

6 姚远《城市的自觉》，北京大学出版社，2015 年，219 页。

7 单霁翔《留住城市文化的“根”与“魂”》，科学出版社，2010 年，72 页。

8 戴彦《巴蜀古镇历史文化遗产适应性保护研究》，东南大学出版社，2010 年，228 页。

9 戴彦《巴蜀古镇历史文化遗产适应性保护研究》，东南大学出版社，2010 年，228 页。

10 张松《历史城市保护学导论——文化遗产和历史环境保护的一种整体性方法》，上海科学技术出版社，2001 年，210 页。

11 张杰、吕周《世界文化遗产保护与城镇经济发展》，同济大学出版社，2013 年，235 页。

12 姚远《城市的自觉》，北京大学出版社，2015 年，23 页。

13 费孝通《费孝通选集》，群言出版社，1999 年，342 页。

14 李猛《从“士绅”到“地方精英”》，2008 年 1 月 8 日，http://www.sociologyol.org/yanjiubankuai/fenleisuoyin/fenzhishehuixue/nongcunshehuixue/2008-01-08/4287.html。

15 易永菲《试论日本的古城重建——从日本犬山市看历史文化古城的保护与建设》，《华南理工大学学报》2008 年 4 期，22 页。

遗产保护与社区发展

一、社区在遗产保护中的地位

根据地缘及价值关联程度，一般将遗产地与社区关系划分为四种类型[1]：第一类为原生型遗产地。这类遗产地以古村落、古城、历史街区为主，遗产地内有原住民居住，并且原住民的传统文化、风俗习惯、生产生活方式等均是遗产地突出普遍价值的重要组成部分之一。第二类为共生型遗产地。这类遗产地以山岳型遗产地为主，遗产地内有大量原住民居住，且这些原住民社区不是遗产价值的组成部分，但是这些遗产地内社区的发展对遗产地保护有一定影响。第三类为伴生型遗产地。这类遗产地的遗产区内没有原住民居住，与遗产地相关的社区大多分布于遗产地周边，但由于地缘上的紧密关系，社区发展对遗产地的保护间接产生影响，因而应将这些社区的发展包括在遗产地保护规划中。第四类遗产地以皇家宫殿陵寝、古人类遗址、石窟石刻、宗教庙宇为主，其遗产保护范围内无居民居住，且相关社区对遗产价值影响不大。

原生型遗产地，作为文化遗产产生地和载体，社区是遗产价值的重要支撑。因此，遗产地社区的发展与遗产保护息息相关。联合国教科文组织 2002 年颁布的《有关世界遗产的布达佩斯宣言》指出，遗产地的保护与当地社区发展应该放在同等重要的地位考虑。2007 年，世界遗产理事会决定增加“社区”这个概念于之前的 4C 战略，“来增强社区在实施世界遗产大会决定中的作用”。更新后的 5C 战略即：增强世界遗产名录的可信性；保证世界遗产的有效保护；推进各缔约国有效的能力建设；通过宣传增强大众对世界遗产的认识、参与和支持；并加强社区在履行《世界遗产公约》的职责。2012 年世界遗产公约 40 周年的纪念活动主题定为“世界遗产与可持续发展: 社区的角色”，明确强调了社区在世界遗产保护中的重要性。2013 年《世界遗产公约操作指南》对社区在遗产保护中的作用做了进一步阐述：社区在世界遗产的确认、提名和保护中有着重要作用，是不可或缺的一部分。遗产地中的社区作为文化遗产多样性的产生地和载体，是世界文化遗产最重要的组成部分之一，也是遗产保护的对象之一。总之，在遗产保护中，越来越强调最大限度地利用社区社会资源，发挥遗产地民众的重要作用，强调维护社区作为相关利益者的权益以及提升社区对遗产地价值的认同感，从而促进遗产保护与当地经济、社会民生和谐发展。

二、文化遗产保护与社区之间的矛盾

1. 人口结构、社会关系

（1）人口变迁。由于遗产地居民对因保护受到各种限制的社区生活环境不满意，同时出租房屋给外来经商户收益更高，因此，大量原住民，特别是成家立业的年经人纷纷选择外迁，致使留住的原居民越来越少，遗产社区呈老龄化发展趋势。而外来人口则不断涌入。如丽江古城核心区人口已基本完成置换。沿街商铺中约有 90%以上为外来人口租住进行旅游经营，仅不到 10%为原住民自己经营。

（2）社区凝聚力下降。传统的社区是以血缘、地缘为基础的熟人社会。随着遗产地对外开放及市场经济的发展，遗产社区血缘、地缘关系淡化，人情原则为理性原则所取代，利益成为处理社会关系的重要维度。遗产地居民社区意识日渐淡薄，居民对于自身所处社区归属感弱化，以社区为单位的群体活动逐渐减少，这其中也包括一些属于遗产价值组成部分的传统风俗节庆活动。原住民和外来人口也处在更加复杂的竞合关系中，并在文化、公共设施使用及社区福利方面不断发生冲突。

2. 产业形态

（1）现代旅游服务产业的兴起。按照遗产保护要求，一些规模大且收益高的产业不允许在遗产区范围内发展，因此大部分遗产地通过旅游业来增加经济收益。由于缺乏行业准入标准和监管，旅游开发和经营雷同现象突出。如普遍以出售旅游纪念品、旅游特产或住宿餐饮业为主。以江苏吴江同里景区为例，店铺可初步分为传统服饰与摄影、各种首饰配件、特色小吃、饭馆和民宿等，店铺类型比较单一，且没有地方特色。许多店铺甚至没有营业执照，特别是餐饮行业，有许多“黑色”小作坊，存在食品卫生、侵占公共空间、监管部门不明等问题，冲突纠纷时有发生。

（2）传统产业没落。现代旅游业的兴起，对传统产业形成了巨大压力。农业减少了，人与自然的关系改变了，遗产地生态环境保护压力加大。一些具有传统文化价值的手工业已很少看见。大量外地经营户的涌入，也使传统商业经营氛围淡化，商业经营不规范、布局不合理等问题逐渐凸显。

3. 生活环境

（1）人居环境为商业经营环境所取代。由于旅游开发成为各遗产地经济发展的热点，大量修建面向旅游者的商业服务设施，建设开发失衡，遗产地的人居环境正被外来人员的商业经营环境所取代，变成了面向旅游者的主题公园。摩肩擦踵的游客和喧闹声影响了居民的正常生活。遗产地旅游开发还造成环境污染，物价上涨，季节性失业等一系列社会问题。

（2）生活条件落后。由于遗产地建设控制严格，可利用的空间有限。同时，由于旅游收益分配机制问题，以及无法进行大型开挖工程的施工，遗产地居住环境和公共服务设施配置明显滞后，社区居民的正常生活需求通常得不到满足（表 5-3）。

表 5-3 各遗产地 2011 年旅游收入分配比例表

遗产地名称	分配所得平均金额（元 / 人 / 年）	分配总额占门票总额的比例
福建土楼	20 ~ 800 不等	8%
西递	3 000	14.60%
宏村	2 000	8%
丽江古城	150	1.40%

资料来源：《传承与共生：中国世界文化遗产与社区发展研究》，文物出版社，2014 年，64 页。

（3）由于没有遗产保护的修缮帮助，居民无力承担房屋维护费用，部分遗产地社区居住房屋年久失修已破败不堪。一些古老的街区已经变成了贫民窟，人们生活在极其简陋、恶劣的物质条件下。

4. 文化变迁

随着大量游客和资本的进入，遗产地的开放程度大大增强，传统习俗和传统文化呈现"博物馆化""商业化"趋势[2]。一些遗产地的传统习俗现在以表演的形式收取门票，原住民参与表演的目的已不再是单纯的狂欢、祭祖和祭祀，更多的是抱着利益的心态。一些遗产地以博物馆的形式展示民俗文化，而不再重视弥漫在居民日常生活中的传统文化、传统节日的保留。还有一些民间习俗、传统仪式后继无人，沦落到濒临灭绝的地步。

有学者指出，在历史文化遗产保护中，城市历史街区成了一个迪士尼式的主题公园，城内传统的真实生活消失了，传统的城市空间成了商业利益驱使下的场景和戏台。这种破坏城市真实生活环境、抹杀城市真实生活和历史记忆的开发方式，是不可持续的[3]。当一个社区对其居民来说不再是家园时，就会造成地方民众家园感弱化，疏远对遗产的责任与义务，进而对遗产保护缺乏"广泛的同情和认可"，甚至采取不负责任的态度，抛弃与自己有着天然的历史、文化和情感联系的历史遗产。因此，迫切需要通过一项混合着遗产保护、经济复兴、以及社区发展的计划。

三、国内的若干实践与探索

1. 杭州西湖

惠民理念指导下的遗产保护[4]：（1）"还湖于民，还绿于民"，将整治后的环西湖公园绿地和所有博物馆、纪念馆实行免票政策。（2）建立公众参与机制，所有项目必须经过项目公示，专家咨询和评估等过程。在听取和吸纳原住民意见的基础上，最终制定实施方案，并对没有采纳的意见做出说明。(3) 加大遗产保护的展示和宣传，开展“遗产宣传进社区”活动。（4）注重茶村的发展，全方位提高茶农的生活条件。

西湖文化景观区范围内有 8 个龙井茶村，近 2 万茶农。首先，通过发展以龙井茶为主导的特色产业，扶持“一村一业，一村一品”的特色旅游经济，鼓励茶农积极开办具有茶乡特色的“农家茶楼”“青年旅社”，努力把景中村建设成为“风情小镇”；其次，建立“留用地制度”，即政府在征用集体所有土地时按照征地面积的已定比例核定用地指标，让被征地集体经济组织用于组织发展二、三产业，壮大集体经济、安置失地农民，为被征地农民带来长期收益和就业岗位。第三，加大茶村基础设施和公共建筑整治，鼓励茶村村民出少量资金用于自己的房屋建设，优先整治的茶村村民可获得政府奖励；最后成立股份合作社，用于保障居民利益。

2. 西递宏村

通过自上而下的保护策略有效激发自下而上的社区参与[5]：

（1）村委会成立旅游公司，对全村旅游实行企业化经营。门票利润中，除了上缴财税、文物保护基金等之外，公司与西递按照 1:1 的比例分配。除了 20% 留作村集体公益事业基金之外，其余的 80% 在村民之间分红。公益基金主要用于西递的硬件设施的改造，包括修复旅游路线、停车场、街道的亮化设施、安装电话、自来水、煤气灶、建立福利院和教学建筑等；利益分配以保护为导向，分配额度同时考量人口和房屋建筑面积两方面。人口分配资金更多考虑村民作为文化遗产重要组成因素而对其休息权、劳动权和居住权的补偿。房屋建筑面积资金以古建筑资源保护费的形式发放，是对村民的房产权、公共景物所有权等的有偿使用，供村民用作古民居日常维护和修缮之用。该模式唤起了村民对旅游公司的主人翁意识，使旅游公司的发展拥有强大的群众基础和认同感，社区利益得到最大程度的保障。

（2）制定村级规范。由居委会制定的《村规民约》中规定：西递村村民要维护古民居的“原汁原味”，维护西递街道的清洁工作，并认真做好安全防火工作。各家各户签订《安全防火责任书》，并在村中配置一定数量的消防器材。

（3）对遗产地内古民居实行认领制和打分制，并与村民的分红挂钩，用经济因素来制约村民对遗产价值的破坏行为，逐步建立村民由被动保护到主动保护的观念。

（4）冻结景区内一切新建项目和特种行业经营许可证审批，对拆建、新建、改建等违法、违规行为予以严厉打击。在遗产地之外的村口建立旅游工艺品市场，将大部分原遗产保护区内的摊点集中到市场内规范经营，缓解旅游发展对遗产保护的压力。

3. 云南丽江

云南丽江曾因旅游过度开发而导致遗产地发展失衡，因此近年来采取了一系列措施保护民族文化，促进地方的可持续发展。

（1）多渠道筹集资金，加强古城民族文化保护。通过向游客征收古城维护费、商业贷款、国内外捐赠者的援助、地方企业投入等方式建立丽江古城维护费征收体系和运作机制，积极探索旅游反哺遗产保护的路子。每年从古城维护费中支出1000万元专项资金，用于古城民族文化的挖掘、整理、传承和展示等工作，进一步加大对东巴文化、纳西古乐、民间工艺、传统服饰、纳西饮食风味、节庆习俗的收集、整理、保护、传承和创新。

（2）采取各种便民、惠民措施以留住原住民。一方面，全面实施美化亮化工程，大力改善软硬件环境。实施古城保护“五四三二一工程”：完善古城“五个系统”，即供水与消防、电力与电信、排水、道路、路灯；实现古城的“四个增加”，即环卫设施、绿化用地、文化设施、旅游接待设施增加；修缮三条街道，即整修四方街、新华街、七一街；实现“两个降低”，即降低古城的建筑密度和人口密度；一个提高，即提高古城的环境质量。另一方面，实施“原住民住房修缮补助计划”、“原住民就业机会保障计划”等公共政策，对原住民提供住房、生活及就业方面的支持。原住民在古城内居住，每人每月可领取15元生活补贴；增加各种学习、休闲、娱乐活动场所；对修缮房屋有经济困难的家庭予以资金补助；对住房困难的居民优先安排公房及廉租房；安排古城下岗失业、生活困难人员到服务性岗位就业等。

（3）坚持实行“经营准入制度”，清理整顿与古城风貌不协调的经营项目，对丽江古城内不符合规划的商铺和民居客栈的建筑风貌及内部装修提出整改要求，规范店铺风格，控制店铺数量。对有民族文化特色的店铺、手工艺加工店、食品店进行挂牌保护。

（4）恢复传统民俗，鼓励开展民族特色文化活动。恢复丽江古城特有的“用水冲洗四方街”“放河灯”等传统习俗，同时鼓励当地居民在公共空地自发形成每晚的民族打跳活动，将民族传统文化、民间手工艺与旅游业有机地联系起来。还实施“地方民族文化展示窗口”项目。由古城管理有限责任公司提供场所，将丽江知名文化人士请到古城，展示其民族文化。实施丽江名人故居的保护与恢复工作，逐步修复后向公众开放。

（5）加强文化遗产意识教育与宣传。首先，在中小学开设纳西语课程，并安排市情教育课，印制名为《多彩的丽江》的教材；组织学生争做“古城小卫士”，在古城开展宣传和环境卫生活动。同时开展以世界遗产为主体的知识竞赛和有奖征文活动。其次，在丽江电视台、丽江日报开辟专栏，进行系列宣传，增强居民保护意识。最后，邀请有关专家专门对古城居民及在古城内从事生产经营活动的人员进行短期培训[6]。

四、借鉴海外经验，实施社区战略

在日本，历史保护被纳入社区发展规划中，以唤醒社区公民意识和公共参与行动为主题的“社区总体营造”运动正方兴未艾。让市民走进身边的历史，加强对近现代建筑的保护利用，是近年来日本各地在历史保护实践中的主要探索方向。以居民、自治体为主体，以历史保护为重点的社区环境营造是日本城镇建设发展中的重点。保护运动之所以能够在日本各地、各城镇扩展开来，也是因为无论是保护、还是再生，其规划设计的着眼点都在如何使生活更美好、环境更宜人[7]。

1994年中国台湾文建会参照日本经验，提出了“社区总体营造”政策。而古迹、建筑、聚落及生活空间的保护，成为社区营造的切入点。社区营造将古迹保护、地方认同、改善社区环境、激活社区功能有机结合起来，促进了地方经济发展和居民生活改善。特别是在强调文化遗产保护的同时，通过文化创意带动地方文化产业振兴，强化了民众的保护观念与意识，促使居民积极主动地参与到社区发展和古迹保护中来。

遗产保护与当地社区自身利益需求之间存在着错综复杂的关系[8]。将遗产保护融入社区发展之中，需要借鉴海外经验，处理好以下若干关键问题。

一是原有居民的保留。作为遗产的创造者、延续者和保护者，遗产地原住居民身上承载着地方的历史与文化，他们是最了解、最接近、对遗产含有最深情感的群体。他们具有强烈的遗产保护意识，像老屋修缮加固、日常清扫等本来就是他们的日常行为和生活习惯。也就是说，在遗产成为遗产之前，原住民自觉性的遗产保护活动就存在了。较之原住民，外来人口对遗产的价值认同和情感依赖程度较低，难以形成自觉的遗产保护行为。甚至从短期经济利益出发，对遗产造成人为破坏。因此，一方面要控制遗产地人口结构，采取措施留住原住民。另一方面要强化外来人口遗产保护责任，提高外来者的遗产保护意识。

二是改进生产经营方式。文化遗产保护要为经济发展提供发展机会，促进地方经济复兴和居民生活改善。要鼓励和支持当地人开展对保护有利的经济活动，对传统的旅游方式进行更新和创新，例如对环境容量实行动态监测，严格控制旅游规模，限制游客数量，增加展示当地传统文化的旅游项目，发展体验型旅游等，实现文化遗产的“有效保护，合理利用”。近年来，很多地方把古建筑现有历史资源的保护与更新和民宿相结合，采取各种优惠措施鼓励居民修缮房屋并向游客开放，让游客参与当地日常生活，既促进了地方的经济社会发展，也让居民分享到遗产保护和旅游发展的收益，并成为对外宣传地域文化和风情的窗口。像江南水乡西塘民宿已突破400家，周庄有近300家。传统产业是遗产地文化价值的重要组成部分，古老的传统产业应与文化创意相结合，使其保持鲜活的生命力，并得到发扬和光大。要通过财政支持、以及免税或减税政策，保证特有的传统手工技艺和商业后继有人。同时要保护农业种植，维护地方生态环境和生物多样性。

三是改善生活条件。遗产地建设要满足遗产保护需求，也要满足社区居民基本生活需求，并努力提高他们的生活质量。要根据社区居民的实际需要，从遗产保护技术层面和遗产管理人性化角度出发[9]，进行更深入地研究探讨，为居民营造出舒适宜人、符合现代生活要求的社区环境。例如合理配置基础设施和公共服务设施，增加学习、休闲、娱乐活动场所，对修缮房屋有困难的家庭给予经济补助，对住房困难的居民优先安排公房及廉租房等。遗产旅游业的发展，会对遗产地居民的日常生活造成影响，并伤及他们所拥有的各种公民权利。因此，要发展社区福利，对遗产地居民进行经济补偿，尤其要照顾到那些难以分享遗产与旅游收益的各类群体。

四是更加重视对地方传统的延续和保持。遗产地的传统文化、风俗习惯、生活方式，是地方遗产价值的重要组成部分，也是遗产保护的对象。生活方式是否保留传统特色，居民是否依然延续当地传统节日，居民是否会说当地方言，都是传统文化存续或消失的体现。面对现代大规模旅游和外来文化冲击，要唤起遗产地居民的文化价值认同和自豪感，保护或恢复已经式微或已失去的地方文化，从而在一个同质化的世界里保持自己的独特性。

注释

1 杭州市城市规划设计研究院、杭州西湖世界遗产文化遗产监测管理中心《传承与共生：中国世界文化遗产与社区发展研究》，文物出版社，2014 年，16-17 页。

2 杭州市城市规划设计研究院、杭州西湖世界遗产文化遗产监测管理中心《传承与共生：中国世界文化遗产与社区发展研究》，文物出版社，2014 年，50 页。

3 张庭伟、吴浩军《转型的足迹：东南亚城市发展与演变》，东南大学出版社，2008 年，69 页。

4 杭州市城市规划设计研究院、杭州西湖世界遗产文化遗产监测管理中心《传承与共生：中国世界文化遗产与社区发展研究》，文物出版社，2014 年，77-79 页。

5 杭州市城市规划设计研究院、杭州西湖世界遗产文化遗产监测管理中心，《传承与共生：中国世界文化遗产与社区发展研究》，文物出版社，2014 年，81-82 页。

6 杭州市城市规划设计研究院、杭州西湖世界遗产文化遗产监测管理中心《传承与共生：中国世界文化遗产与社区发展研究》，文物出版社，2014 年，84-85 页。

7 张松《为谁保护城市》，生活 · 读书 · 新知三联书店，2010 年，175 页。

8 杭州市城市规划设计研究院、杭州西湖世界遗产文化遗产监测管理中心，《传承与共生：中国世界文化遗产与社区发展研究》，文物出版社，2014 年，6 页。

9 杭州市城市规划设计研究院《传承与共生：中国世界文化遗产与社区发展研究》，文物出版社，2014 年，41 页。

非营利组织与遗产保护

一、遗产非营利组织的缘起

相比“文物遗产”一词，“建筑遗产”的概念较为广泛，建筑遗产包括文物建筑和其他体现建筑美学价值和发展历程，承载文化意义和历史信息，对社会生活和城市环境有重要意义，应当被视为建成环境遗产而加以保留的建筑[1]。

小到一个社区，大到地域、民族抑或有文化关联的人群，建筑遗产均有其受众群体，并因不同的群体而具有不同的价值，特别是反映了社会的主流价值观，这使得建筑遗产注定带有某种社会性。也正是由于这种社会性，美国最先开始的建筑保护运动成为表达团体地域观念、宗教信仰等诉求的一种方式。而英国则源于对古建筑的“反修复”探索——“反修复”探索是从英国第一个古迹保护民间组织“古建筑保护协会”恪守的“保守性整修”的理念而来，建筑利用或更新不在其统辖范畴，这在当时的修复热潮中抢救出少量珍贵的遗产[2]。

建筑遗产保护发展至今，许多国家已逐渐形成了国家、民间双管齐下的保护模式，甚至出现非营利组织的作用比政府重要的现象。首先，由于不少遗产如文物建筑、历史名城、历史名街等因为年代久远，往往年久失修，对其进行保护必须对其进行修葺，这需要资金的支持，但若没有经济效益的产出，政府往往不愿承担此方面的支出。除此之外，政府对遗产保护的态度往往犹豫不决，如有些文物建筑恰巧被纳入城市区域规划中，在拆与不拆、经济与保护的问题上，政府组织容易摇摆不定，有时会屈服于眼前利益而牺牲了文化遗产，这也是民间遗产保护组织逐渐发展起来的原因之一。民间遗产保护组织得以发展的另一原因是基于非营利组织自身特点，即非营利性和草根性，吸引志愿服务，工作高效，财务透明并接受捐助人、托付人和公众的监督[3]。因此遗产非营利组织既能居于民间立场监督政府，又能提供必要的资金与技术援助，在古迹与环境保护工作中，体现出极大的凝聚力和活力。

二、美国建筑遗产保护非营利组织

1. 美国建筑遗产保护非营利组织的起源与现状

1853年，一些商人打算将华盛顿故居弗农冈山庄买下改为俱乐部。安妮·坎宁安呼吁所有南方的妇女，组建了弗农冈女士协会来保护弗农冈华盛顿故居，以此开启了美国的历史建筑遗产保护运动的序幕。

有别于19世纪早期，由妇女组织"花园聚会"式建筑遗产保护方式和地域主义的保护方式，"二战"之后，美国逐渐建立了建筑遗产保护的政府管理体系。政府的介入并没有抑制非营利组织的成长，反而是两者相辅相成，共同发挥保护的作用。美国许多文化遗产保护法案的出台，都是在非营利组织呼吁下催生出来的，如《联邦文物法》《国家公园系统组织法》《历史遗址与古迹法》等，从而建立起更加完善的保护体系。

目前美国政府对传统文化遗产的保护大致可分为国家、州、地方县市这样三个组织层面。各级层面的主要职责是负责文化遗产保护方案的决策、实施以及保护。相对应的也存在国家、州、地方三层不同规模的非营利组织，其中规模和影响力均较大的有：美国全国文物保护信托基金会、古迹保护行动组织、HABS（Historic American Building Survey）、CCC（Civilian Conservation Corps）等。与政府组织相比，美国非营利组织在保护文化遗产的领域范围上更广泛、人员数量更多、资金不相上下（表5-4）。

表 5-4 美国文化遗产保护组织状况

机构级别	政府部门	非营利组织
国家级机构	国家公园司 史迹保护联邦理事会	全国古迹信托组织 古迹保护行动组织 全国古迹信托组织区域办公室
州级机构	州史迹保护官	全州古迹保护组织
地方级机构	历史街区委员会、地方政府	地方古迹保护组织

资料来源：《2009 年美国古迹信托组织年报》（*National Trust for Historic Preservation 2009 Annual Report*）。

以美国史迹信托组织（National Trust for Historic Preservation）为例，成立于 1949 年的该组织目前已有 270 000 名会员，上千个保护组织遍及 50 个州，在 6 个州设立办公室并在其他区域有 29 个工作小组，2009 年运营资金总共达到 83 421 989 美元（图 5-3）。

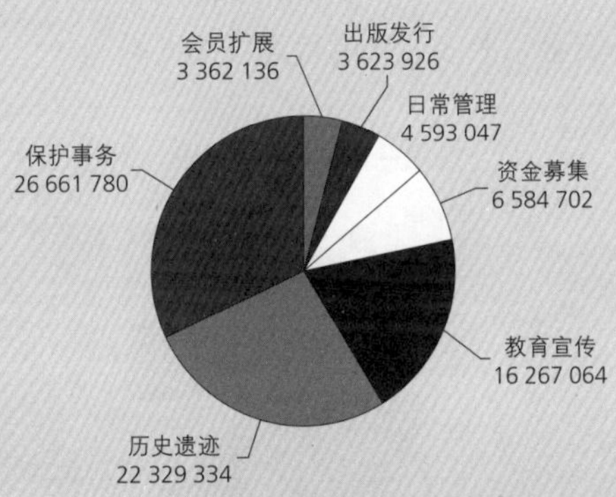

图 5-3 2009 年美国文物保护信托基金会营运费用

资料来源：《2009 年美国古迹信托组织年报》（*National Trust for Historic Preservation 2009 Annual Report*）。

2. 美国建筑遗产保护非营利组织的职能与运作

美国建筑遗产保护非营利组织主要职责是宣传保护文化遗产理念、增强民众保护意识、接受重要文化遗产及遗产地的馈赠、对文化遗产及遗产地进行科学而严格的保护与管理、确保文化遗产保护计划的实施以及促进政府文化遗产保护相关法律的完善。以美国史迹信托组织为例，共设有 13 个部门，分别为办公室、财务、市场沟通、社区复兴、可持续发展、法律、会员管理、多样性措施、程序保障、保护杂志、公共政策、拯救美国瑰宝、史迹管理工作部门以及 6 个地区办公室，不同部门承担不同职责。除了必要的行政职能部门以外，基本涉及了文化遗产保护与管理、相关法律推进、保护理念的宣传、推广与教育等方面。

这些非营利组织的运营资金主要有三种渠道，一部分来自政府拨款，一部分来自社会捐款和自己的经营所得，在一定程度上还会享受到来自政府的税收优惠。规模较小的非营利组织主要依靠政府拨款与自己筹集善款，一些规模较大的组织资金来源则更加多种多样。如美国史迹信托组织，2009 年收入多达 75 622 307 美元，主要依靠社会捐助，政府拨款所占比例极小，另外通过自身运营所产生的各项资金比例总和也占到 22%，足以说明美国史迹信托组织的强大，并表现出以社会慈善捐赠为主，资金来源多元化的特点（图 5-4）。

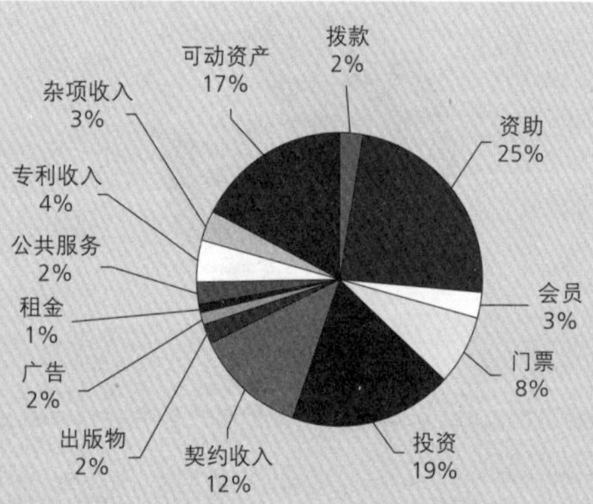

图 5-4 美国史迹信托组织 2009 年资金收入状况

资料来源：《2009 年美国古迹信托组织年报》（*National Trust for Historic Preservation 2009 Annual Report*）。

3. 美国建筑遗产保护非营利组织的特点

美国建筑遗产保护非营利组织的壮大与美国政府行为密切相关。美国史迹信托组织的成立是因为第二次世界大战后美国总统罗斯福公开反对国家对文保工作的投入，从而使得原先分散在美国各地的声势浩大且涉及领域广泛的民间组织联合起来，反而整合了这些非营利组织的资源，促其发展。

美国《国家遗址保护法》第 106 条规定，史迹保护联邦理事会（Advisory Council on Historic Preservation, ACHP）是文化遗产保护方面的国家级权力机构。作为总统文化遗产方面的咨询机构，它具有最终决定权。它的基本职能就明确了要协调政府与社会团体的保护活动，鼓励公众参与古迹保护计划，这对于建筑遗产保护的非营利组织发展起到推动作用。

另外，美国的史迹保护非营利组织还具有与政府关系良好的特点，不少组织的高层都是在职或离职的政府人员。因此非营利组织在运作、管理过程中都能积极配合政府工作，并与之保持良好关系。这种多层次的交融是美国历史遗产保护的重要力量，也是美国文化遗产保护非营利组织的显著特征。

三、英国建筑遗产保护非营利组织

1. 英国主要的建筑遗产保护组织

英国的建筑遗产保护比美国要早，1877 年英国第一个古建筑遗产保护非营利组织已经创建，1882 年英国政府颁布了《古迹保护法》，至此之后，各种历史文化遗产保护组织不断发展，在立法、实施、评估、保护等各方面都发挥了积极且重要的作用。如英国的国家信托、市民信托与遗产彩票基金，还有五大历史文化遗产保护非营利组织——古迹协会、不列颠考古委员会、古建筑保护协会、乔治小组和维多利亚协会[4]，对政府行为产生很大的影响，甚至地方规划当局必须征得他们的意见之后方能对历史文化遗产建筑做出拆除、重建或改建决定。

（1）国家信托：英国目前最大的遗产保护慈善组织，拥有 43 万名志愿者，180 种服务途径，340 万名会员，每 20 个英国人中便有一名国家信托会员。组织通过遗产经营、捐赠、会员费、税收和经营来取得资金，政府和地方当局不直接资助国家信托的工作，但它可以优先得到彩票基金的支持[5]。国家信托的工作重点不是单纯地保护，而是以保护促进地区的可持续发展，富有成效的工作，令其获得显著的保护效益。

（2）市民信托：1956 年创立的市民信托以“保护有历史和艺术性价值的建筑，保护田园地区的景观，反对粗陋设计，刺激公益事业的发展和市民意识的提高”为组织目标，目前有 25 万会员和 850 个各城市的民间信托分支机构，利用地方力量广泛挖掘遗产的社区价值与商业价值。值得一提的是，市民信托与政府也保持良好合作关系，拥有欧洲最为完善的遗产保护评奖体系[6]。

（3）遗产彩票基金：英国政府在 1994 建立了国家彩票对艺术、体育、慈善和遗产的专项基金，英国遗产彩票基金会就是其中一项。基金会负责分配彩票基金的分发，向很多组织提供资助，既有政府组织，也包括非政府组织。英国遗产彩票基金会对文化遗产保护非营利组织进行资助包括四个方面：（1）为人们提供一种广阔的视野来看待遗产，简而言之，宣传遗产保护的新理念。（2）资助所有类型的遗产，资助保护遗产的组织。（3）资助保护技能培训。（4）向潜在的遗产使用者提供咨询，让他们参与项目。事实上，英国政府把一部分的政府职能转移给了遗产彩票基金会，让其来完成资助活动，从而保护英国的文化遗产[7]。

2. 英国建筑遗产保护非营利组织的运营方式

英国的建筑遗产保护非营利组织在维持自身运行和遗产保护费用的来源上主要依靠政府补贴、社会捐助、经营收入这三个方面，具有多样性、稳定性和互助性的特点，财政年报须每年公布以接受公众监督。为了对组织进行科学的管理及可持续发展，许多非营利组织都聘请专门的经理人进行操作，保证也保护资金的长期稳定增值，从而使建筑遗产的长期保护得以实现（表 5-5）。

表 5-5 2009 年国家信托的收入与支出构成表

2009 年收入（百万英镑为单位）		2009 年支出（百万英镑为单位）	
收入类别	收入量	收入类别	收入量
会员费	122.0	财产维护费用	0.8
企业费	50.4	事业费	2.6
遗产	42.8	资本投资项目	97.8
出租	3.3	发展会员、再培训和公共教育	47．2
投资收入	35.5	日常开支	2.7
补助金和捐赠	8.2	保护和咨询费	12.2
建设补助金	14.9	购置资产	21.0
礼品赠与	47.7	企业成本	40.1
其他财产收入	2.5	租赁成本	3.5
销售不动产和租赁权	95.8	投资管理费	2.2
总计	423.1	慈善管理费	166.9
		总支出	397.0

资料来源：《2009 年英国国家信托年报》（*The National Trust UK 2009 Annual Report*）

另外，英国的建筑遗产实行经营权和管理权分离的政策，国有资产经营权属于非政府职能部门的“英国遗产”（English Heritage），私有部分的经营权属于各种慈善团体及个人。建筑遗产保护非营利组织所属的建筑遗产收入，不分配给所属成员，全部用于反哺遗产保护。

就建筑遗产保护组织的活动内容而言，主要分为两部分：一部分是以专业人士、志愿者、兴趣爱好者为主，进行一些学术研究、普及推广；另一部分则是以历史遗产保护为主，开展公益实务工作和服务。

3. 英国建筑遗产保护组织非营利组织的特点

英国政府对建筑遗产保护非营利的扶持方式有别于美国，主要是由非政府职能部门“英国遗产”代为管理古迹、历史建筑，向个人、慈善团体、地方政府提供保护资金，并且定期向议会作报告，提出建议，采用公共团体治理、指导、资助非营利组织的方式。这种方式能得以实现是建立在大多数从事建筑遗产保护的非营利组织都具有公益性，必须遵守《慈善法》，并且整个社会信任度较高的基础之上的。

四、对中国建筑遗产保护非营利组织的启示

中国虽然拥有其他国家无法比拟的悠久历史和丰富文化遗产，但在历史文化遗产保护方面还是起步较晚。目前，对历史建筑遗产进行保护的主体仍以政府为主，也有少数民间力量，但“介入遗产保护的民间力量主要是以营利性为目的的私营企业和个人，他们与政府达成一定的约定，通过对遗产地或历史建筑的保护作为一种投资而得到相应的开发或收益”[8]。也有一些真正意义上的非营利组织，如中国记忆、记录上海、天津古城拍记队、苏州古城拍记队等，但仅停留在传播信息和记录历史建筑变迁。当然，也有发挥重要作用的，如阮仪三教授主持的“阮仪三城市遗产保护基金会”。2009 年，阮仪三基金会通过努力，保留住了外滩的划船俱乐部，还原了昔日老外滩的景观，成为外滩的又一靓丽景色。相比与英、美两国建筑遗产保护非营利组织的长期发展，我国目前仍处于起步阶段。

我国建筑遗产保护非营利组织发展缓慢，最主要的原因在于古迹、历史建筑的归属问题。中国的建筑遗产一般指“不可移动文物”，在所有权上，根据《中华人民共和国文物保护法》：“古文化遗址、古墓葬、古窟寺属于国家所有。国家指定保护的纪念建筑物、古建筑、石刻、壁画、近代现代代表性建筑等不可移动文物，除国家另有规定的以外，属于国家所有。”反观英国的建筑遗产除了历史悠久的“在册古迹”和一部分比较重要的“登录建筑”归国家所有外，其余大多数属于私有，包括慈善团体所有和私人所有。因此民间团体无权对建筑进行实质上的保护，只能徘徊在呼吁与宣传的边缘。除此之外，我国还缺乏相关配套的法律去监督管理建筑遗产保护的行为以及非营利组织。《中华人民共和国文物保护法》和《中华人民共和国文物保护法实施细则》过于笼统。从另一面来说，没有法律保障或是法律不健全，公民对非营利组织的运作怀有疑虑，社会捐助数目不高，导致非营利组织难以为继。

显然，要想走好非营利组织参与遗产保护这条路还任重而道远，

希望美、英两国的相关经验能对国内相关组织（不论是政府组织还是非政府组织）起到启发与借鉴作用，使中国五千年的灿烂文化遗产得到更好地保护。

注释

1 王红军《美国建筑遗产保护历程研究》，东南大学出版社，2009 年，1 页。

2 朱晓明《当代英国建筑遗产保护》，同济大学出版社，2007 年，24 页。

3 陈金华等《国外遗产保护及利用研究进展与启示》，《经济研究参考》2008 年 6 期，38 页。

4 焦怡雪《英国历史文化遗产保护中的民间团体》，《规划师》2005 年 5 期，80 页。

5 朱晓明《当代英国建筑遗产保护》，同济大学出版社，2007 年，180 页。

6 朱晓明《当代英国建筑遗产保护》，同济大学出版社，2007 年，181 页。

7 英国遗产彩票基金会参加周庄论坛演讲稿。

8 阮仪三、丁枫《中国城市遗产保护和民间力量的成长》，《建设科技》2007 年 17 期，55 页。

人类学与遗产保护

一、有关人类学与遗产保护的研究

1999年中国著名的人类学家庄孔绍在中央民族大学学报（社会科学版）发表了《长江三峡民族民俗文物保护及其实践——兼谈人类学、民族学之角色呈现》，介绍了由其主持的长江三峡文化遗产保护与研究小组的工作。他指出，民族学作为引进的新兴学科在中国只有不长的历史，大学人类学、民族学系的知识传播相当有限，远没有达到使很多人（例如政府行政官员、基本建设工程负责人、企业与公司经理以及教育教学系统决策人等）明了的程度。长江三峡工程库区文物保护规划，把人类学相关项目纳入其中，这是中国人类学者和文物保护规划人员推广当代世界文化遗产保护新知的重要努力[1]。2009年在《文化遗产保护的观念与实践的思考》一文中，他又提出，作为文化遗产保护的内容，无论是物质文化还是非物质文化都携带着历史情感、国家和民族的象征与信仰等，需要多学科的知识系统来应对。文化遗产保护的观念有一个发展的历史过程，到20世纪时，文物保护的原则、目的和指导措施渐成系统。国家作为文物保护的主要承担者，应建立一个权威的、囊括科学家和人文社会学者的多学科专家组成的委员会，审查和批准文物保护工程计划。在民俗文化保护中，尊重弱势族群的参与权和受益权，把学院研究与项目实践结合，形成中国式的理论与行动框架，这是人类学的学科原则和目标。影视人类学不仅可以完成文化遗产的保存，而且还能“激活”文化遗产的当代意义，在当今文化遗产保护与传承工作中至关重要[2]。

在当下，非物质文化遗产保护运动在中国已经蔚然成风，人类学开始大规模进入非物质文化遗产保护与研究的重要领域。刘志军在《非物质文化遗产保护的人类学透视》一文中指出，文化功能的多层次性及文化的政治性决定了对非物质文化遗产进行人为保护的必要性，文化变迁的常态性使动态保护成为应有之义，信仰的社会功能则决定了民间信仰类文化遗产的历史地位和保护价值。在实践层面上，文化的整体性使生态性保护成为必然，且应兼顾小生态与大生态的保护。我国现有的保护举措缺乏大众参与，需要从理解与认同主客位观点差异的基础上，汲取“草根智慧”与“地方性知识”，激发非物质文化遗产承载社区的文化自觉，进行参与式保护。同时，应通过非物质文化遗产的第三方评定、设立濒危名录、改变保护拨款与认定级别严格挂钩等做法，防止“文化筛选”与“文化阶层化”，以保护我国文化的多样性[3]。在《非物质文化遗产保护中的大众参与》一文中，他认为非物质文化遗产的保护需要人的自觉、自愿、积极的参与，然而在我国的保护实践中，由于主位观点与客位观点的歧异、对参与的肤浅化理解、政府角色的定位失误等原因，导致大众参与的普遍形式化与虚无化，形成一定程度的“缺席关怀”“参与专制”，有可能造成对非物质文化遗产的“保护性破坏”。有鉴于此，需要基于对主位观点的尊重和了解，充分汲取草根智慧与地方性知识，激发文化承载者的文化自觉，使其真正参与非物质文化遗产的挖掘、保护、开发、监测和评估，实现参与式的保护[4]。

在 2008 年，从事旅游和遗产研究的人类学家彭兆荣主编出版了人类学与遗产丛书，这套丛书如作者所言，作为一个承载思想和知识的载体，发出了人类学在遗产保护领域的声音。其中《遗产：源起与规则》，梳理联合国教科文组织人类遗产体系及其保护运动的缘起和游戏规则；《遗产：反思与阐释》，解析遗产的学理、逻辑和谱系；《遗产：实践与经验》呈现遗产保护的中国实践与中国经验[5]。

除了人类学家努力外，建筑学家也尝试把人类学应用于遗产保护实践与研究，这体现在建筑人类学的发展中。早在 1992 年，在《建筑人类学发凡》一文中，常青讨论了建筑人类学的来源与性质，以及在当代重大建筑课题上的理论与实践意义，并且扼要介绍了建筑人类学的主要思想脉络[6]。时隔十七年之后，在《建筑学的人类学视野》中，他以建筑学与人类学交叉的视角，对古今建筑活动的文化动因作了建筑人类学的理论阐释，并对这一理论的学科背景和科际关系作了分析，重点阐述了建筑作为制度、习俗、场所、身体感知对象的人类学属性，以及这种属性对建筑历史演进的影响。他还以中国古典园林为例，强调了触感经验和场景体验对于建筑设计和空间意义的重要性[7]。

二、人类学：作为遗产理论和方法论资源

人类学是研究人性、族群与文化的学问。人类学的理论和方法，提供了认识文化的重要原则和尺度，具有“进行深层内涵解读和始源意义阐释”的强大学术功能。以人类学理论视角和解析方法，在一个更为宏观和深远层面研究文化遗产，对建筑历史演进轨迹和动因，对遗产文化内涵、内在意义可获得更为深刻的理解和体会，遗产保护也会因此变为一个更具社会意义与价值的过程。

1. 整体性的文化原则

人类学对人类生活的研究是从全局性和完整性来思考的。事物之间不是孤立的，而是有着千丝万缕的联系。文化事项应放置在社会和自然环境中研究分析，并且强调对其生存背景内在联系的挖掘。整体性的文化原则告诉我们，建筑、遗址等物质实体不可以从其历史和它所产生的社会生活环境中剥离出来，置于不同的文化场域或者使其游离于遗产地人民的日常生活之外。要从它们存续发展的生态生态环境入手，进行可持续保护。

2. 跨文化研究

文化人类学具有一种全球性的视野，关注人类历史上、世界各地不同的文化及相互关系，重视文化多样性的发展。通过跨文化研究，人类学家试图“提升人们的文化自由以拓展人类的文化选择”。文化变迁是人类学的一个主题，人类学家虽不拒绝文化变迁，但倡导以相对的态度对待不同民族、族群和地方的文化遗产。人类学对于遗产保护的一个重要贡献，就是地方研究、文化变迁中的遗产研究以及大规

模现代旅游对遗产地的冲击所引起的细微变化研究[8]。

3. 深描与地方性知识

深描就是以民族志为基础，通过特定化、情景化和具体化的文化描述，发现文本表层叙述背后的概念系统和意义体系。地方性知识为特定的人类种群所持有和认同，拥有自己的生成背景以及形成和演化的历史“本土知识”。“地方性知识”的获得、深化和校验可以分别通过人类学家与“文化持有者”的对话，深入文化个案的实例研究、和展开行业内部的学术交流来完成。

4. 主位和客位

主位—客位研究法是人类学的一对重要方法。主位研究是指站在被调查者的立场和角度，用当地人自身的观点去解释该文化，也就是从内部看文化，客位研究是从调查者的立场出发，用调查者的观点去解释所研究的文化现象。也就是从外部看文化。

5. 田野调查

田野调查也称为实地调查或参与式观察，是指经过专门训练的人类学者、通过直接观察、具体访问、住居体验等方式获取第一手资料的过程。遗产的保护有赖于人类学民族志的田野调查，通过田野调查可真切了解它们独特的地方性。

三、遗产中的文化人类学命题：以少数族群与民间信仰为例

1. 少数族群

1987 年通过的《世界文化遗产公约》强调了文化遗产保护的人类学意义:“文化遗产的重要性在于它巩固了个人的和国家的文化认同”

和对少数民族与地方见解的尊重。1990年在委内瑞拉举办的第二届世界考古大会上，经过与会原住民与考古学家的讨论，就人们应该如何对待与规范遗产与族群之间的关系问题达成了重要共识，并且制定了相应的操作规范。会议通过的文件承认与尊重遗产与族群之间发生学意义上的关系，强调了遗产对于族群的重要意义与特殊价值，以及族群对于遗产传承与继嗣的直接作用，更为重要的是，限制了外来参与者对于遗产的解释与操作行为，指明一切遗产实践都要建立在尊重该族群意愿的基础之上[9]。

文化遗产传承自特定的族群，它伴随了该族群的历史进程，沉淀在时间里，融化进血液中——也只有作为遗产真正主人的具体族群，才深谙这些蕴含着族群情感、道德价值、实践法则的文化遗产对于本群体的本质意义与重要作用——才会打心底里去呵护与重视自己赖于定义和标示了自己族群身份的这些文化遗产[10]。更进一步说，遗产的保护与传承单单靠来自主体之外的力量来维持与保护，是无法持久的，需要遗产背后的族群自身的自觉与力量来主动积极地传承与维持自己的文化遗产和精神[11]。如今，携带了权利与经济因素的外来力量对于地方家园的侵害已屡屡发生：(1) 大多遗产旅游与保护项目所声称的以促进遗产地发展为目标的口号，实际上只是对当地群体的一种催眠和麻痹，它往往只考虑到遗产地短期的利益而忽略了其长期的发展。(2) 贪婪的投资者在对遗产地的开发项目上，往往只考虑经济效益，造成遗产的商业化和博物馆化，而从中所得的利润丝毫没有返回遗产地。(3) 盲目的依赖国外资助机构，而没有引起遗产地政府的关注和重视，使得许多有益的项目没有实施，而仅仅堆放在政府机构的书架上。(4) 忽略遗产背后活态的文化主体，只是一味地强调过去与历史来迎合旅游者的怀旧情节，限制和禁锢了当地的发展。(5) 在遗产工业中几乎没有什么项目兼顾了遗产真正所属的主人的利益[12]。

当今全球化市场经济的强力推进以及交通与通讯的快速发展，使那些过去鲜为人知的、处于第三世界偏僻与边缘地区的少数族群的传统文化受到巨大冲击，他们的文化传承或后继无人，或在外来政治、经济及权力的压力下手足无措[13]。人类学家深入那些地方社会和文化结构的内部，通过倾听少数民族、弱势群体的声音，分析地方文化对旅游的承受力、小族群社会结构被摧残，揭示外来者在他们价值观标尺下，以所谓文化遗产“保护”为名，对文化“保护”的明显包办和“乱点鸳鸯谱”所造成的各种文化展示之乱相[14]，可以推动少数族群的主体性、协商与对话、参与及公平受益等重要原则之落实[15]。

2. 民间信仰

依照宗教人类学的观点，作为一种宗教信仰形式的民间信仰，蕴含关于时间、宇宙、生命和超自然力量等问题的观念，满足了人们对世界的认知与情感需要，具有精神关怀的意义。作为普通百姓日常生活的一部分，民间信仰又蕴含和积淀了社会文化内涵，是一个复杂的、互动的、长期的历史过程的结晶和缩影——反映了多重叠合的动态的社会演变的时间历程[16]。

民间信仰是传统中国人精神生活的组成部分，是中华文化的根基与土壤，在揭示中国社会的内在秩序和运行法则方面具有独特的价值和意义[17]。但是，在近代以来的中国，政府在推进现代化进程的运作中，往往忽视民众的文化生活传统，甚或把百姓的生活方式定义为“迷信”，贬斥为“落后”，把它们看作需要予以改造的对象[18]。新中国建立后，历经土地改革、合作化、人民公社及社会主义教育这些“大规模的和急风暴雨式的革命及意识形态运动”，民间信仰基本上销声匿迹。文化大革命期间，民间信仰更是被视为封建迷信而惨遭批判。20 世纪 80 年代以来，伴随着改革开放、现代化物质生活水平的提高，新的宗教政策的落实，民间信仰出现了复兴的热潮。在非物质文化遗产认定和保护的浪潮下，民间信仰成为文化遗产的重要组成部分，从而“极大地缓解了国家和民俗及民间文化之间长期以来持续存在的张力关系，使得民俗和民间文化在当代中国社会的公共话语和公共空间中重新登堂入室，甚至在相当程度上还获得了某种合法性”[19]。

其实，在人类学家看来，民间信仰不仅是非物质文化遗产的重要组成部分，而且是诸多非物质文化事项形成的生命之源和赖以生存的土壤。要有效地保护非物质文化遗产，必须探索非物质文化遗产与民间信仰的关系，因为只有这样，才能破解非物质文化遗产的生命密码，从其生命的源头上去思考保护的措施和政策[20]。但是在实践过程中，基于现实功利目的，以及各种形式的资本或权力的介入，在民间信仰遗产化的同时，往往也面临着被选择、肢解或商业化的问题。甚至原来固有的信仰特征基本消退，进而转变成一种文化搭台、经济唱戏的地方文化经济活动。还有用“精华糟粕二元论”来简单审视民族文化遗产等。

四、文化人类学具体应用与实践

在中国，传统上的遗产工作总是由建筑专家主导和参与。因为文物保护事宜有明文界定，故只有考古和古代建筑学家有机会在工地工作[21]。有关传统的以物质形态及技术取向为主的古迹保护，在保护规划实践中，往往是通过技术专家的研究划定保护范围、明确历史建筑、制定保护规划和控制标准。在古迹保护的发展中，虽然建筑界和规划界对其具有重要的促进作用，但在很大程度上也因其专业性角度的限制，使得从技术角度出发的古迹保护政策往往无法真实反映出古迹背后人文脉络的实质状况与民众意愿[22]。显然，将遗产从形式上孤立出来，而无视其所涉及的一切社会与文化联系，无疑是将丰富、复杂的历史和遗产保护简单化了。

1995 年起首次由人类学者主持的长江三峡文化遗产保护与研究小组开始切入三峡淹没区的田野工作。课题组以民族文物保护工作为出发点，进而扩大以人类学为主的多学科合作课题。包括三峡文物的分类与收集、影视记录与制作和人类学专题调研。期间，课题组一直贯彻古今关联和多学科知识整合的方法，取得了多项综合成果：设计古今同姓族群关系的三学科联合课题；资助分子生物学者以DNA分析技术为论证三峡古今文化关系提供遗传证据；水淹前的影视人类学摄制工作；用影视、影像等手段记录与保存社会文化变迁过程，自然文化景观[23]。

同样由建筑人类学者主持的杭州长河古镇来氏望族聚落研究，以人类学的乡野调查和口述史为佐证料，分析了来氏族谱中的聚落构成和空间分布，从图像上复原了部分聚落景观和当地习俗的空间意象，并探讨了聚落历史环境和建筑遗产的保护、延续与再生问题，提出了延续地志、保留地脉、保存地标的聚落再生策略[24]。金泽实验以上海著名“桥乡”金泽古镇为对象，向保护与再生的层面延展，在生活形态上将包括节庆仪式、作坊技艺等民间习俗（所谓非物质遗产）均纳入核心区保护与再生的选项，目的是激活金泽历史上以颐浩寺中心的历史场景，让再生后的古镇保持一种传统文化延续其中的真实生活形态，并让物质形态的文化遗产得以“活化”成为参与性的节场空间构成要素[25]。

中国的人类学最近二十年间在物质与非物质文化遗产保护、使用与应用的社会实践方面，取得了一定成绩。但从人类学这一与文化遗产关系最为密切的学科的理论视角进行的研究分析还是比较零散和笼统的。整体上说人类学在文化遗产研究与保护中所发挥的作用非常有限。在很大程度上，人类学家对人类学知识的社会实践与应用是不清晰的。

注释

1 庄孔绍《长江三峡民族民俗文物保护及其实践——兼谈人类学、民族学之角色呈现》，《中央民族大学学报（社会科学版）》1999年5期，129页。

2 庄孔韶《文化遗产保护的观念与实践的思考》，《浙江大学学报（人文社会科学版）》2009年5期，27页。

3 刘志军《非物质文化遗产保护的人类学透视》，《浙江大学学报（人文社会科学版）》2009年5期，36页。

4 刘志军《非物质文化遗产保护中的大众参与》,《文化艺术研究》2009 年 2 期,8 页。

5 彭兆荣《遗产：反思与阐释》，云南教育出版社，2008 年，2 页。

6 常青《建筑人类学发凡》，《建筑学报》1992 年 5 期，39 页。

7 常青《建筑学的人类学视野》，《建筑学报》2008 年 12 期，95 页。

8 彭兆荣《遗产：反思与阐释》，云南教育出版社，2008 年，16 页。

9 郑向春《归属、认同与转换：对遗产与族群关系的研究》，《文化遗产》2012 年 2 期，53 页。

10 郑向春《归属、认同与转换：对遗产与族群关系的研究》，《文化遗产》2012 年 2 期，52 页。

11 郑向春《NIMBY: 当族群遗产遭遇国家与世界》，《徐州工程学院学报》2012 年 4 月期，67 页。

12 郑向春《归属、认同与转换：对遗产与族群关系的研究》，《文化遗产》2012 年 2 期，59 页。

13 庄孔韶《文化遗产保护的观念与实践的思考》,《浙江大学学报》2009 年 5 期,32 页。

14 庄孔韶《文化遗产保护的观念与实践的思考》,《浙江大学学报》2009 年 5 期,32 页。

15 庄孔韶《文化遗产保护的观念与实践的思考》,《浙江大学学报》2009 年 5 期,33 页。

16 郑振满、陈春声《民间信仰与社会空间》，福建人民出版社，2005，序言。

17 郑振满、陈春声《民间信仰与社会空间》，福建人民出版社，2005，序言。

18 周星《国家与民俗》，中国社会科学出版社，2011 年，2 页。

19 周星《国家与民俗》，中国社会科学出版社，2011 年，5 页。

20 向柏松《民间信仰与非物质文化遗产保护》，《中南民族大学学报》2006 年 5 期，66 页。

21 庄孔韶《长江三峡民族民俗文物保护及其实践》，《中央民族大学学报》1999 年 5 期，129 页。

22 魏成《社区营造与古迹保护：20 世纪 90 年代以来台湾地区古迹保护的经验与启示》，《规划师》2010 年增刊，227 页。

23 庄孔韶《长江三峡民族民俗文物保护及其实践》，《中央民族大学学报》1999 年 5 期，128 页。

24 常青《建筑学的人类学视野》，《建筑学报》2008 年 12 期，98 页。

25 常青《建筑学的人类学视野》，《建筑学报》2008 年 12 期，99 页。

第 6 章
生态、环境与都市治理

生态环境是大都市治理中的一道难题。

中产阶级以及由中产阶级作为主体的非营利组织走在了环境保护的前面，并带动了广泛的公众参与。

生态文明建设为地方政府走出经济发展与环境保护之间的两难局面提供了政治机遇。

对大都市而言，郊区生态环境是可持续发展的关键。

都市治理中的环境议题

一、都市环境问题的加剧

改革开放以来，中国经济建设取得了举世瞩目的伟大成就。但长期以来对 GDP 的过度追求，粗放型的经济增长方式，对我国资源环境造成了严重破坏。城市生态环境问题日趋恶化。根据世界银行公布的数据，世界上污染程度最高的城市大部分都位于中国。中国城市环境的恶化主要表现为大气污染严重、水污染严重、固体废物污染严重、噪声污染严重[1]。首先，大气污染严重。随着中国城市工业的发展，矿物燃料消耗的增长，有毒气体、烟尘和粉尘排入大气的数量不断增加，加之随着中国城市交通的发展，汽车尾气向低空排放有害气体，中国城市大气由此受到严重污染。其次，水污染严重。中国城市地区一方面水资源短缺，另一方面又面临着严重的水污染。水污染源于工业废水和生活废水。再次，固体废物污染严重，大都市制造出大量垃圾，严重污染着水、土壤和空气。最后，噪声污染严重，在大多数大城市中，交通噪声、社会生活噪声，建筑施工噪声对周围环境产生了严重污染，干扰着市民的正常生活。

生态环境恶化并非一个孤立的问题，它往往与经济、社会、政治、文化等诸多领域的问题交织缠绕在一起。尤其是当生态环境问题未能及时得到治理，随着时间的累积和空间的扩散，环境质量持续恶化，极有可能导致爆发性的严重危害，并向经济、社会、政治、文化等各领域溢出，交互作用，进而转化为经济发展的阻力、社会矛盾的源头，以及政治生活中的麻烦[2]。处于社会转型期和城市化高速发展期的中国城市，可以说正承受着环境污染的严重后果。一方面，不断恶化的环境形势，给城市造成了巨大的直接经济损失，付出了高额的环境成本。另一方面也给人们的身体健康、生命财产安全带来了巨大伤害。由于环境污染和生态破坏所引发的社会紧张和冲突也在不断加剧，群体性事件呈上升趋势，环境危机成为影响城市社会稳定的重要因素。

尤其需要指出的是，在中国特大城市中，环保压力在不断增强。例如上海的资源环境和生态保护面临日益严峻的挑战[3]：（1）城市规模的承载力匹配矛盾凸显。城市与人口规模的持续扩张，直接导致城市污染物排放超载，造成地表水富营养化、大气雾霾、土壤地下水污染等环境问题难以彻底解决，同时也使得河湖、湿地、农田、滨海等生态空间不断受到挤压、蚕食，生态功能退化，城市热岛、内涝、声光污染等城市生态问题日趋严重，城市生态系统健康面临威胁。（2）生态风险的布局性问题有待解决。大量中小企业位于工业区外，中心城区以及郊区新城周边仍有不少高污染企业，厂群交错。大型产业基地集约发展，与周边区域城镇发展缺乏规划统筹与协调，厂群矛盾不断，环境事故多发。工业园区与水源交叉重合，水源地存在风险。（3）环境问题的结构性矛盾日益突出。以煤为主的能源结构、以及以重化工为主的工业结构，加大污染排放控制难度。（4）生态文明制度体系有待构建完善。目前仍存在环境生态保护在宏观决策体系中的全过程参与程度不足，解决环境问题的规划相容性矛盾突出，环境法规体系不完善，环境责任机制不明，环境执法依据不足，力度不够，资源环境市场机制不健全等问题。近年来，由于与城市居民日常生活和身心健康密切相关的水、大气、食品安全等问题频频爆发，已经引起社会的普遍不满，上海居民对环境问题的抱怨越来越多。因此，如何平衡生态环境与经济发展之间关系，提高城市宜居性，已经是不能回避和轻视的重大现实问题。

二、中产阶层与环保组织的兴起

在中国改革开放，特别是 20 世纪 90 年代进入经济高速发展时期之后，一度消失的中国中产阶层开始重新崛起。中产阶级主要是指那些从事与技术、管理有关的企业白领、政府职员以及教育、医疗、科研、法律等领域的专业人士。一般来说，他们受过良好的教育，具有较强的专业知识背景，对现代化过程中的问题非常敏感。在经济发展、物质需求获得满足后，他们更关心周围生活环境的变化，极力追求高质量的生活品质。因此，生态环境保护在他们中赢得了更多的“知音”与“拥护者”。

市场经济的发展，中产阶层的壮大，是非政府（非营利）组织、包括环境非政府组织发展的基础。研究非政府组织的著名学者萨拉蒙曾指出，在过去的一二十年中，在世界出现了“全球性的结社革命”，部分基于“对国家自己处理当前面临的社会福利、发展和环境问题能力的疑问而增长”，另外，“还受到过去20年通讯革命和有修养的中产阶级的快速膨胀这两方面因素的刺激”。甚至有些学者认为，没有中产阶层，就没有非营利部门的发展。

在中国，自20世纪90年代初以来，一些关心环境的有识之士自发地组织起来，致力于自然资源的保护和环境污染的治理。1994年中国第一个环保非政府组织“自然之友”成立，1996年“地球村”“绿家园”相继成立。在这三大环保组织的带动下，各地民间环保组织如雨后春笋般破土而出，活跃于中国的环境保护领域。

作为环境保护的主体，中产阶层不仅是各种环境非政府组织的成员，而且是这些组织的领导者和骨干。例如“自然之友”最初是朋友传朋友，大部分是知识分子，后来慢慢参加进来比较多的有中小学教师、公司职员、个体户、商店营业员、公务员、警察、媒体记者等。但领导层则属于社会的精英人士。在自然之友理事会中，有律师1名，主持人1名，作家2名，公务员2名，记者2名，环保人士5名，从事经济活动的董事长或总裁5名，另外23%左右的人是大学教授或老师。

进入21世纪，环境非政府组织发展迅速。有关调查显示，中国各类环保民间组织（NGO）已从2005年的2 760多家，发展到2013年的7 880多家。非政府组织在环境保护领域内开展了丰富多彩的活动。（1）通过各种形式开展环境宣传教育，提高公民环境意识，推动企业履行社会责任及公众参与。（2）提供咨询和信息及技术支持，参与对污染和破坏生态环境行为的监督。（3）开展环境维权。一方面通过对环保权益的宣传教育，增强居民的自我保护意识。另一方面为污染受害者提供援助，维护居民权益。（4）环境政策的倡导和推动。环境 NGO 积极参与了环境公共政策的研究与制定。（5）参与国际环境保护交流与合作。

经过多年发展，中国环境 NGO 已初具规模，逐渐成为推动中国环境保护中一支不可忽视的力量，在促进环境治理方面，发挥着越来越大的作用。不过，需要指出的是，在实际的环境问题处理上，由于精英阶层相对强势，掌握着一定的话语权，政府和企业更多地采纳他们的意见，或者说，更容易与这部分群体达成某种条件的妥协，而这类妥协有时候恰恰是以沉默的大多数人利益受损为代价的。因此，如何打破少数人代表多数人的利益格局，如何权衡不同社会阶层群体的环境意愿[4]，从而维护环境公平，是不容忽视的问题。

三、环保关心与公众参与

环境关心（也被称作生态意识、环境态度、环境意识）是指人们意识到并支持解决涉及生态环境的问题的程度以及个人为解决这类问题而做出贡献的意愿。环境关心对推动环境保护工作非常重要[5]：首先，对于环境关心的研究解释了环境问题的“主观”层面或者“社会”层面，它可以与客观的环境监测数据相对照，共同反映一个社会所面临的环境问题状况。其次，无论是在个体层面，还是在集体层面，环境保护的行动是否发生取决于很多因素，但在很大程度上，必要的环境关心水平是行动发生的前提。再次，从环境保护的角度来看，一个关键问题就是要确定社会中哪些成员更为关注环境问题、更为支持环境问题。环境关心可以为识别环境保护的社会基础以及更有效地培育环境保护的社会力量提供重要参考。第四，环境政策对于促进环境保护有着重要意义，但环境政策的执行和完善必须考虑行动者的环境关心状况。

任何政策工具如果最终没有与公众的行为有机结合起来，就很难发挥有效作用。第五，环境关心实际上体现了对社会行动者自身的关注，看到了行动者自觉努力的价值，展示了一种通过积极行动以促进环境保护的倾向。

在 20 世纪 90 年代中期之后，随着跨国环境非政府组织对环保理念的积极传播，精英阶层的倡导活动，以及大众对环境问题和生态危机出现的切身感受，中国人的环保意识开始萌芽。政府组织的环保宣传教育，大幅度提高了公众环境保护意识。如 2008 年的北京奥运会期间，为开展绿色奥运，组织了大量环保志愿者的活动。2010 年上海世博会则从理念与实践层面大力倡导"低碳、节能、环保"的城市生活方式。

1989 年通过的《环境法》第六条写道：一切单位与个人都有保护环境的义务，并有权对污染与破坏环境的单位与个人进行检举与控告。2002 年《环境影响评价法》规定："对环境可能造成重大影响，应当编制环境影响报告书的建设项目，建设单位应在报批建设项目环境影响报告书之前，举行论证会、听证会、或采取其他形式，征求有关单位、专家与公众对环境影响报告书草案的意见。"2006 年出台的《环境影响评价公众参与暂行办法》，对环境影响评价中公众参与的一般要求和组织形式进行了较为明确的规定。2013 年向社会征求意见的《环境保护法》，开设专章规定环境信息公开和环境公众参与，明确了公民在环境方面所享有的权利。在国务院关于环境保护若干问题的决定中，也明确规定了"建立公众参与机制，发挥社会团体的作用，鼓励公众参与环境保护工作，检举和揭发各种违反环境保护法律法规的行为。"（表 6-1）

表 6-1 公民参与环境保护的制度安排

法律法规和规章	主要内容	环境管理
《环境保护法》（1989）	一切单位和个人都有保护环境的义务，并有权对污染和破坏环境的单位和个人进行检举和控告	环境监察
《水污染防治法》（2008）	任何单位和个人都有义务保护水环境，并有权对污染损害水环境的行为进行检举	环境监察
《环境影响评价法》（2003）	专项规划的草案报送审批前，举行论证会、听证会、或者采取其他形式，征求意见建设项目进行环境影响评价和公民参与	环境决策

续表 6-1

法律法规和规章	主要内容	环境管理
《环境影响评价公民参与暂行办法》（2006）	国家鼓励公民参与环境影响评价活动	环境决策
《环境信息公开办法》（2008）	维护公民、法人和其他组织获取环境信息的权益，推动公民参与环境保护	环境信息

资料来源：朱德米《公共政策制定与公民参与研究》，同济大学出版社，2014 年，143 页。

在公众环境意识日益觉醒、参与环境保护机会不断扩大的背景下，各种类型的公众参与活动呈蓬勃发展之势。中国的公众参与可分为三个阶段[6]：第一阶段：在 1990 年之前，摆脱贫穷是整个社会所关注的核心问题，绝大多数的公众非常缺乏环境知识和环境保护的意识。在这个时期，公众的参与程度很小。第二阶段：从 1990 年至 2005 年间，在公众见证经济日益发展的同时，也见证了环境问题日趋严峻的过程，人们的环境意识与敏感度也逐渐提高。公众在环境问题事务中的参与也愈加明显，而相继出台的环境政策与环境教育的逐步发展，也在一定程度上提高了公众参与的积极性。第三阶段：从 2006 年至今，环境保护在中国已经发展到了一个新的阶段。公众越来越重视自身环境保护的权益，而政府也逐步重视公众的意见。

公众的环境参与活动，或者温和或者激烈。只不过近年来为了维护自己的环境利益，在中国各地出现了越来越多群众自发性的“环境抗争”。所谓“环境抗争”，是指个人或家庭在遭受环境危害之后，为了制止环境危害的继续发生或挽回环境危害所造成的损失，而公开向造成环境危害的组织和个人，或向社会公共部门（包括国家机构、新闻媒体、民间组织等）作出的呼吁、警告、抗议、申诉、投诉、游行、示威等对抗性行为[7]。起初城镇居民在遭受环境危害之后所采取的抗争行动通常具有如下特征[8]：第一，基本上是体制内行为，而不是体制外行为，即主要是利用而不是撇开，更不是排斥国家及其附属机构进行抗争。第二，基本上是个体行动，而不是集体行动。因为集体行动在中国具有政治敏感性以及集体行动组织具有难度。第三，这些行为都是围绕特定事件而发生的，是事件性的，而不是连续的、习惯性的行为（表 6-2）。但近年来随着公众环境意识越来越强烈，以及环境公平问题与社会公平、经济公平问题交织在一起，相关的群体性事件此起彼伏。1996—2012 年，我国环境群体性事件一直保持年均 29%的增速。2007 年厦门“PX 事件”、2008 年上海“磁浮线事件”、2008 年云南“丽江水污染事件”、2009 年广东“番禺反对建设垃圾焚烧厂事件”、2011 年大连“PX 事件”、浙江“海宁事件”、2012 年四川“什邡钼铜项目事件”、江苏“启东事件”、浙江宁坡镇海“PX 事件”，都是因既有污染或担心污染而引发的群体性事件[9]。

表 6-2 城镇居民遭受环境危害后的抗争行动

采取的抗争行动（可多项选择）	人次	百分比
1. 向街道、居委会反映	944	38.19%
2. 直接向制造污染的单位或个人提出抗议	440	17.80%
3. 向地方政府投诉	364	13.77%
4. 向工作单位反映	359	14.52%
5. 向媒体投诉	161	6.51%
6. 其他措施（向法院起诉等）	105	4.24%
7. 通过民间环保团体反映	82	3.32%
8. 游行、示威	16	0.65%
总计	2 472	100.00%

资料来源：洪大用等《环境友好的社会基础 中国市民环境关心与行为的实证研究》，中国人民大学出版社，2012 年，223 页。

四、走出两难的政府

1972 年联合国主办了探讨全球环境问题的第一次国际性会议。大会通过的《人类环境宣言》，引起了各国政府对环境问题特别是环境污染的觉醒和关注。在这次会议影响下，中国环保工作开始起步。1973 年 8 月召开了第一次全国环境保护会议，会议审议通过了中国第一个全国性环境保护文件《关于保护和改善环境的若干规定》，《规定》的主要内容包括：改善老城市的环境，治理城市“四害”，以预防为主治理工业污染。此后开展了以水、气污染治理和“三废”综合利用为重点的环保工作,并且颁布了中国第一个环境标准——《工业“三废”排放试行标准》，标志着中国环境保护事业的开端。

近三十年来，中国在经济高速增长、人民生活水平不断提高的同时，也付出了高昂的资源、生态和环境代价。中国政府意识到环境保护的重要性，从发展战略到资金投入，采取了大量环境保护与环境治理措施[10]。第一、中国政府在发展战略层面始终强调环境保护，追求经济增长与环境保护的双赢，这在新世纪以来尤为突出。第二，中国政府注重制定促进经济增长与环境保护相协调的各种规划和顶层策略。如在国民经济和社会发展“十一五”和“十二五”规划中明确提出建设资源节约型、环境友好型社会，推动绿色发展，建设生态文明。第三，中国政府注重推动环境法制建设，形成了以《中华人民共和国环境保护法》为主体的环境法律体系。第四，中国政府不断充实和加强环境保护的相关机构与工作人员。如国家环保总局升级为环境保护部，建立了数量庞大、一直延伸到基层乡镇的环保机构体系。第五，随着经济增长和财政能力的增强，中国政府持续加大环境污染治理投资力度（表 6-3）。

表 6-3 中国环境保护进程大事表

时间	环境保护重大事件
1972 年 6 月	联合国首届人类环境会议在斯德哥尔摩召开，中国政府派代表团参加
1973 年 8 月	第一次全国环境保护会议在北京召开，通过了第一个环境保护文件《关于保护和改善环境的若干规定》
1979 年 9 月	中国第一部关于保护环境与自然资源、防止污染和其他公害的综合性法律《中华人民共和国环境保护法（试行）》公布试行
1983 年 12 月	第二次全国环境保护会议召开，明确提出：环境保护是我国的一项基本国策。并确立了我国环境保护事业的战略方针
1989 年 4 月	第三次全国环境保护会议召开，明确了中国特色环境保护道路的主要措施，使中国的环境管理走上科学化、制度化的轨道
1992 年 6 月	中国代表团在联合国环境与发展大会提出了《中国环境与发展十大对策》并签署了《21 世纪议程》等文件
1994 年 3 月	国务院讨论通过《中国 21 世纪议程》，即《中国 21 世纪人口、环境与发展白皮书》
1996 年 7 月	第四次全国环境保护会议召开，明确了中国跨世纪环境保护工作的目标、任务和措施

资料来源：洪大用等《环境友好的社会基础：中国市民环境关心与行为的实证研究》，中国人民大学出版社，2012 年，86 页。

但是，长期以来中国政府在发挥促进经济增长和环境保护的双重职能时面临角色紧张[11]。一方面，中国作为发展中国家，其人均经济水平与发达国家相比还有很大差距，国内生产力的发展与人民群众日益增长的物质文化需求之间的矛盾还很突出。劳动力就业的压力非常大。强国梦依然具有巨大的号召力。因此政府还需将很大的注意力放在促进经济增长方面。另一方面中国发展进程所导致的环境污染及其破坏无论在规模、速度、还是深度广度等方面都显而易见并引人瞩目。中国经济持续健康发展所面临的资源、能源与环境约束越来越强烈，国际社会也越来越关注中国发展对于全球环境的冲击。由于环境污染及其破坏所引发的国内国际冲突也出现增多的趋势。所以中国政府也需认真对待环境问题。

在中国，尽管国家环保政策占主导优势并存在垂直指挥链条，但由于在中国政治行政系统中出现的地方分权过程，地方层面仍然获得相当多的自由裁量权[12]。作为1978年以后改革过程的一部分，地方政府不再仅仅是中央政府的代理，而是经济主体和地方利益的倡导者。它们不仅在制定和执行地方政策方面享有更广泛的自主空间，而且也更注重保护和促进地方的社会和经济利益[13]。分权促使地方因地制宜地执行中央政策，激发地方之间的竞争，提升其发展动力。但也使中央政府的环境政策的落实变得更加复杂。事实上，中央政府的环境保护政策往往难以得到有效落实和执行。地方政府的环境治理存在一定程度的形式化倾向。环境政策的扭曲性现象较为普遍，表现为上有政策，下有对策的执行逻辑[14]。

在中央与地方关系中，不能不提到1994年分税制改革，它使中央政府与地方政府的财税关系发生了重大的变化，进而出现了所谓土地财政。土地财政导致了粗放型的工业化、城市化方式，为此付出了高额的生态环境成本（表6-4）。

另外，中国政府在环境政策制定与执行方面还存在“碎片化”现象。一方面囿于部门利益、不同的关注重点，无法形成相互衔接和统一的环境政策。另一方面，由于权责不清，相互扯皮推诿，即使已制定出来的环境政策往往也不能得到有效执行（表6-5）。

表 6-4 地方政府通过出让土地可能获得的收入汇总

	地方分享收入	地方独享收入
直接收入		土地出让金
		各土地相关部门的征收费用
		地方税务系统征收的城镇土地使用税、土地增值税，地方财政系统征收的耕地占有税、契税
间接收入	增值税的 25%、企业所得税的 40%	与房地产业和建筑业相关的营业税、房产税和城市房地产税，地方企业上缴利润

资料来源：戴星翼、董骁《五位一体：推进生态文明建设》，上海人民出版社，2014 年，41 页。

表 6-5 2012 年部分省市土地出让金、地方财政收入

省（市）	2012 年地方公共财政预算收入（亿元）	2012 年国有土地出让金收入（亿元）
北京	地方公共财政收入 3314.9	950.78
上海	地方财政收入 3743.7	465
天津	全市一般预算收支 1 760	879.4
重庆	一般预算收入 1 703.5	1 312.9
大连	公共财政收入完成 750.11	158.50
吉林	地方级财政收入 1 041.3	366.7
陕西	地方财政收入完成 1 600.69	375.63

资料来源：戴星翼、董骁《五位一体：推进生态文明建设》，上海人民出版社，2014 年，41 页。

表 6-6 环境政策执行机构的环境行政职能、非环境职能与优先性部门利益

	环境职能	非环境职能	优先部门利益
环保部门	污染控制监管 环境质量监测 生态资源保护		环境保护
发展与改革部门	能效监测与监管气候变化 低碳经济与低碳城市建设 环境与生态建设工程的规划与审批	宏观经济调控 市场价格规制 社会经济发展规划 财政、金融、工业、土地和社会事业等政策的制定和执行	市场规制 工业发展和投资 基础设施规划与建设
城建部门（公用事业与园林）	城市垃圾收集与处理 自来水供应污水处理 城市景观绿化与美化城市 园林管理 建筑与住宅节能	房地产行业调控与规制 基础设施规划与建设	房地产发展 基础设施建设
农业（林业）部门	农村与农业污染 农药与化肥监管 林业与野生动物资源保护 绿色有机视频监管	提高农业产量 促进农村乡镇企业经济发展 扶贫与提高农民收入	农业与农村乡镇企业发展

续表 6-6

	环境职能	非环境职能	优先部门利益
水利部门	水资源保护	水库、大坝等水利设施建设 抗洪抗旱 水力资源开发	发展水力水电工程
国土资源部门	国土资源、矿产和海洋资源保护	土地买卖 农村征地 城市拆迁	土地和矿产资源开发和收费

资料来源：曹荣湘《生态治理》，中央编译出版社，2015 年，151 页。

自党的十七大起，中国共产党首次将生态文明概念写入全会报告。“十一五”期间，中国政府高度重视绿色发展，把建设资源节约型、环境友好型社会作为加快转变经济发展方式的着力点，努力促进经济发展与环境保护高度融合。在中共十八大上，党和政府把生态文明建设提到了前所未有的高度。十八大报告不仅将生态文明作为一章进行专门阐述，而且强调建设生态文明，是关系人民福祉、关乎民族未来的长远大计。面对资源约束趋紧、环境污染严重、生态系统退化的严峻形势，必须树立尊重自然、顺应自然、保护自然的生态文明理念，把生态文明建设放在突出地位，融入经济建设、政治建设、文化建设、社会建设各方面和全过程，努力建设美丽中国，实现中华民族永续发展。这为政府走出经济发展与环境保护的两难局面提供了莫大的政治机遇（表 6-6）。

注释

1 邓集文《试论中国城市环境治理的兴起》，《东南学术》2012 年 3 期，130-131 页。

2 戴星翼、董骁《五位一体：推进生态文明建设》，上海人民出版社，2014 年，53 页。

3 王详荣《特大型城市上海生态化转型发展的路径与重点举措》，《上海城市规划》2015 年 3 期，78-79 页。

4 戴星翼、董骁《五位一体：推进生态文明建设》，上海人民出版社，2014 年，85 页。

5 洪大用《环境友好的社会基础：中国市民环境关心与行为的实证研究》，中国人民大学出版社，2012 年，前言。

6 托马斯 · 海贝勒等《中国与德国的环境治理：比较的视角》，中央编译出版社，2012 年，237 页。

7 洪大用《环境友好的社会基础：中国市民环境关心与行为的实证研究》，中国人民大学出版社，2012 年，222 页。

8 洪大用《环境友好的社会基础：中国市民环境关心与行为的实证研究》，中国人民大学出版社，2012 年，222-223 页。

9 戴星翼、董骁《五位一体：推进生态文明建设》，上海人民出版社，2014 年，86 页。

10 洪大用《经济增长、环境保护与生态现代化》，《中国社会科学》2012 年 9 期，86 页。

11 洪大用《经济增长、环境保护与生态现代化》，《中国社会科学》2012 年 9 期，94 页。

12 托马斯 · 海贝勒《中国与德国的环境治理：比较的视角》，中央编译出版社，2012 年，25 页。

13 托马斯 · 海贝勒《中国与德国的环境治理：比较的视角》，中央编译出版社，2012 年，58 页。

14 洪大用《经济增长、环境保护与生态现代化》，《中国社会科学》2012 年 9 期，95 页。

大城市郊区城市化进程中的生态与环境问题

一、上海郊区城镇化与生态、环境问题

20世纪50年代的上海，是当时中国人口规模最大的中心城市之一。但是原有城市辖区的基本格局，郊区空间狭小，耕地面积十分有限，乡村地区难以保障上海市的副食品供应。为解决上海市中心城区副食品供给短缺问题，国务院于1958年先后将江苏省的嘉定、宝山、上海、川沙、青浦、南汇、松江、奉贤、金山、崇明10县划归上海市管辖。随即上海市充分利用区划调整的契机，将原郊区全部撤销，其城市地区并入市区，农村地区并入郊县。由此，上海市完成了郊区的大规模扩张，形成了上海市的基本空间形态与格局[1]（表6-7）。

表6-7 上海市及市辖区、郊县的面积与人口变化

年份	面积（千米^2）	户籍人口（万人）	市辖区			郊县		
			个数	面积（千米^2）	人口（万人）	个数	面积（千米^2）	人口（万人）
1950	636	493	20	107	418	10	529	75
1960	5863	1056	12	141	641	11	5722	415
1970	—	1073	10	—	580	10	—	492
1980	—	1147	11	—	601	10	—	545
1990	—	1283	12	—	783	9	—	500
2000	6340	1313	16	3924	1128	3	2416	185
2010	6340	1404	17	5184	1331	1	1185	69

资料来源：崔庆仙等《城乡关系变迁中的大都市政区整合与转型：上海案例》，《人文地理》2012年1期，84页。

在建国后的半个多世纪里，由于城市采取传统的工业城市化发展模式，以市区、特别是市中心区作为城市规划建设和管理的重点，广大的城市郊区往往被视为城市居民所需的粮食、蔬菜、奶产品等农副产品的生产和供应基地，导致上海郊区产业和功能单一，经济实力不

强，并逐渐演变成为中心城市的附庸，形成了所谓的“大城市，小郊区”及“郊区围着市区转”的单中心城市发展模式。郊区城市化发展缓慢，城镇普遍规模不足、功能不全及设施落后，无法满足当地居民对人居环境的质量要求。进入20世纪90年代，随着上海城市化步伐加快，上海郊区城镇化进入快速发展阶段。

郊区城镇化泛指城市郊区的乡村地域向城镇地域转化，郊区的生产方式和生活方式由乡村型向城市型转化的过程。改革开放以来，上海郊区的城镇化水平日益提高，原先属于郊区的农村大多数已经成为城市的一部分，农村和城市的边界逐步消失。传统农业的比重越来越低，第二、第三产业发展迅速，市场型就业及职业收入成为农民的主要收入方式。生活方式已经城市化，传统意义上的城乡二元结构特征发生了很大变化。往昔上海郊区10县，现在都已成为城区。但是，在郊区城市化的过程中，由于人们片面地追求经济效益，对自然环境重视不够，普遍面临着因城市化带来的环境污染和生态破坏等问题，具体表现为：(1) 水体污染。工业废水的排放总量增加，河流与地下水受到污染，水质下降，直接对人体健康构成危害。(2) 空气污染。工业排放的大量有毒气体，以及汽车尾气污染是空气污染的重要因素。(3) 固废污染。工业生产排放的废渣、粉尘，大都堆积于城市近郊和城乡结合部，有的甚至直接倾入河流，严重污染了土地和水源。(4) 土地资源大量浪费，耕地地力下降。

二、郊区城市化进程中的内源污染

上海郊区城市化进程中的环境污染可区分为内源污染和外源污染。内源污染来自城市郊区本身的工业化、非农化进程。外源污染则来自上海城市郊区化的扩散力量。其中内源污染主要包括如下几个方面。

(1) 从19世纪80年代起，郊区的乡镇企业得到快速发展，有力地推动了农村产业结构变革及非农人口的增加，并为农村城镇建设和农业发展提供了大量资金，成为郊区城市化发展的巨大动力。

乡镇工业的特点是布点分散，就地劳作，虽然数量多，却能级低，在技术、规模、管理等方面与现代制造业有很大差距。进入20世纪90年代，上海市委市政府提出乡镇企业要集中连片发展，郊区各区县先后建立了工业区或工业小区。但郊区各区县分散、无序和过度建立的工业开发区，扩大或增加了污染源。

（2）郊区农业中化肥、农药的大量使用、畜禽牧场建设和生活污染，直接威胁着郊区的生态环境。

例如农业生产中越来越依赖化肥和农药的过度使用，大量氮磷流失进入水体，造成河道水土污染。小城镇和农村生活污水、粪尿未经处理，直接排入郊区河道，加剧了水质的恶化。郊区畜禽牧场则已成为危及黄浦江上游水质的最大污染源。

（3）在快速推进的城市化过程中，相对落后的城市规划与管理，在很大程度上加剧了环境污染和生态破坏。由于居住分散和居住点规模过小，废水和垃圾处理基础设施规模效益太低，使得诸如污水纳管和集中治理变得几乎不可能。在郊区农村，这成为环境治理的最大困难之一。

（4）快速的城市化，带来了郊区人口及社会经济结构的巨大变化，包括大量外来人口在城市郊区的聚集。由于文化变迁落后于社会经济发展，郊区居民生活方式与现代城市生活不适应，缺少市民意识和公共生活习惯。民众的行为又直接影响到其周遭的生态环境。

三、郊区城市化进程中的外源污染

上海郊区走的是一条嵌入式的城市化道路，也就是说，作为国内特大城市的郊区化所带来的推动力，也许是郊区城市化一股更强有力的推动力量。城市郊区化是指人口、就业岗位和产业从大城市中心区向郊区迁移的分散过程。郊区化现象始于20世纪20年代美英等发达国家。20 世纪 80 年代中期中国一些特大城市也相继进入郊区化阶段。其中上海是最早进入郊区化的城市之一。80 年代以来，上海经济实力和辐射影响力大大增强，城市由集聚式变为扩散式发展，城市要素和职能开始由城市中心向外围移动和扩散。据统计，1985 年至 2000 年，上海市中心城区工业总产值占全市工业总产值的比重从 71.6%下降至 22%。而同期郊区工业总产值占比由 28.4%上升为 78%。上海还先后批准认定了 9 个郊区市级工业园区，引导工业项目向这些区域集中[2]。另外，上海人口郊区化在历经 80 年代起始阶段，90 年代加速发展阶段之后，在 21 世纪进入新的发展时期（表 6-8）。

表 6-8 上海市人口分布变化

地区	各区人口数量（万）		在总人口中的比例		2000—2009 年增减数量（万）	2000—2009 年增减幅度
	2000 年	2009 年	2000 年	2009 年		
中心城核心区	206.94	182.06	12.61%	9.48%	-24.88	-12.02%
中心城边缘区	486.09	470.91	29.63%	24.51%	-15.18	-3.12%
近郊区	638.58	847.57	38.92%	44.11%	208.99	32.73%
远郊区	309.16	420.78	18.84%	21.90%	111.62	36.10%

资料来源：黄丽鹏、高向东《世博后上海人口郊区化发展探讨》，《中国城市经济》2011 年 1 期，246 页。

随着上海城市产业功能和人口向郊区的扩展趋势日益显著，速度不断加快，大批成片的居住区、工业园区、各类开发区在城市郊区崛起，卫星城镇也迅速发展，而且中心城区的郊区化发展同郊区的城市（镇）化发展的两股势能相互汇合，相互作用越来越强烈，功能联系越来越紧密，从而使郊区地域空间形态迅速发生重组和变化，推动了上海郊区城市化的快速发展。

但是，在上海城市郊区化进程中，由于一些污染企业外移（2001 年上海环保投资 160 亿元，搬迁 37 家；2002 年从中心区搬迁 50 多家重点污染企业至环线以外），工业区和居住区与农田交错，缩短了市区污染向农村扩散的距离，导致有害废物和居民生活废水等直接污染了郊县的土地和水域，使城市郊区生态严重受损。

四、郊区城市化进程中的城郊矛盾

上海的目标是要建设现代化国际大都市，国际重要的经济、金融、贸易和航运中心。但长期以来，上海人口和产业向以旧城为核心的市中心区持续集聚，市中心区发展过度密集，交通矛盾突出，环境质量差，降低了城市发展的综合效益。同时由于郊区城市空间发展缓慢，缺乏足够的吸引力，又难以使人口和产业持续向郊区分散。因此，必须加速上海郊区城镇化，使郊区作为上海市的有机组成部分，有能力在优化城市生态环境，参与城市产业结构调整，承担国际城市功能，完善市域范围基础设施建设，提高人口科学文化素质等方面，与中心城区一起为创建国际化大都市而努力。只有这样，才能使上海市作为一个整体，全方位与国际接轨，实现在21世纪中叶成为现代化国际大都市的宏伟目标。

从上海“九五”以来，特别是在上海市“十五”、“十一五”发展规划中，市域一体化、建设现代化的国际大都市，已成为上海政府重要的指导思想和发展战略，并深化落实为具体的政策细则和行动实践。例如在制定“十五”规划时，上海市明确提出：“九五变化看市区，十五变化看郊区”，“中心城区体现繁荣繁华，郊区体现实力水平”的奋斗目标。2001年初，上海正式启动了“一城九镇”规划建设。在2002年的郊区工作会议上，上海市委、市政府明确要求郊区发展要围绕城乡一体化，加快农村城市化，推进农业现代化，实现农民市民化的总目标，高起点编制都市型城镇体系规划，高标准制订现代化城镇实施计划，高质量建设一流的城市设施，特别要注意郊区基础设施中的交通网络建设，形成完备的供电、供水、给排水、环保、绿化、垃圾收集、信息化等综合系统。在2003年的迎世博大讨论中，上海城市发展实现重大战略理念转变，那就是必须跳出空间狭小的中心城区，在6 300平方千米的土地上实现建设国际大都市的理想（表6-9）。

上海提出城市建设的重点向郊区进行战略性转移，对郊区城镇在人口规模、产业发展、住宅建设、交通设施、生态环境、信息网络以及社会公共服务设施等方面进行统一规划，促进了上海郊区由城郊二元分离型向城郊一体化发展的转变。但是在大都市区化及上海郊区城市化进程中，城郊二元发展及城乡分离的状况依然存在，各种矛盾和冲突不时显现。

表 6-9 改革开放以来上海区县行政区划调整简表

调整时间	调整区域
1988 年 6 月	撤销原宝山县和吴淞区，设立宝山区
1992 年 9 月	撤销原上海县和闵行区，设立新的闵行区
1992 年 10 月	设立浦东新区，原杨浦、南浦、南市三区的浦东部分，原川沙县全部，原上海县三林地区并入
1992 年 10 月	嘉定撤县设区
1997 年 4 月	金山撤县建区
1998 年 2 月	松江撤县建区
1999 年 9 月	青浦撤县建区
2001 年 1 月	南汇撤县建区
2001 年 1 月	奉贤撤县设区
2005 年 5 月	原宝山区长兴乡、横沙乡划入崇明县管辖
2009 年 5 月	撤销原南汇区，并入浦东新区
2011 年 6 月	撤销原卢湾区和黄浦区，成立新的黄浦区
2015 年 11 月	撤销原闸北区，并入静安区
2016 年 7 月	崇明撤县设区

资料来源：根据相关资料整理。

1. 体制上的矛盾

上海城郊根深蒂固的二元体制依然存在。从户籍制度、粮油政策、教育政策，直到产业政策、土地制度、税收政策、金融政策，大都市城区和郊区是两种管理体制和发展模式。以户籍管理为核心的城乡二元制度不仅在空间上把农民禁锢于乡土之中，而且在公共服务、社会权益上与城市居民也存在着明显差别。如郊区享受社会保障覆盖面小、水平低，无法分享上海城市经济快速发展的成果。

2. 空间布局矛盾

在市场取向的改革形势下，郊区出于自身利益的考虑，普遍存在乡镇企业遍地开花，房地产开发过热和工业小区分散、规模小、布局不合理等现象。与此同时，中心城区却苦于土地不足并难以突破行政界限而无法进行必要的空间调整。空间分割限制了一些产业或企业跨区域的联合和扩张，影响了产业集聚效应和城市功能提升。城市政府从城区利益出发，将整建制的乡镇划给城区，或将其中部分行政村划给城区，出现了区管乡镇、“一村两制”情况，在城郊之间引发了很多社会管理上的混乱。

3. 产业同构、产城缺乏融合现象比较严重

由于产业功能的郊区迁移并没有与郊区产业基地建设、郊区城镇建设之间形成良性互动，郊区大量工业园区，游离于城镇建设之外，因此，郊区化虽然促进了郊区经济发展，但对郊区城镇化的推动作用仍未有效发挥。

4. 基础设施建设方面的矛盾

中心城区和郊区从各自需要出发建设交通、通讯、电力、供水、污水处理等基础设施和发展文教卫体等社会事业。分散建设使中心城区和郊区诸多设施在时间和空间上不能衔接配套，从而无法实现一体化。各自为政又使许多设施因服务地域受限或标准等级偏低而无法发挥最大效益和作用。

因森林、湿地、河流、胡泊等环境资源的共有性以及环境污染、生态问题的扩散性，城市之间、城市与农村之间具有难以割裂的生态联系[3]。城郊矛盾导致郊区环境治理异常艰巨，不仅增加了城市生态环境风险，也妨碍了上海生态城市建设。

五、郊区农业的发展

早在 20 世纪 90 年代中期，上海市委、市政府就提出了“三个集中”的郊区发展战略，即农业向规模经营集中，工业向园区集中，农

民居住向城镇集中。2003年，上海市委、市政府进一步提出郊区要加快推进“三个集中”的步伐，并把它作为实现城乡统筹发展，加快城乡一体化的重要举措。2004年，上海市政府正式批准了上海市城市规划管理局关于切实推行三个集中加快上海郊区发展的规划纲要，纲要从指导思想、基本原则、人口规模、城镇体系、产业发展，基础设施，公共服务，生态环境，配套政策，规划管理10个方面对上海郊区规划建设提出要求。与全国平均水平和国内大部分地区相比，今天的上海拥有典型的市域经济特点，已经是一个高度城市化地区，农村、农业、农民占全市比重极小。2009年，上海城市化率高达88.6%，远高于全国46.6%的平均水平，第一产业增加值占GDP的比重仅为0.7%，农业人口仅有164.5万人[4]。

但是，推进上海郊区农村城市化，不意味着农民都要向城镇集中，以城市取代农村，消灭农村。也不意味着以农村的衰败为代价来进行城市化。的确，上海郊区土地非农开发，有力地促进了其工业化和城市化的发展，在郊区工农业总产值中，农业产值所占比重逐年下降。而且由于级差地租和比较优势的作用，沪郊农村作为上海副食品供应基地的优势已经丧失，上海郊区作为城市农产品供给者的角色大大弱化。农村大量的耕地被城市建设征用，农民数量与自然聚落急剧减少，一些村落出现衰败现象。在这种情况下，农业从上海郊区退出似乎便成为一种必然趋势。甚至有人提出，上海高度稀缺的土地资源应该用于效率更高的方面，也就是说更多的用于城市建设和吸引投资，代之而起的是通过“合理的转移制度”，支持内地农业发展，或因日渐融入国际市场从国外购买农产品。但实际上，大都市郊区与农村对上海并非可有可无。因为作为正在建设中的国际化大都市，上海已经开始进入后现代社会，需要到了重新认识农业除生产经济功能以外的潜在的生态、社会功能的时候了。尤其是一个生态功能强健的郊区农村，可以成为绿化、美化、净化城市城乡空间的重要资源基础，对长期的粗放式高速增长，生态资源受损和消耗严重，经济社会发展指标处于全国前列，生态环境指标落在第二甚至第三梯队的上海具有不可替代的作用。因此，一定数量农村的存在和一定数量的郊区农民就地市民化，是未来上海城市发展的客观要求。上海要立足新世纪都市的发展，按照以人为本和生态平衡的要求，将上海的农业发展纳入上海国民经济发展规划和上海的整体城市发展规划，保证农业的功能结构，区域分布，规模水平，就业人数等各方面同城市经济、社会的发展相适应。要通过农村城市化的发展，给郊区农村经济建设注入活力，为根本改变郊区传统落后的旧农村和小农生产生活方式，创造必要的物质条件。但村庄的城市化，不是摧毁村社区的乡土基础，不是要按照城市的面貌来改造乡村景观，变成类似于城市或城镇那样的面貌和人口密度，而主要是改善生活条件和改造生活方式，实现简陋的乡村生活设施向城市生活条件转变，使乡村拥有同城镇一样的基础设施和生活设施。最重要的是让乡村在居住、就业、教育、社会保障，医疗和文化生活等方面享受与城市同等的条件，享受现代化城市文明和社会福利，明显缩小城乡差别，使农村成为吸引人们居住、生产和生活的地方。

六、郊区环境治理

近年来作为中国改革开放的排头兵，上海面对日益严峻的资源环境压力和挑战，以及公众日益强烈的对生活环境质量的诉求，贯彻创新驱动、转型发展的城市战略，努力摆脱传统发展模式的束缚，加快经济结构调整，转变经济增长方式，环境保护与生态文明建设有了明显进步。

上海要实现城市可持续发展，郊区是其关键的一环。因为作为中心市区的外部环境，上海郊区是城市自然资源（包括土地资源、水资源、生物资源、矿产资源等）的主要分布区域，是城市的生态屏障。上海郊区宝贵的生态资源，在保护生物多样性、调节气候、提高景观多元性等方面起着不可替代的作用。过去 20 多年，由于超常规的经济发展和城市的急剧扩大，郊区自然生态已经严重受损，而且还有加剧的趋势。因此将郊区发展限定在生态资源可承受范围之内，约束经济行为，转变生产和生活方式，尽快对已经受损的郊区生态系统予以修复，而且不再构成新的损害，已经历史性地摆到了上海的面前。

（1）把统筹城乡发展放在重要位置，继续推行市域一体化发展与管理的改革，全面清除残存的城乡二元体制及政策痕迹，如取消户口限制与歧视，按地域观念进行人口管理。对一些关系到都市区长远发展和整体利益但又可能面临城郊冲突的重大基础设施和社会发展设施，进行超前规划和协调，实行非地方化管理。

（2）调整产业结构，转变经济增长方式。通过产业重构和功能挖掘，支持物耗低、污染轻、效益好的生态优势产业在郊区各区域聚集，淘汰妨碍环境保护目标的物耗高、污染重、效益差的产品与产业，减轻传统工业特别是重化工业对生态环境的压力。要从优化产业布局入手，减少经济发展对郊区土地和环境污染。

（3）因为郊区要同时承担农产品供给、环境净化和水源涵养、景观美化、生态系统保护和修复、传统文化等多重功能，政府需通过直接投入、补贴补偿和转移支付方式支持郊区发展。特别是逐步建立和完善生态补偿机制，进一步加大对财力困难区的财政转移力度。

（4）因为城乡之间存在难以割裂的生态联系，如果简单地将污染行业、污染源大面积转移到城市外的郊区、农村，就会导致郊区生态环境变得愈发脆弱，并最终危及城市自身。所以在城市郊区化进程中，要采取措施，防止环境污染由工业向农业转移、由城区向农村转移。

（5）加大环保投入，加强环境基础设施建设和环境整治力度。在寻求先进环境技术、建设先进治污工程基础上，结合自然、社会、人文要素，形成一种整体化的发展战略。要通过制度创新，将公众参与纳入郊区生态文明建设中来。

注释

1 崔庆仙等《城乡关系变迁中的大都市政区整合与转型：上海案例》，《人文地理》2012 年 1 期，84 页。

2 唐晓宏《上海产业园区产城融合发展路径研究》，《地方经济》2014 年 9 期，68 页。

3 曹荣湘《生态治理》，中央编译出版社，2015 年，71 页。

4 上海市发展改革研究院《上海城乡统筹发展的路径和突破口研究》，《科学发展》2013 年 5 期，6 页。

生活环境主义与郊区乡村环境治理

一、何谓生活环境主义

在环境治理中，有几种主要的理论或主义盛行。一是自然环境主义。自然环境主义以生态学为理论依据，以保护自然、恢复自然原始状态为最重要目标。不管这种保护和恢复是否真正对当地人有利，也不管当地人是否有这种意愿。其具体做法就是将某地圈起来，划为“自然保护区”，禁止人类的出入和活动，将人和自然完全隔离。另一种是现代科技主义。现代科技主义崇拜现代技术的力量，完全依赖科技治理受到破坏的环境。而不管这种“科学的”治理方式会不会给当地居民的生活系统带来新的问题。不论是自然环境主义还是现代科技主义，都完全忽视了当地人的本土经验和生活知识，没有考虑当地人的意愿和生活系统。甚至剥夺当地人的生存权利，使当地人失去生活的来源和依靠。

生活环境主义理论是20世纪70年代末80年代初，由日本社会学家鸟越皓之、嘉田由纪子等提出的一种环境社会学理论。所谓生活环境主义，是指在理解和处理环境问题时，重视生活者的生活实践活动以及由此得出的对环境的态度。具体而言：（1）解决环境问题需要关注人的行为和社会结构，因为生活在社会中的人以及他身边的社会结构不动，环境问题就得不到解决。（2）需要了解生活者的历史、生活的知识以及生活中积累的经验。生活者更加了解当地的环境状况和风土人情，生活者的视角在处理环境问题时更有深度。（3）政策的制定需要尊重居民要求发展的选择，并在当地居民的生活是否可以维续的基础上，考虑如何进行环境保护。在保护自然资源的同时利用资源，实现人与环境的共生。

众所周知，日本在飞速实现工业化过程中，也遭遇了工业发展所带来的环境问题。20世纪70年代之后日本社会学家开始着手从事环境问题的相关调查和理论研究。90年代起，环境社会学已为日本社会学界所熟知。在90年代日本社会学家创立了环境社会学学会，有了自己固定的研究领域以及特定的方法论。可以说日本环境社会学是走在世界前列的。

20世纪80年代，在日本面积最大的淡水湖——滋贺县琵琶湖进行环境综合开发时产生了保护与利用的争议。日本学者鸟越皓之、嘉田由纪子等通过对琵琶湖水环境调查，以及对琵琶湖的河流、渔业、农业等问题进行多方面的调查，于1984年出版了有关琵琶湖的环境报告书，阐述了生活环境主义思想。在他们看来，生活环境主义比较适合分析考察自然环境的破坏问题。对中国、日本等人口密度较大的国家是有效的。但是对北美、以及澳大利业等人口密度较低的国家却不一定适用。此外，生活环境主义模式由于吸收了中国经世致用的哲学观，并以韩国和日本实学作为其哲学基础，在东亚各国和地区比较容易被理解[1]。

二、乡村环境危机：以上海岑仆村为例

早在2007年国家环保局等八部委局《关于加强农村环境保护工作的意见》中，就已经指出中国农村环境问题的严重性。“我国农村环境形势仍然十分严峻，点源污染与面源污染共存，生活污染和工业污染叠加，各种新旧污染相互交织；工业及城市污染向农村转移，危及农村饮水安全和农产品安全；农村环境保护的政策、法规、标准体系不健全；一些农村环境问题已经成为危害农民身体健康和财产安全的重要因素，制约了农村经济社会的可持续发展。”到目前为止，这种局面并没有改观[2]。

岑仆村坐落在上海市青浦区金泽镇，离上海市中心60千米，素有“鱼米之乡”之称。地理位置独特，村南有小葑漾擦肩而过，村北濒临上海最大的自然湖——淀山湖。村区域内河港纵横，星棋罗布，水陆交通便捷。岑仆村总面积3 548亩，水面积955亩，其中精养池塘534亩，

耕地面积 1 037 亩。村内总户数 356 户，村居民人口数 1 039 人。

20 世纪五六十年代以前，岑仆村是一个纯农业村落，村民主要靠种植和打鱼为生。农作物以水稻、油菜、食用菌等为主，养殖业以鱼、青虾、罗氏沼虾、蟹等为主。在农业生产中农民是不使用农药化肥的。改革开放以后，如同许多中国农村一样，岑仆村在经济发展、生态环境方面面临严峻挑战。因为村民在种植过程中对化肥、农药的不合理使用，致使土壤土质恶化，河流受到污染，生态多样性遭到破坏，环境质量下降。特别是农药化肥的过量使用不仅使村里的土地慢慢变得盐碱化和板结化，而且一到下雨天气，土地里残留的农药化肥还会顺着地表径流到河里，污染着村里的河流。同时，由于农村的城市化，农民生活方式的改变也造成了环境污染。据当地村民说，在河水还是很清澈的时候，河水是孩子们重要的嬉戏场所，孩子们经常到河边游玩、垂钓，当地的居民也经常在河里淘米洗菜、洗衣服。为了保持河水的干净度，村民会自觉清理留下的菜叶等垃圾。如今，河水只是村民刷拖把、洗脏鞋子和丢垃圾的场所。

因为水源地保护区的特殊性，岑仆村工业和养殖业发展受到限制，年轻人难以寻找就业机会，越来越多的年轻人到城市寻求生存发展的新途径。留在村里的只剩下年迈的老人，一如既往的固守在这片土地上。如今，岑仆村的土地都被村集体收回，再发包给愿意种地的人。现今留在村里种地的都是 50 ～ 60 岁的老人。这些老人大部分都在帮外来租地的“老板”种地。

三、欣耕工坊的生态实践

环境 NGO 是环境保护中一支不可忽视的力量。在倡导环境保护、提高全社会环境意识、开展社会监督、推动发展绿色经济、维护社会公众的环境权益、保护生物多样性等方面发挥着举足轻重的作用。欣耕工坊——一家致力于改善中国贫困地区状况，并不断地为弱势人群提供生产及就业机会的社会企业，近年来开始关注乡村环境污染、乡村空心化、留守儿童与老人等问题，希望通过探索新形态的农产品经营模式，改变农民生活境遇，改进乡村生态环境，重新建立人们与土地和河流的联系。从 2012 年开始，欣耕工坊选择岑仆村开始了他们的生态实践。

1. 改进农业种植

在农业种植方面：（1）发展生态有机农业。欣耕工坊从发展生态有机农业入手，从源头引导村民改变生产方式。他们租种了一块被农药化肥严重污染、很多年没有人耕种的盐碱化、板结化严重的低洼地，开始土壤治理和有机农业试验。在农作物种植上，采用泡沫砖种菜法隔离污染土地。在这块土地上种植了草莓、葡萄、无花果及各类时令蔬菜。还运用间作套种的方式，充分利用农田面积，增加单位产量。同时，在菜地里养蜜蜂，制约农民使用农药化肥。为增加低洼地的高度，在农田四周挖掘生态沟渠，降低地下水位，进而实现雨季蓄水、旱季补水，同时为农田害虫的天敌动物（青蛙、蜻蜓等）以及水生动物（鱼、泥鳅等）提供生长空间。这些动物的粪便则为农田增加肥力。在此基础上，欣耕还积极探索可持续循环型生产模式，尝试了鱼菜共生新型复合种植方法，将水产养殖与蔬菜种植两种原本不同的种植技术，通过巧妙的生态设计，实现科学的协同共生，从而达成养鱼不换水而无水质忧患，种菜不施肥而正常成长的生态共生效应。（2）恢复传统生产方式。欣耕工坊在自己的试验田采用了“鸭田共作”的传统稻作农耕方式。“鸭田共作”本是一种古老的自然农耕法，主要是水稻种植和家禽养殖结合在一起。在稻田中养鸭，利用鸭旺盛的杂食性，吃掉稻田中的杂草和害虫，同时利用鸭不间断的活动刺激水稻生长，产生中耕浑水效果。鸭的粪便可以作为肥料。这样稻和鸭构成一个相互依赖、共同生长的复合生态农业体系，抑制了农民使用化肥和农药，从而在有限的稻田空间生产出无公害的大米和田鸭。（3）咖啡渣种植。稻作农耕曾是岑仆村村民最基本的生产活动。在传统稻作农耕的生产活动中，岑仆村村民使用农家肥、秸秆回收、挖河泥肥田等方式提高产量。还积极探索寻找新型无污染肥料，创新使用城市中废弃的垃圾——咖啡渣作为土壤的活化剂和肥料，用咖啡渣堆肥代替农药化肥。欣耕工坊在当地开展村民培训，请生态学硕士教当地农民将咖啡渣发酵腐熟之后，做改良土壤的有机肥，引导村民与欣耕一起进行生态农业种植。

2. 农产品加工与传统工艺复兴

欣耕工坊追求的并不是简单的生态种植，而是希望通过生态种植，在改善当地环境的同时带动当地经济发展，为社区居民提供就业机会，让年轻人回到乡村。欣耕工坊采取的办法一是对农产品进行深加工，在加工过程中坚持无污染、无添加剂原则，保证所加工的产品是纯有机产品。在产品设计上，让整个产品体现出浓浓的乡土风情，以提升农产品附加值。二是建立农产品直销，与社区合作，每周给社区居民配菜，同时，将新鲜蔬菜运到市区摊位点销售。三是创立农业品牌昕坊，以品牌的形式打响农产品的知名度。

另外，欣耕工坊自来到岑仆村，便开始认真了解这里的历史与文化，并于 2014 年组织当地留守妇女，开设手工作坊。手工作坊主要生产两类产品：一是传统村味美食，二是手工艺品。传统村味美食的制作，是根据当地村民的生活习俗，制作具有乡土气息的节令食物，如花糕、八宝饭、青团、粽子等。村味美食的取材全部源于农场的食材，米粉、饭团等的染色皆用天然的蔬菜汁，有机安全、无污染。手工艺品的编制，是通过挖掘当地人的手艺特长，利用废弃的稻草、玉米苞叶编制座垫、杯垫、笔筒等，在编制的过程中请专业设计者指导，结合本地特色和现代审美，将编制品打造成具有审美趣味的艺术品。

3. 开展自然教育

欣耕工坊开展的自然教育包括：（1）小村民夏令营。2014 年暑期，欣耕工坊组织当地适龄儿童开展了“小小村民夏令营”。在夏令营期间，欣耕工坊带领小村民发起了“自然戏剧工作坊”“夜访萤火虫”等活动。

以自然为主题，通过小村民的观察和发现，描绘自己看到的家乡，认识家乡的环境问题，提高孩子们的环境意识。并让他们在亲近、感受、聆听自然与土地中，建立对家乡的依恋之情和使命感，期盼他们长大成人之后，能够热爱农村，经营农村，维系农村的生活、环境、生产。(2) 米故事馆。2015 年 5 月，欣耕工坊启动“米故事馆项目”。米故事馆是利用当地居民闲置的房屋，结合美学、空间和产业打造的。米故事馆主要以图片和实物形式展览当地人的米食智慧，以此形成村庄对外的窗口。米故事馆内的前期资料收集主要由外来游客、欣耕工作人员以及村志愿者采访当地居民来完成。这样不仅增强城市人对农村的关注和了解，也有助于欣耕工坊对村落的进一步认识。（3）生态旅游。欣耕的生态旅游活动分为两类，一类为欣耕自己组织，通过微信、微博等线上平台发布活动招募信息，活动参与者通过线上报名参与活动。另一种是与企业签订长期协议，企业租赁农场的一部分田地进行耕种，平时由欣耕的工作人员代为照管，每逢周末，企业员工可通过公司工会报名参与农作物的耕种和采摘，田地的产出作为公司福利给公司员工。除了耕种和采摘之外，欣耕也会根据公司的要求开展一些活动。活动包括草木染、自然笔记、传统食物等。活动对象为白领及其子女。活动时间为周六或周日的白天。上午为农作体验，主要是种植或采摘农作物，午餐由农场提供，为有机餐。下午进行主题活动，根据主题不同，活动场地不定，如果是自然笔记等，则在室外，如果是草木染和传统食物的主题，则在欣耕的活动室进行。通过生态旅游，让城市居民走入乡村，在游戏和玩乐中了解自然知识，体验农作辛苦，体会乡村的重要价值，唤起人们对乡村的热爱之情以及对农村社区的认同。

四、改变与影响

在城镇化迅速发展的过程中，如何促进乡村经济发展，保护乡村自然环境，是新农村建设中一个急需解决的问题。早在世纪之初，党中央就发出了建设社会主义新农村的号召，明确了“生产发展、生活宽裕、乡风文明、村容整洁、管理民主”的具体要求。在“十八大”之后的中央城镇化工作会议上，中央又提出在促进城乡一体化发展中，要注意保留村庄原始风貌，慎砍树、不填湖、少拆房，尽可能在原有村庄形态上改善居民生活条件。

欣耕工坊不以追求经济利益最大化为目标，而从当地人的利益出发，以让“当地居民过上充分利用自然的生活”为追求，通过尊重、挖掘并激活当地人的智慧和经验，将现代生态种植技术与传统农法相结合，发展生态农业和农产品深加工，振兴地方经济，增进村民收益，改善生态环境，以及结合当地文化传统，发展文化创意产业，重塑乡村魅力，促进城乡共荣共生，从而吸引外流人口回到土地，回到社区，回到自然生活，进而谋求社区的全面发展，阻止传统村落日益凋敝空心化的步伐，其行动实践可以说是生活环境主义的具体落实，并为新农村建设做出了有益的探索。具体而言：（1）引导村民自觉走上绿色生产道路。欣耕工坊的生态种植，是在伴随着村民的不理解和疑惑中展开的。因为多年来在村民中已经形成了不打农药不施化肥庄稼就没法生长的意识。欣耕工坊通过建立生态农场，证明了生态种植是可行的，是有更大的经济效益的。如鸭田共作所收割的稻谷并没有减产，反而价格高于市场价，还收获了生态、无公害鸭肉，可谓一举两得。稻鱼共生不仅能提高水稻与田鱼的产量，还有效地保护了水田的生态系统。当地部分村民在欣耕工坊的带动下，开始放弃农药化肥使用，并将种植小麦、芝麻，卖给欣耕工坊做深加工。(2) 重塑乡村生活体系。首先，在经过两年多的生态种植后，生物多样性得到了恢复。“慢慢地蚯蚓回来了，青蛙开唱了，蜘蛛在稻田了办起了编织展览……银发农夫们忆起了多年前伴随自己长大的农田。”其次，村落的传统智慧和文化被肯定。如传统食物、传统手工艺，通过文化创意，被制作成精致的艺术品，在增加村民收入的同时，也给村民带来了不一样的生活理念。再次，很多对农村、对农业失去了希望和盼头，离乡背井的村民开始关注生养自己的村庄，重新认村庄的价值。人与乡村的关系也在悄悄的发生着微妙的变化。（3）增进城乡互动。城市和乡村有着千丝万缕的联系。欣耕工坊通过开展“生态文化扶贫项目”，吸引城市人下乡，不仅给农村注入了新的活力，提高农村的收入，也增加了城乡间的互信程度。

欣耕工坊的生态实践是有成效的，但依然存在一些问题：（1）欣耕工坊将重心放在了产品的生产和销售，以及城市居民的乡村探访活动上，过于重视城市居民的生态教育，相对忽视了当地村民的生态教育。从调查来看，能够改变从前错误环境认知的，都是在欣耕工坊帮忙种地的农民，其他村民受到的影响较少。（2）社区融入有待加强。现今，越来越多的中国环境 NGO 从宣传、流动、松散的组织形态中走出，开始扎根社区，配合国家新农村建设，更加务实的从事环境改善和农村改造工作。但是，一个外来的环境 NGO 要想改变一地的环境，首先就要做好社区融入，如果一个社区始终把组织当做外来人看的话，就不会认同组织的理念与实践。欣耕工坊已经在岑仆村驻扎了三年，但仍有很多村民把他们当作外来户看待。（3）欣耕工坊在能力建设和经验积累方面仍然有很长的路要走。如欣耕工坊在调动社区居民参与社区事务、联络社区组织、与地方政府合作方面仍需努力。特别是农民是农村环境问题的制造者，也是直接的利益相关者。农民“天然”在场的特点，决定了农民应该是农村环境治理的核心主体[3]。欣耕工坊应思考如何与当地政府、村委会发展关系，搭建桥梁，发挥村民主体性作用，调动村民参与环境建设的积极性和能力，与其协同完成乡村环境的治理。

注释

1 鸟越皓之《日本的环境社会学与生活环境主义》，《学海》2011 年 3 期，54 页。

2 王晓毅《农村发展进程中的环境问题》，《江苏行政学院学报》2014 年 2 期，58 页。

3 韩喜平《农村环境治理不能让农民靠边站》，《中国社会科学报》2014 年 3 期，28 页。

环境社会学在中国

一、环境社会学在中国的发展历程

在西方，环境社会学诞生于20世纪70年代的美国。其创始人为卡顿（William Catton）和邓拉普（Riley Dunlap）。1978年，他们联合在《美国社会学家》杂志上发表了题为《环境社会学：一个新范式》的文章。在中国，在20世纪90年代中期之前，环境问题的社会学研究已经展开，如学者们对城市环境污染与区位分布以及环境意识、感受与性别的关系进行的社会学分析。但学科意义上的环境社会学是不存在的。此后，特别是在2000年以后，具有学科意识的环境社会学研究逐步得到强化。2007年首届中国环境社会学国际研讨会在中国人民大学召开，这被认为是个具有标志性的年份，之后不仅形成了明确的学科意识，学科建设也采取了很多具体的行动[1]。

2008年中国社会学会人口与环境社会学专业委员会成立，2009年更名为中国社会学会环境社会学专业委员会。与此同时，国内率先开展环境社会学研究的高校和科研院所组建了相应的环境社会学研究机构，中国人民大学社会学系组建了环境社会学研究所，河海大学社会学系建立了环境与社会研究中心，中国社会科学院社会学研究所建立了农村环境与社会研究中心。并开始了环境社会学硕士和博士人才的培养。

20世纪90年代中期以来，国内的一些学者从学科发展角度，开始有意识地系统引进和介绍西方环境社会学的研究成果，有针对性地翻译了一些经典著作和教材，同时召开了一系列的环境社会学研讨会（表6-10，表6-11）。

表6-10 翻译成中文的环境社会学著作／教材

作者	书名	出版社	出版时间
查尔斯·哈珀	《环境与社会：环境问题中的人文视野》	天津人民出版社	1998

续表 6-10

作者	书名	出版社	出版时间
饭岛伸子	《环境社会学》	社会科学文献出版社	1999
鸟越皓之	《环境社会学：站在生活者的角度思考》	中国环境科学出版社	2009
约翰·汉尼根	《环境社会学（第二版）》	中国人民大学出版社	2009
迈克尔·贝尔	《环境社会学的邀请（第三版）》	北京大学出版社	2010
阿瑟·莫尔、戴维·索南菲尔德	《世界范围内的生态现代化——观点和关键争论》	商务印书馆	2011
耶内克	《全球视野下的环境管治——生态与政治现代化的新方法》	山东大学出版社	2012

资料来源：陈涛、崔风《中国环境社会学的学科发展与研究特色》，《南京工业大学学报》2013 年 2 期，116 页。

表 6-11 主要的环境社会学会议

时间	地点	名称	主题
2006.11	中国·北京	首届中国环境社会学学术研讨会	中国环境状况与环境社会学的发展
2007.06	中国·北京	首届中国环境社会学国际学术研讨会	审视中国环境状况—环境社会学的洞见
2008.10	日本·东京	首届东亚环境社会学国际学术研讨会	问题、行动与政策
2009.04	中国·南京	第二届中国环境社会学学术研讨会	水·环境与和谐社会建设
2009.11	中国·台湾	第二届东亚环境社会学国际学术研讨会	低碳社会与绿领世代
2011.10	韩国·富川	第三届东亚环境社会学国际学术研讨会	走向环境可持续的东亚
2012.06	中国·北京	第三届中国环境社会学学术研讨会	环境、开发与社会发展
2014.11	中国·南京	第四届东亚国际环境社会学学术研讨会	多样性：环境与社会

资料来源：根据陈涛、崔风有关资料增补制作。

二、中国环境社会学的经验研究

1. 草原环境研究

草原环问题是全球性的环境问题之一。20 世纪 60 年代以来，我国草原生态系统就出现了较为严重的衰退。据统计，我国 90%以上的草原处于不同程度的退化之中，并由此引起了生物多样性破坏等连锁的环境问题。草原退化既有自然原因，更有社会因素，与人类不合理的资源利用和草原开发方式紧密相关[2]。北京大学社会学人类学研究所自1990年以来，在北方草原生态系统方面开展了一系列的调查研究。这是一个国际合作研究草原生态系统课题的组成部分。主要的调查地点是内蒙古自治区的锡林郭勒盟和赤峰市。调查的重点是人口迁移与牧区体制改革对草场使用、畜牧业管理的影响。课题研究试图逐步积累对于地区性生态系统各要素和互动机制的基础资料，对该系统发展变化及影响因素提出理论上的总结，并在不断的跟踪调查中得到验证和纠正[3]。

2. 公众环境态度和行为研究

在环境社会学领域，公众环境态度与环境行为是一个研究重点。环境社会学家们使用了环境态度、环境意识、环境关心等概念来描述人们对环境的态度。基本上，它们的内涵没有多大差异，即都是指人类意识到并支持解决涉及生态环境的问题的程度以及个人为解决这类问题而做出贡献的意愿[4]。洪大用等早在1997年前后就在全国14个市、县进行过一次全民环境意识调查。2003年，又开展了全国城市居民环境意识调查。公众环境意识与行为的调查研究，努力揭示其复杂的影响因素、影响机制以及变化趋势，以便更好地把握环境治理的社会基础。

3. 水环境研究

改革开放以来，我国处于工业化、城镇化加速期，面临着严峻的水资源短缺和水环境恶化的压力和风险。特别是水污染居高不下，河流湖泊污染事件频发。水安全已成为我国可持续发展中亟待解决的课题。我国环境社会学者对太湖流域、淮河流域、秦淮河污染形成的社会文化机理、污染导致的社会后果、污染治理进行了大量研究。

4. 海洋环境研究

改革开放以来，我国沿海各省市大力实施海洋开发。工业化、城市化与高污染的、粗放的海洋开发活动，特别是重化工产业不断聚集沿海，严重破坏了我国海洋环境。主要表现是近海污染越来越严重、海洋资源枯竭、海洋生态失衡。在环境社会学领域，海洋环境问题研究具有一定特色，但目前还十分薄弱，还没有引起环境社会学家足够重视[5]。

三、中国环境社会学的理论创新

1. 社会转型范式

2001 年，洪大用出版了国内第一本从环境社会学的角度研究我国环境问题的著作《社会变迁与环境问题》，该书从“环境与社会是相互作用的”、“当代中国正处于社会转型加速期”这两个基本预设出发，结合中国社会转型的实际，分析了当代中国环境问题。他认为，尽管中国环境问题早就存在，并且有其深刻的历史背景，但是，当代中国环境状况日趋恶化，乃是与社会转型的进程加速密切相关的。具体而言，是指以工业化、城市化和区域分化为主要特征的社会结构转型，以建立市场经济体制、放权让利改革和控制体系变化为主要特征的体制转轨，以道德滑坡、消费主义兴起、行为短期化和社会流动加速为主要特征的价值观念转变。并且，这种影响具有叠加效应。关注当代中国的环境问题，首先必须关注当代中国的社会转型，只有深入研究这种转型，才能加深对中国环境问题的认识；同时，只有正确引导这种转型，才有望逐步缓解环境问题[6]。他还指出，要辩证地看待中国社会转型的环境影响，既要看到社会转型加剧了环境破坏，也要看到社会转型带来了环境保护的新形势，为通过组织创新和结构优化促进环境保护提供了可能[7]。

2. 社会文化范式

为什么太湖流域在数千年的历史时期能够维持生态平衡，而工业化以后的短短十余年时间被迅速污染。陈阿江通过水污染的个案研究发现，传统社会水域保持清洁的原因在于农业社会长期形成的生产、生活方式，以及村落传统的社会规范和道德意识的约束。而20世纪90年代后期，利益主体的失衡、农村基层组织的行政化与村民自组织的消亡，以及社区传统伦理规范的丧失是造成水域污染的主要原因[8]。他在后来的研究中，以利益相关者角度进行横向的社会结构、社会关系的分析，提出了从“外源污染到内生污染”“文本法与实践法相分离”等有针对性的本土解释。他认为，水环境恶化不仅由城市污染下乡，工业污水泛滥这一外源引起，也与外源污染引起居民传统价值观的丧失有关[9]。

3. 社会体系范式

20世纪80年代以来，我国北方草原陆续出现草场退化的现象，而且沙漠化的趋势日益严重。在草原、畜牧专业学者看来，这是由于草场被开垦为农田和草场上的过牧原因造成的。因此提出的主要对策是退耕还牧。但在社会学家看来，只从降雨量、种草的好处等角度来考虑，而对实际社会中发生作用的其他因素没有给予必要的重视关注，显然是过于单一了。社会学把草原社区的各类现象作为一个社会体系的组成部分综合在一起进行分析，通过人口变迁、劳动就业、民族教育这样几个思路交叉进行梳理，探询它们之间的联系和可能的因果联系，努力跨越传统学科之间的界限，解放思想，同时超脱官方政策的宣传和政府统计数字的表面现象，坚持实事求是的研究精神，努力拓展环境问题的研究思路[10]。

4. 政经一体化理论

在解释中国的环境问题为什么会如此严重时，张玉林尝试从从体制的角度加以解释。他认为，中国农村环境的迅速恶化，环境污染引发的冲突不断加剧，除了普遍的工业化导致污染加剧以外，中国的政经一体化开发机制也对环境有独特的影响。在经济增长为主要考核指标的压力型政治或行政制度下，地方官员优选GDP税收，使其与企业家结成利益共同体，从而导致严重的污染问题[11]。

四、环境社会学发展与中国环境保护

1. 跨学科研究机制

从学科角度讲，环境社会学大概有以下三种含义：一是运用社会学的理论和方法研究环境问题，尤其是现代社会的环境问题；二是企图颠覆传统社会学甚至包括社会科学的环境社会学，强调研究环境约束下的社会；三是强调研究环境和社会的互动关系，特别是社会系统与环境系统交叉所形成的环境 - 社会复合系统[12]。无论怎样定义，环境问题显然不属于社会科学任何学科独有的研究领域，没有哪一门学科足以为探讨人和自然的全面接触交往提供一种恰当的、独一无二的认识论；也没有哪一门学科可以宣称它专以环境问题为自己的研究对象。事实上，存在着一个无形的学院，它超出和包括多门传统的社会科学：经济学、社会学、人类学、法学、行政学和地理学。其中每一门都能为某些特点的课题提供线索，此外更有许多广泛的范围，需要跨学科和多学科的研究和对话[13]。

美国著名环境问题专家埃霍姆认为，人类在处理环境问题时，专家们的行动往往都体现出缺乏相互了解和一致的看法："工程师们接二连三地修建水坝，但却很少注意上游地区的耕作习惯和滥伐林木的情况，而这些会影响河流的含沙量并决定水坝的寿命，农业经济学家利用精致的计算机化的模式去设计远期的地区性粮食生产方案，却没有注意到作为根基的土壤质量的不断恶化和被毁从而频频发生水灾等问题。水源专家在沙漠边缘开凿水井而没有作出安排去控制附近的畜群规模，造成过度放牧，并产生一片片新的沙漠。那些必须在农村的家畜和打柴人中植树护林的林业管理员，只受过植物学和造林学方面的训练，而没有在农村社会学方面受到良好的训练；种上才几个星期的树苗便被牛、山羊和打柴人所破坏。"[14]总之，环境社会学涉及人与环境、社会之间的非常复杂的关系，而且导致环境问题产生的原因实际上也是多种多样的，它们彼此相互影响、相互作用。因此必须建立跨学科的研究机制和研究方法。这既包括人文社会科学与自然科学之间的合作，也包括人文社会科学之间的融合，从而对环境问题进行更加广泛和深入的综合研究。

2. 对中国实际的环境问题开展扎实研究

中国环境社会学应当以中国实际的环境问题为基础，在对中国环境问题的深入研究中发展中国环境社会学理论。日本的环境社会学在这方面已经为我们树立了榜样。他们没有盲从美国的环境社会学理论，而是密切关注本土的环境问题，坚持理论本土化路线，特别是通过对水俣病、琵琶湖治理的研究，创建了一些具有自己特色的环境社会学理论和概念，如生活环境主义，受害者社会结构论，公害输出论等，并在国际环境社会学界赢得了声誉[15]。环境社会学在中国是一个十分年轻的社会学分支学科，发展历程较短，但成长较快，已经积累了一定的研究成果，而且初步形成了一些具有中国特色的学术观点与理论概念。今后，中国环境社会学界需要扎根本土，紧紧“围绕中国现代化进程中的重大环境问题与公众的关切”而展开，并努力形成自己的研究特色。

3. 建设实践取向的环境社会学

在西方，环境社会学与推进环境保护的社会运动有着密切的关系，它是由环境运动所催生的，此后伴随着环境运动的兴衰而兴衰；另一方面，环境社会学，研究揭示初环境问题的演变趋势，也在不断引导着环境运动的发展。在很多场合，环境社会学家们也会作为一名普通公众，自觉参与推动环境保护的实践。大多数环境社会学家确实是环保积极分子。他们在开展学术研究、约束自身行为的同时还充分发挥自己的专业优势，积极传播环境保护的理念和相关的政策主张，努力推动有利于环境保护的社会变革和社会建设[16]。

环境社会学的研究不仅要保持客观性，还需要有一定的价值立场。李时载（See-Jae Lee，韩国加图尔大学）以自身的实践和研究经历为例对环境社会学者的价值观问题进行了探讨。他认为，环境社会学不是一个价值中立的科学，参加社会运动是环境社会学家的一种道德责任。在环境冲突解决的过程中学者要充当着公共知识分子的角色，也要采取科学知识和方法来探索环境问题。但在当今社会中，学术共同体越来越依赖研究资金赞助，因此面临着失去价值中立、无法保证研究客观性的学术道德风险[17]。

在中国，环境社会学家鲜明地提出了建设实践取向的环境社会学的口号，即环境社会学者不回避问题，但关键是促进现实问题的解决；不是简单地批判破坏环境的行为，而是着眼于发现这些行为背后的社会机理；不是置身事外的批评者，而是环境治理共识的发现者和促进者；不是简单的理想主义者，而是实际的行动主义者[18]。他们认为，如果环境社会学家更加积极自觉地参与中国环境治理和生态文明建设的实践，深入开展调查研究，加强知识汇集和提炼，努力使其转换为实际可操作的政策工具，环境社会学者就可赢得更广阔的发展空间，产出更有意义的研究成果，发挥更为重要的作用[19]。

注释

1 洪大用《环境社会学的本土化与国际性》,《江苏社会科学》2014 年 5 期, 17 页。

2 陈涛、崔风《中国环境社会学的学科发展与研究特色》,《南京工业大学学报》2013 年 2 期, 119 页。

3 马戎《必须重视环境社会学》，《北京大学学报》1998 年 4 期，108 页。

4 张斐南《中国城市居民环境关心研究评述》,《绥化学院学报》2014 年 5 期, 91 页。

5 陈涛、崔风《中国环境社会学的学科发展与研究特色》，《南京工业大学学报》2013 年 2 期，122 页。

6 洪大用《当代中国社会转型与环境问题》，《东南学术》2000 年 5 期，90 页。

7 洪大用《环境社会学的本土化与国际性》,《江苏社会科学》2014 年 5 期, 19 页。

8 陈阿江《水域污染的社会学解释：东村个案研究》,《南京师范大学学报》2000 年 1 期, 62 页。

9 陈阿江《从外源污染到内生污染——太湖流域水环境恶化的社会文化逻辑》,《学海》2007 年 1 期，36 页。

10 洪大用《中国环境社会学：一门建构中的学科》，社会科学文献出版社，2007 年，10 页。

11 张玉林《政经一体化开发机制与中国农村环境冲突》，《探索与争鸣》2006 年 5 期，26 页。

12 洪大用《环境社会学的本土化与国际性》，《江苏社会科学》2014 年 5 期，17 页。

13 萨利·M·麦吉尔《环境问题与人文地理》，《国际社会科学杂志》1987 年 3 期，27 页。

14 E·P·埃克霍姆《土地在丧失——环境压力和世界粮食前景》，科学出版社，1982 年，5-6 页。

15 陈涛、崔风《中国环境社会学的学科发展与研究特色》，《南京工业大学学报》2013 年 2 期，115 页。

16 洪大用《中国环境社会学：一门建构中的学科》，社会科学文献出版社，2007 年，27 页。

17 张虎彪、王曼《多样性与环境社会学的学科视野》，《理论月刊》2014 年 8 期，159 页。

18 洪大用《环境社会学的研究与反思》，《思想战线》2014 年 4 期，88-89 页。

19 洪大用《环境社会学的本土化与国际性》，《江苏社会科学》2014 年 5 期，20 页。

附录

新城市社会学刍议

20 世纪 20 年代，在美国芝加哥发展出世界上第一个真正的城市社会学派——芝加哥城市社会学，其巨大的影响力持续到 20 世纪 50 年代。20 世纪 70 年代，新马克思主义学派（政治经济）崛起，在很大程度上取代了城市芝加哥学派而占据了主导地位。20 世纪 90 年代兴起的社会空间模型[1]则提供了“思考大都市生活的一个整合范式”。本书尝试在新的时空背景下，提出一个“新城市社会学”概念，以充分解释当代城市化现象及城市空间与社会的复杂性。新城市社会学包括四个转向，即：从社会变量转向空间—社会研究；从城市社会学传统主题转向当代世界城市化过程中的重大问题研究；从单一学科转向跨学科研究；从以西方为中心转向对发展中国家、特别是中国大城市的经验总结和理论发展研究。

一

城市社会学作为社会学的一个分支，一直以来，长于对社会问题的概括抽象分析，离开了对其空间背景的关联性分析，对于空间维度较多忽略[2]。但是空间或环境是社会关系以及人类行为的重要组成部分，通常被当作传统的社会学研究的主题内容，诸如阶层、宗教、性别、年龄、生活方式以及经济、政治、文化这些重要的社会变量，事实上与区位或空间的因素相互作用与影响[3]。在经验研究方面，早在 19 世纪末，就有人指出，随着水管引入住房，人们聚集在公共水井周围的场面消失了，公众的生活也将随之改变[4]。在“二战”后的城市郊区化研究中，社会学家发现了空间在性别社会化中的作用。例如斯堪的纳维亚国家的郊区定居空间布置，鼓励妇女逐渐完全地融入大都市社区，并鼓励她们与社区中的其他人建立强有力的社会网络。与之相对照，美国郊区定居空间，家庭、工作地点、学校以及商业区在日常生活和想象中相互分离，妇女在时间需求上增添了重大的负担，并隔离了她们的就业机会和在大都市区域内与其他人的社会互动[5]。在理论研究方面，兴起于20世纪20年代的芝加哥学派，借助生态学研究生物及其环境之间关系的方法，来研究人类在城市的竞争与活动，有着“一个坚定的、讲究因果关系的空间视角”。他们就把社会现象与空间联系起来，集中研究“区位，在时间上和空间上，对人类组织和人类行为的影响”。他们还发明了地图绘法。20世纪70年代的新马克思主义者推动了社会理论的空间转向，进一步阐释了空间与社会的关系。通过对资本主义城市化和全球化的研究，以及把城市置于更广阔的经济政治结构中进行分析，提出资本主义通过重组空间，从而再生产了资本主义的生产关系与社会关系。

空间环境与结构对人类的行为和社会互动有着有明显影响。但我们却不能陷入物质形态决定主义，认为人们的行为能够通过物质形态设计的手法加以控制或引导，最好的生活和工作安排可以通过建设、设计和景观技术的使用达到[6]。在社会学家看来，人类在一个既定的空间内并作为对一个既定空间的反应，按照诸如性别、阶级、人种、年龄和社会地位之类的社会因素行动[7]。或者说空间对个体行为的影响，是经由性别、阶层以及其他个体特征来传达的[8]。人们也创造和改变空间以表达他们自己的需要和渴望[9]。规划师只对社会关系产生有限的影响，虽然现场规划师能够创造邻近性，但是他只能决定哪些房子相邻，他只能影响视觉接触，以及其中居民最初的社会接触，但是他不能决定关系的强度和质量。这取决于所涉及的人群的特性[10]。在实践中，规划师和建筑师不顾社会过程，忽略现代城市的结构性或社会性因素，而错误地认为，一个带有美好愿景的城市规划设计，就能从根本上解决城市贫困以及社会问题，那么，规划中的美好设计就会在现实环境中逐渐遭到扭曲，甚至走向原始初衷的反面——事与愿违[11]。最著名的例子就是美国普鲁伊特—伊戈和卡布里尼—格林的再开发项目。在那里人们认为新的建筑设计将设法缓和由社会排斥带来的社会问题，但最后都失败了。

总之，新城市社会学从城市空间及建成环境切入，把规划、交通、工程、环境、遗产保护等主题与社会分析加以整合，研究它们彼此之间的相互作用以及复杂关系，特别关注城市空间及建成环境的社会生成机制及社会学意义。在实践上倡导规划师、建筑师与社会学者的合作，以及通过恰当、合适的空间设计与社会变化的结合，带来城市状况的改善。

二

20 世纪 80 年代以来的全球化、信息技术的发展以及国际分工，推动了城市经济的快速增长，带来了大都市地区空间结构的深刻变化。正在开发的城市中心、滨水地区以及郊区、产业园、大型购物中心和将之联系在一起的高速公路、铁路、电信构成了新的都市景观。与此同时，在经济增长与城市发展缺乏包容性的情况下，大都市地区也产生了移民社会融合、居住成本持续升高、城市机动性、环境污染、社会凝聚力和身份认同等问题。对于经济成长和城市化最快的亚太地区而言，还拥有世界上最大的城市贫民窟人口和最密集的生活在贫困线以下的人口。人人享有适当住房、安全的社区、洁净水和卫生、保健、交通和现代能源系统，甚至是法律上定义的地址等这些权利仍然没有得到完全实现[12]。另外，技术的重大变革，正在以前所未有的方式改变着城市生活与城市形式，甚至会“彻底颠覆人类城市得以存在的大多数意义”，这加深了未来的不确定性。例如“智慧城市”概念在全世界如火如荼，但智慧城市建设要造福人类，也不得不面临一些至关重要的挑战：究竟是千篇一律地关注技术发展、经济增长，企业成本效益，还是考虑当地特性和条件，放大和提升城市生活社交属性；是信息更加开放、透明，社会政治更加民主，还是人们愈来愈被基于高科技的智慧城市的强大监测功能所控制，并带来数据隐私、安全等方面的法律和道德问题；城市是否因信息流动更快速，人们获取信息更容易，从而更容易引发社会冲突，是否因信息鸿沟会制造更大的社会分裂，边缘群体进一步被排除在社会发展进程之外；智慧城市要为解决城市可持续发展中的挑战和问题，以及提升城市生活品质提供一种全新的“智慧化”的解决方案[13]，但是新技术潜在的安全风险以及可能造成的那些意外后果又如何避免。更令人忧思的是，智慧城市将城市生活简化成一个方程式、近似值和数据的集合体，呈现出一个千篇一律的自动化都市生活场景，以至于未来是明确的，什么都知道，却什么都感觉不到。这提醒我们需从根本上反思如何建设并生活在未来的智慧城市中[14]。

据预测，到2030年，大约世界人口总数的60%，将生活在城市地区。这将是在人类历史上的第一个城市世纪，人类社会的福祉将更普遍地依赖于我们创造一个安全与公正的城市环境。在这场极其重要的挑战中，一个起始点便是城市社会学的研究[15]。为了迎接城市世纪的挑战，城市社会学研究已经做出了调整，一方面城市社会学的教科书延续了传统上与城市社会学相关的话题，如城市的起源与发展、城市社会学的理论谱系、主要研究范式，以及移民、种族、社会不平等、住房、教育、犯罪等社会问题；另一方面，城市社会学已经拓展了研究范围，包括了全球化、去工业化、区域化背景下出现的诸多新城市现象，如绅士化、社会极化、文化经济、旅游产业以及规划与公共政策等。显然，作为一门有生命力的学科，城市社会学需要跟上最新的现实变化，关注当前这个时代重要的大都市议题，并使其成为城市社会学分析的中心（表 7-1）。

表 7-1 世界重要城市战略规划中发展目标——分目标

	主要版本规划目标	最新一版规划分目标
纽约	2005 年《纽约 2030》：更绿色更美好的纽约 2015 年《一个纽约——规划一个强大而公正的城市》：规划一个强大而公正的城市	目标 1 我们成长中的繁荣城市
		目标 2 我们公平公正的城市
		目标 3 我们可持续发展的城市
		目标 4 我们有弹性的城市

续表 7-1

	主要版本规划目标	最新一版规划分目标
东京	2006 年《10 年后的东京》：世界城市典范 2011 年《东京 2020》：向 21 世纪展示更加成熟的世界城市典范 2014 年《东京都中长期展望》：世界第一都市	目标 1 向世界展示东京高度的抗灾害能力和城市安全
		目标 2 建设低碳、高效节能、能源自立型的城市
		目标 3 形成用自然展示城市魅力
		目标 4 加强陆、海、空连接，提升东京的国际竞争力
		目标 5 用产业能力和城市魅力促进东京进入新的成长轨道
		目标 6 向世界展示适应老龄化社会的新型城市模型
		目标 7 培育人才，创造机会均等的社会环境
		目标 8 让体育成为每个人都能参与的活动，创造让孩子们拥有梦想的机会
伦敦	2004 年《伦敦战略》：世界可持续发展的模范城市 2011 年、2015 年《大伦敦规划》：全球城市之首	目标 1 一座能够适应经济和人口增长挑战的城市
		目标 2 一座拥有国际竞争力的成功之城
		目标 3 一座拥有多元、繁荣、安全、便捷小区空间的城市
		目标 4 一座赏心悦目的城市
		目标 5 一座在改善环境领域的世界典范城市
		目标 6 一座让所有人可以安全、便捷通勤及享用各类设施的城市
新加坡	1971 年《概念规划》：花园城市 1991 年《概念规划》：完美的热带城市和引人入胜的岛国 2001 年《概念规划》：21 世纪繁荣的世界级都市 2011 年《概念规划》：面向所有新加坡人的高居住环境质量的城市	目标 1 建造可负担的住房
		目标 2 一个花园一个城市
		目标 3 加强交通链接，提升流动性
		目标 4 维持经济活力
		目标 5 确保未来增长空间及生活环境
首尔	1995 年《首尔总体规划》：东北亚经济中心 2013 年《2030 首尔规划》：充满沟通与关怀的幸福城市	目标 1 平等和谐、以人为本的城市
		目标 2 充满就业机会与活力的国际化共存城市
		目标 3 历史源远流长、快乐的文化城市
		目标 4 充满生机与活力的放心城市
		目标 5 居住稳定、交通便捷的居民协作体城市
巴黎	1994 年《巴黎大区指导纲要》：确保欧洲及国际竞争力 2008 年《巴黎大区指导纲要》：保持巴黎大区影响力 2012 年《巴黎大区 2030 战略规划》：确保 21 世纪的全球吸引力	目标 1 住房供给稳定增加
		目标 2 提供稳定的工作岗位
		目标 3 小汽车依赖性更低的生活环境
		目标 4 自然中的城市

资料来源：郑德高等《追求卓越的全球城市：上海城市发展目标和战略路径研究》，《城市规划学刊》2017 年 7 期，68 页。

三

新城市社会学强调研究城市空间和社会的互动关系，空间与社会相互作用所形成的复合体系，特别关注空间与社会的交集通道，因此必须建立跨学科的研究机制和研究方法，将以空间、城市为研究对象的城市地理学、城市规划等学科的研究成果整合到新的城市社会学中去。

以社会学和城市规划为例，尽管在社会学和城市规划的关系方面存在广泛的争论，就像著名学者梁鹤年指出的，如果社会分析和规划设计能够互相补充，各展所长，规划会为城市环境做出很大的贡献[16]。可惜，规划师出自专业本能及受自身专业局限，他们主要关注的是城市物质空间形态的创造，而缺乏对深层的社会、经济背景的宏观把握，缺乏对城市社会结构和动力机制的深切了解。规划师也通常并不具备进行深入的社会研究的能力，进而缺乏对城市社会研究成果的理解，及与城市空间规划融合的意识及策略。从事人文社会科学的人，尤其是社会学和人文地理学，以辩论和分析为主，作纯理性、纯逻辑的讨论，没有经过设计的训练，他们的分析很少有物理上的考虑（空间与时间），也没有现实的限制。他们对规划提出针对性的、强有力的批判，但拿不出解决办法。建议多是单方面、抽象和不切实际的。这使得规划工作者既不能否认问题的存在和严重性，又无法在他们的工作和权力范围内去解决这些问题。后果是，理论与实际工作开始分家。实际工作者把人文社会科学的贡献看作全是学术性的东西——谈谈可以，用不着[17]。

不过，如果回溯历史，就会发现社会学和城市规划的关系可谓源远流长。如世界上第一个城市社会学派——芝加哥学派，从人文生态学、社区、邻里等角度阐述了他们对城市的新认识，对城市规划学科的发展产生了深远影响，其理论、模式及经验性资料都被规划教育所接受[18]。其中 1925 年芝加哥大学的社会学家伯吉思（Burgrsee），基于人口迁居理论提出的城市用地“同心圆模型”模型，为城市社会空间规律的研究提供了重要的理性依据。而芝加哥学派成员沃斯（Louis Wirth）1938 年发表的《作为生活方式的城市化》一文，则给都市生活下了一个“意义丰富的和逻辑一致的社会学定义”，为规划理论立下一块里程碑。沃斯的主要贡献在于使城市社会学中的都市生活意义成为规划理论的最高意义和逻辑的基础[19]。

20世纪60年代，西方大规模高速公路建设、旧城更新对社会公正造成极大伤害，空间隔离加剧。而民权运动、反越战运动等社会运动，更激发了全社会对于社会公平、正义和个人权利的广泛诉求。社会学家建立起一套城市社会政策纲领，被接纳成为城市规划的一部分[20]。据统计，在20世纪60、70年代，西方规划界对社会课题的关注，城市规划理论界对规划的社会学问题的研究，超越了以往任何一个时期。在有关研究者收集的这20年发表的近百部重要规划文献中，有关规划的社会学讨论占去了三分之二[21]。而影响最大的则莫过于既被视为社会学家、又被认为是城市规划理论家的芒福德（Lewis Mumford）与雅可布斯(Jane Jacobs)了。他们认为城市的本质在于创造"有意义、更美好的生活"，城市规划应以人为中心，以理解城市中复杂多样的过程和联系，以体验真实的城市人的生活为基础。雅可布斯对"用统一取代了差异，用数量取代了质量，用经济取代了文化"的现代城市规划进行了无情的批判。20世纪80年代，西方人文社会科学界出现了研究的空间转向，并涌现出丰硕的研究成果，为研究当代城市空间提供了广阔的视角和多维的研究思路[22]。新马克思主义者如列斐伏尔（Henri Lefebvre）、哈维（David Harvey）、卡斯特尔（Manuel Castells）等人，对资本主义城市空间发展的矛盾冲突及城市规划本质的分析，凸现出城市规划改革必须建立在社会改革基础上，以及规划应具有的社会公正理念，从而把这个时代的规划社会学理论推向高潮，并使政治经济学方法论为广大城市研究者和规划师所接受，而一跃成为城市规划的主导方法论[23]。

如果说社会学曾经深刻影响了城市规划学科的发展，而从另一方面来讲，其理论、思想知识同样需要借助城市规划的实践变成现实的一部分。实际上，来自社会学领域的城市社会学者越来越意识到空间影响的重要性。虽然借助于图示的空间分析表达方法在很大程度上并非他们中的绝大多数所熟悉和训练过的技能，他们还是通过寻求与城市规划、城市地理等学科人员的合作以作弥补；来自城市规划领域的许多学者则在他们熟练运用的空间规划手段上，融入了更多的社会学思考分析[24]。

近年来，源于对传统学科建设模式的反思，提出了“新文科”概念。新文科旨在通过突破学科的自我设限，增进学科的融合与创新，以及与新技术如大数据、云计算、智能技术的结合，从而建设适应和满足时代发展需求的人文社会科学，这为城市社会学的跨学科研究提供了新的契机。

四

翻阅城市社会学学科的发展历史就会发现，其基本上是以西方大都市为中心和重点发展起来的。在美国，20 世纪 10 年代至 30 年代之间，城市社会学研究的重镇在芝加哥；50 年代以后逐渐转移到纽约，80 年代以后又部分转移到洛杉矶[25]，分散、碎片化和多中心的洛杉矶取代芝加哥成为备受青睐的研究对象。城市社会学教材也基本上是以美国大城市为中心的。

新世纪伊始，发展中国家，特别是亚洲成为城市化增长最快的地区（1980—2010 年，该地区的城市人口增长了大约 10 亿）。从 GaoWC 全球城市排名来看，亚太地区的城市崛起态势十分明显。位于全球排名前 20 位的城市从 2000 年的 4 个增加到 2010 年的 7 个。而中国无疑又是亚洲的增长核心，有着最为丰富的城市化实践，这其中以上海为代表的特大城市又成为主要的力量。

20 世纪初，上海是远东第一城市。新中国成立后，上海一直是中国最大的经济中心城市。改革开放以来，特别是浦东开发开放以后，上海的发展日新月异。20 世纪 90 年代的上海，被概括为三个“三年大变样”和“八大历史性变化”。这三个“三年大变样”分别是：第一个三年大变样，修路修桥，切实解决城市交通和城市市政设施建设；第二个三年大变样，旧区改造、建新房，切实解决老百姓的住房问题；第三个三年大变样，从城市发展的长远战略出发，切实抓好城市环境保护和环境建设。“八大历史性变化”则包括：一，经济体制从传统的计划经济模式转向社会主义市场经济体制，商品市场化程度已达95%，实现投资主体多元化的国有企业占改制企业的80%以上。二，城市性质从工商城市转向经济中心城市，拥有证券、外汇、期货、人才等一批国家级要素市场，以及18个区域性市场和180个地方性市场。三，城市建设从还历史性欠账转向建设枢纽功能性设施，初步形成市区立体交通网的构架，基本建成信息港的主体工程，全市新建建筑面积达到一亿多平方米。四，经济运行从相对封闭转向全方位开放，91个国家和地区在上海投资2.2万多个项目，累计吸收外资合同金额454亿美元，全国各地在沪投资企业1.5万多家，注册资金超过600亿元。五，经济发展重心由“调整中发展”转向“发展中调整”，在加快工业高地建设的过程中，第三产业占国内生产总值比重已经超过50%，信息产业已经成为工业第一支柱。六，各项社会事业发展从量的扩大转向质的提高，新增劳动力受教育年限超过12年，平均期望寿命达78岁，先后建成一批标志性的文化设施。七，城乡人民生活从温饱型转向比较宽裕的小康型，城镇居民年人均可支配收入超过1.15万元，农村年人均纯收入超过5500元，城镇登记失业率低于3.5%，市区居民人均居住面积超过11平方米。八，人们的活动方式从“单位元人”转向“社会人”，城镇社会保障覆盖率超过98%。

进入21世纪，上海有了更高的城市定位。2001年5月，国务院正式批复并原则上同意的《上海市城市总体规划》，明确指出上海市是中国直辖市之一，全国重要的经济中心。上海市的城市建设与发展要遵循经济、社会、人口、资源和环境相协调的可持续发展战略，以技术创新为动力，全面推进产业结构优化、升级，重点发展以金融保险业为代表的服务业和以信息产业为代表的高新技术产业，不断增强城市功能，把上海市建设成为经济繁荣、社会文明、环境优美的国际大都市，国际经济、金融、贸易、航运中心。由此确立了四个中心和现代化国际大都市的定位。2011年《上海市国民经济和社会发展第十二个五年规划纲要》，对四个中心功能建设提出了更高的目标，即“与中国经济实力和国际地位相适应，具有全球资源分配能力的国际经济、金融、贸易、航运中心”。

在国际经济、金融、贸易、航运中心四个中心和现代化国际大都市基本建成的基础上，2018 年正式发布的《上海市城市总体规划（2017-2035）》，明确提出上海将建设成为卓越的全球城市，令人向往的创新之城、人文之城、生态之城，具有世界影响力的社会主义现代化国际大都市。

如果说在 20 世纪初，在美国芝加哥，一座被视为现代工业城市原型的大都市，诞生了第一个真正的城市社会学派——芝加哥学派，那么，在 21 世纪初，在上海，一座发展中国家的大城市，一座具有复杂历史，而在最近几十年又经历剧烈转型快速崛起的全球城市，则无疑为我们探索一种新的城市社会学提供了可能性。

注释

1 社会空间观点，聚焦多核心的大都市区域中的日常生活如何受到城市的政治经济的影响，包括文化的、政治的、经济的和社会力量的相互作用。参见马克·戈特迪纳、雷·哈奇森著，黄怡译《新城市社会学》（第 4 版），上海译文出版社，2018 年，24 页。

2 黄怡《中国城市社会学研究的若干问题》，《城市规划学刊》2016 年 2 期，49 页。

3 马克·戈特迪纳、雷·哈奇森著，黄怡译《新城市社会学》（第 4 版），上海译文出版社，2018 年，2 页。

4 迪特马尔·赖因博恩著、虞龙发等译《19 世纪与 20 世纪的城市规划》，中国建筑工业出版社，2009 年，2 页。

5 马克·戈特迪纳、雷·哈奇森著，黄怡译《新城市社会学》（第 3 版），上海译文出版社，2011 年，148 页。

6 同上，315 页。

7 同上，18 页。

8 马克 · 戈特迪纳、雷 · 哈奇森著，黄怡译《新城市社会学》（第 3 版），上海译文出版社，2011 年，147 页。

9 同上，18 页。

10 彼得 · 霍尔著、童明译《明日之城》，同济大学出版社，2017 年，331 页。

11 同上，7 页。

12 联合国人居署《亚太城市报告 2015》，同济大学出版社，2016 年，9 页。

13 课题组《走向智慧城市》，科学出版社，2014 年，3 页。

14 安东尼 · 汤森《智慧城市》，中信出版社，2015 年，72 页。

15 马克 · 戈特迪纳、雷 · 哈奇森著，黄怡译《新城市社会学》（第 3 版），上海译文出版社，2011 年，1 页。

16 梁鹤年《中国城市规划理论的开发：一些随想》，《城市规划学刊》2009 年 1 期，15 页。

17 同上。

18 韩德信《社会学与规划：一个令人费解的关系》，《国外城市规划》1984 年 2 期，29 页。

19 吴志强《百年西方城市规划理论史纲》，《城市规划汇刊》2000 年 2 期，12 页。

20 施仲华《经济学与城市规划》，《国外城市规划》1984 年 2 期，36 页。

21 吴志强《百年西方城市规划理论史纲》，《城市规划汇刊》2000 年 2 期，3 页。

22 高宏宇《社会学视角下的城市空间研究》，《城市规划学刊》2007 年 1 期，44 页。

23 孙施文《城市规划哲学》，中国建筑工业出版社，1997 年，205 页。

24 马克 · 戈特迪纳 、雷 · 哈奇森著，黄怡译《新城市社会学》(第四版），上海译文出版社，2018 年，542 页。

25 黄怡《中国城市社会学研究的若干问题》，《城市规划学学刊》2016 年 2 期，46 页。